JIAOTONG CHENGBEN LAODONGLI LIUDONG YU QUYU JINGJI CHAYI

交通成本、劳动力流动与区域经济差异

XINJINGJI DILIXUE TOUSHI

新经济地理学透视

谢 燮 杨开忠 · 著

吉林出版集团股份有限公司

图书在版编目（CIP）数据

交通成本、劳动力流动与区域经济差异 ：新经济地理学透视 / 谢燮，杨开忠著. -- 长春 ：吉林出版集团股份有限公司，2015.12（2025.7重印）

ISBN 978-7-5534-9808-9

Ⅰ. ①交… Ⅱ. ①谢… ②杨… Ⅲ. ①经济地理学－研究－中国 Ⅳ. ①F129.9

中国版本图书馆CIP数据核字(2016)第006814号

交通成本、劳动力流动与区域经济差异——新经济地理学透视

JIAOTONG CHENGBEN、LAODONGLI LIUDONG YU QUYU JINGJI CHAYI——XINJINGJI DILIXUE TOUSHI

著　　者： 谢　燮　杨开忠
责任编辑： 杨晓天　张兆金
封面设计： 韩枫工作室
出　　版： 吉林出版集团股份有限公司
发　　行： 吉林出版集团社科图书有限公司
电　　话： 0431-86012746
印　　刷： 三河市佳星印装有限公司
开　　本： 710mm×1000mm　1/16
字　　数： 242千字
印　　张： 14
版　　次： 2016年4月第1版
印　　次： 2025年7月第3次印刷
书　　号： ISBN 978-7-5534-9808-9
定　　价： 59.50元

前　言

改革开放以来，随着国民经济的持续快速增长，区域差异问题逐渐成为各界关注的重大理论和实践问题。正是在这样的背景下，近些年来，党和政府相继提出和组织实施了“西部大开发”“东北老工业基地振兴”和“促进中部崛起”战略。现实的需求为区域差异的研究提供了强大的动力，但不同的理论对中国的区域差异却有不同的认识。以新古典理论为基础的研究可能得到要素价格均衡化及区域差异趋同的结论，发展经济学以报酬递增思想为理论基础的研究则可能得到区域差异发散的结论，而倒“U”形理论则通过实证分析得出区域差异先扩大后缩小的结论。中国的区域差异究竟将走向何方？本研究拟运用新经济地理学模型方法探讨中国区域差异的可能走向。模型中引入表现对外开放、区域一体化和政府对劳动力限制强度等可控参数，在一个统一的框架下给出不同条件下中国区域差异的收敛或发散趋向，为区域政策提供理论的基点。

以克鲁格曼为首的西方经济学家自从 20 世纪 90 年代初以来，将 Dixit-Stiglitz 模型的垄断竞争框架与萨缪尔森的“冰山交易技术”相融合，从而实现了主流经济学向地理空间的扩展。该方向被克鲁格曼等称为“新经济地理学”，其实质是 Dixit-Stiglitz 模型的空间版。

本研究采用新经济地理学的空间均衡模型方法，以我国沿海与内地的区域差异为背景，从中抽象出我国地区差异的特征事实，并将它们融入新经济地理模型中，从而为我国的区域差异现状及未来发展提供理论解释和政策建议。本研究将劳动力分为高技术劳动力和低技术劳动力，将区域间高技术劳动力的流动、区域内低技术劳动力的城乡流动以及制造业的集聚所引致的区域差异纳入新经济地理学框架。与一般的新经济地理学模型相类似，引入报酬递增的中间产品部门、报酬不变的制造业部门和农业部门。所不同的是，提出“空间理性”和“区域人”的概念，将高技术劳动力在区域间的有限流动纳入“空间理性”的范畴，从而模拟出区域间高技术劳动力的工资差异。引入“政策限制系数”概念，将政府对低技术劳动力的限制也纳入模型框架，从而模拟出区域内低技术劳动力工资的城乡差异。

通过计算机模拟，得出在全球化、区域一体化、城市群的形成和政府户口管理制度放松的情况下，沿海与内地劳动力工资差异及产业集聚的变动情况。模型的结果与目前我国区域差异的现实相吻合。模型的主要结果是：①在产业集聚、劳动力工资、中间产品种类数、生产者服务和城市化率方面，沿海领先内地；②对外贸易成本的降低有助于加大低技术劳动力工资的差异、促进制造业在沿海的集聚和推进城市化进程；③减小区域间贸易成本有助于减小沿海与内地低技术劳动力工资的差距、减弱制造业向沿海的集聚趋势；④减弱政府对劳动力流动的限制有助于拉大高技术劳动力的工资差距、减小城乡差距、加快城市化进程；⑤城市群的形成有助于促进制造业在沿海的集聚、加大高技术劳动力工资的差异、拉大城乡差距。

根据模型推演的结果，可以提出以下政策建议：

(1) 对外开放：寻求发展与地区差异的契合点；

(2) 区域一体化：缩小区域差异的可能选择；

(3) 户籍制度改革：建立畅通、公平竞争、开放有序的一体化劳动力市场；

(4) 城市群：城市化的发展方向。

本研究的创新点在于：

(1) 引入“空间理性”和“区域人”的概念。“空间理性”是空间因素导致的劳动者迁移决策的不完全理性。“区域人”则是其迁移决策行为受“空间理性”支配的行为主体；

(2) 将高技术劳动力流动纳入“空间理性”的框架。在高技术劳动力不完全流动的假设下，我国沿海与内地高技术劳动力的工资差异得以体现；

(3) 建立了一个全新的新经济地理学的空间结构。建立这样的空间结构，可以通过模型展现我国在全球化进程中的区域差异变动情况、我国沿海与内地交易条件改善后的区域差异变动及我国人口流动政策变动所引致的地区差异变动情况。

谢　燮

目　录

第1章 绪 论

1.1 引言

1.1.1 经济活动空间不均衡分布："先天"还是"后天"

人口及经济活动在空间上分布极不均衡。我们可以看到大城市繁华的商业区、高耸的摩天大楼以及熙来攘往的车辆与人群，同时也可看到偏远地区落后的道路、房屋等基础设施和稀疏的人口。这种人口和经济活动的空间差异是一个地方先天因素造成的还是人类活动的结果？传统区位理论和国际贸易理论对此的解释是：自然资源禀赋在地理空间上分布不均，因此经济活动也因之而在空间分布不均。这种某一地区自然所赋予的、外生给定的经济发展先天条件被称为"第一自然"（First Nature）[1]，它包括该地区的天气条件、资源禀赋以及自然赋予的交通及区位条件。的确，宜人的天气对人类的生活和定居有很大的吸引力，很多城市依赖某种矿产资源如煤、石油和铁矿石等得以出现和存在，沿海与沿江城市因为交通之利可能成为一个地区的经济中心。上述因素都可能成为经济活动集聚的最为原始的力量。实际上，传统的国际贸易理论所提到的比较优势论和要素禀赋论指的都是上述"第一自然"作为外生的因素成为国际贸易以及国家发展的决定力量。

---

① Ottaviano, Gianmarco and Thisse, Jacques-Fransois. Agglomeration and economic geography. in Henderson J. V. and Thisse J.-F. (Eds) The Handbook on Regional and Urban Economics, Vol. 4. North-Holland, Amsterdam. (http://econ.pstc.brown.edu/faculty/Henderson/handbook.html). 2003.

然而，除了上述由“第一自然”所引致的集聚以外，世界范围内还存在着很多不同的情形。某些地区可能不具备资源禀赋的优势，也可能不具备交通的便利，然而它们却成了经济活动的核心或者某一行业的制造中心。也有一些城市，虽然它们的初始条件基本相同，按照传统的理论，它们的发展轨迹也应当相同。然而，我们却可能看到截然不同的发展路径。某些地方可能繁荣了，而另外一些地方却凋敝了，传统的理论对此无法提供明确的解释。这种传统理论不能解释的集聚现象被称为“第二自然”，它是人类活动对“第一自然”的提升或对某些先天优势的修正或强化[①]。人类经济活动的历史可以归结为通过不断的技术进步减少运输成本，从而使得原材料更容易从产地运出来，或者更容易到达原材料产地。与此同时，运输成本的降低也使得产品更容易运往市场，人们也更容易前往市场购买生产与生活资料。总之，运输成本的降低使人们更容易接近生产资料市场、产品市场和消费市场。如此，某些地方性的生产要素在空间的流动性增加了，变得不再像以前那样难以获得。可以运输的地方性自然资源因为运输技术的进步而变得更容易获得，“第一自然”的重要性相对减弱。换句话说，人类运输、通信技术上的不懈努力使他们减弱了对“第一自然”的依赖，从而使经济活动的空间分布与“第一自然”所决定的分布并不完全一致。我们今天所看到的经济活动的空间图景应当是“第一自然”和“第二自然”共同作用的结果。

对于“第二自然”，其作用的机理和动力机制仍是人们关注的问题，而在20世纪90年代兴起的“新经济地理学”（New Economic Geography）则为解释“第二自然”提供了基本的框架。其基本的内容是：排除了自然禀赋、绝对优势以及比较优势等先天的因素以后，经济活动的集聚抑或分散的源泉到底是什么。简单来讲，新经济地理学使用“第一自然”作为“控制变量”，试图用“第二自然”来解释“第一自然”所不能解释的关于经济活动空间分布的部分。换句话说，它不是经济学家想要理解的全局变化，而是给定相同“第一自然”下的条件变量。那么，剩下的问题就是：除却“第一自然”，“第二自然”对经济空间分布的影响究竟有多大？是否在某些情况下会成为经济空间结构演化的决定性力量？

从现实的观察来看，“第二自然”的力量确实足够大。经济集聚可以在不

---

① Ottaviano，Gianmarco and Thisse，Jacques-Fransois. New Economic Geography：what about the N? CORE DISCUSSION PAPER，2004，65.

同的尺度上发生。小规模的集聚发生在各个产业之间，比如，美国的半导体制造商主要集中在加州的硅谷，计算机公司主要集中在波士顿128号路，跑鞋生产厂家都集中在俄勒冈。最大的20家地毯商，除了一家以外都集中在佐治亚州的达尔顿镇及其附近。德国的钢铁生产集中在多特蒙德、埃森和杜塞尔多夫，刀具集中在佐林根，工具车床集中在雷姆萨伊德，而占世界出口50%的六大印刷机公司都集中在维尔茨堡、弗兰肯塔尔及其周围地区。意大利的时装集中在米兰，鞋类生产集中在马尔凯。意大利的瓷砖业在1987年生产了世界总产量的30%，总出口量的60%，产值达100亿美元，但100多家瓷砖厂，几百家相关公司却全都集中在意大利北部一个很不起眼的小镇萨索尔洛及其周围地区。而大尺度的集聚可以在州的尺度或者国家的尺度上进行，这包括美国的制造带（格林湾、圣路易斯、巴尔的摩、波特兰形成的四边形地区）、欧洲的"热香蕉"（米兰与伦敦之间的区域，包括意大利北部、德国南部、法国的东南部、努尔地区、比利时、荷兰和英格兰的东南部）。[①]

同样，在中国也存在着这些现象。比如河北清河的羊绒产业，河南虞城县稍岗乡的钢卷尺产业，中关村电子信息产业，广东东莞的电脑相关企业等等，不一而足。近20年来，我国东南沿海地区产业集群经济发展迅速。在这些省份，某产业的某一类产品高度集中于某个特定地区，形成了众多的专业化"块状"经济。如浙江省海宁市许村的布艺和经编、绍兴的印染和化纤布、嵊州的领带、诸暨的袜子、宁波的男装、杭州的女装、温州的皮鞋和西服、织里镇的童装、平湖的服装出口加工，福建晋江的旅游鞋，广东东莞的制造业、潮州的婚纱及晚礼服、中山沙溪的休闲服、盐步的内衣、西樵的面料及装饰布，山东青岛的服装等等[②]。

上述地理集聚现象背后的驱动力是什么？除了以"第一自然"作为解释变量以外，产业的空间集聚到底还存在着怎样的逻辑？如果在故事发生之初，经济活动和人口在空间均匀分布，那么经济活动在空间是否会演化为如我们现在所看到的图景——高低起伏，分布不均？新经济地理学的基本点即是考察除却

---

① Ottaviano，Gianmarco. Puga，I. P. Diego. Agglomeration in the Global Economy：A Survey of the 'New Economic Geography'. Centre for Economic Performance，Discussion Paper No. 356，1997.

② 产业集群与区域竞争力. http：//www. chinacluster. org/fw/news _ view. php? nid = n3fa7448853481.

“第一自然”，“第二自然”的作用机制及作用结果。本研究及是利用新经济地理学的基本理论和建模方法对我国的区域差异、劳动力流动和产业集聚现象以全新的解释。

1.1.2 地区差异的理论解释

对地区经济差距变动趋势的研究是发展经济学、区域经济学和新古典增长理论的重要课题。关于这方面的理论模型和实证研究可以总结为如下观点。

(1) 以报酬递增为基础的地区经济差距发散论。这种理论强调地区经济发展过程中的正反馈力量，认为随着经济的发展，地区经济差距将不断扩大，并呈现出“发达—落后的核心—边缘”模式。其代表性理论主要有纳克斯的“贫困恶性循环”、缪尔达尔的“累积因果循环”以及佩鲁的“增长极”理论等。这些理论认为发达地区可以通过一系列正反馈过程产生自我累积的因果循环，从而强化自己的优势地位；缪尔达尔引入回波效应与扩散效应的概念来描述核心与边缘地区的相互作用，并认为在市场力量的作用下，通常回波效应大于扩散效应，从而导致区域差异扩大。

(2) 新古典区域增长理论。该理论从生产函数的规模报酬不变、要素边际生产率递减的假设出发，认为某一区域资本的回报率与该地区资本—劳动比（K/L）成反相关，而劳动回报率与该地区资本—劳动比（K/L）成正相关。如果要素在地区之间能够自由流动，则劳动力将由资本稀缺的地区流向资本丰裕的地区，而资本则由劳动短缺的地区流向劳动力丰裕的地区，从而实现地区间要素的边际收益均衡，并最终导致地区经济收敛。

(3) 地区经济差距先扩大，后缩小的倒“U”理论。20 世纪 50 年代，西蒙·库兹涅茨[①]提出了“倒 U”假说，认为在经济发展中，“收入分配不平等会经历一个先迅速扩大、尔后是短暂的稳定，然后再逐步缩小的过程。”1976 年，罗宾逊基于二元经济的划分提出了著名的“罗宾逊曲线”，通过数学推导

---

① Kuznets, Simon. Economic Growth and Income Inequality. American Economic Review, 1955 (1): 18.

论证了倒“U”现象存在的必然性[①]。诺贝尔经济学奖获得者刘易斯在他的二元经济结构理论中，得出了与库兹涅茨一致的看法。但是也有一些经济学家在研究分析中发现了许多倒“U”假说的反例。最典型的例子是亚洲“四小龙”的经济发展过程。在工业化初期，它们的收入不平等程度都有所改进而不是恶化。[②]

“累积因果循环”理论给出了经济发展早期区域差异所体现的特征，而新古典区域增长模型给出了经济发展中晚期区域差异所体现的特征。倒“U”理论事实上综合上述两派理论的观点，它揭示了在一个完整的发展周期内，地区经济差距先扩大后缩小的趋势。在经济发展的早期和晚期，地区差距的变动方向恰好相反，“发散论”和“收敛论”只不过分别描述和解释了倒“U”形的左侧和右侧而已。[③] 新经济地理学则可以将上述思想用统一的框架融合在了一般均衡的模型框架当中。

1.1.3　新经济地理学对区域差异的解释

通过对报酬递增的 D-S 模型赋予空间的含义，新经济地理学对报酬递增、外部经济、运输成本、要素流动的相互作用进行了深入的探讨，所发展出的一系列模型揭示了要素流动与区域差异的非线性关系。新经济地理学理论的基本观点是：在一个资源有限的世界中以及存在运输成本的前提下，厂商层次上的规模报酬递增所要求的生产规模扩张与满足消费者多样化需求之间的两难冲突。生产规模扩张和消费多样化之间的两难冲突结合运输成本的变化就可以将产品种类数及其地理空间分布内生化。

现实的世界越来越向经济全球化和区域一体化方向发展。新经济地理学模型中引入了运输成本，这样就可以考察在这样的大背景下的经济活动空间分布。“新经济地理学的主要贡献在于它将传统的贸易理论所强调的趋同力量与 20 世纪 50 年代以来的发展经济学家所描述的趋异力量融入一个共同的分析框

---

① 王韧，王睿．二元条件下居民收入差距的变动与收敛——对我国“倒 U”假说的存在性检验[J]．数量经济技术经济研究，2004 (3)：104—111。

② 丁任重，陈志舟，顾文军．“倒 U 假说”与我国转型期收入差距 [J]．经济学家，2003 (6)：43—49。

③ 罗浩．地区差距变动的理论分析及中国的实证研究[J]．地理学与国土研究，2001(2)：20—24。

架内。这样做的好处在于它使得我们可以将趋同力量与趋异力量与微观经济状况结合起来。”[①]

新经济地理学的最重要的理论含义在于，运输成本的变化对于经济活动的空间分布的影响是非线性和非单调的。存在于厂商之间的吸引力（向心力或正反馈）与排斥力（离心力或负反馈）相互作用的结果将最终决定生产活动是在特定空间集聚还是沿整个空间发散。厂商集聚在一起是为了从市场外部性中获益，而厂商集聚的地区会面对产品和要素市场上更为激烈的竞争，厂商在这样相反力量的权衡下选择空间区位。当运输成本较高时，厂商之间的排斥力居主导地位，对应的均衡是经济活动的分散分布，区域之间不存在差异。随着运输成本的不断下降，对应着经济一体化程度的加深，在某一特别的运输成本下，厂商之间的吸引力强于排斥力，经济活动向某一区域集聚，区域差异由不存在突然跨越到某一程度。而随着运输成本的进一步下降，经济活动的空间分布又会重归于分散分布。新经济地理学模型为我们展示了运输成本由高到低的变化过程中，经济活动的空间分布的倒“U”形过程。与前面所提到的库兹涅茨倒“U”形假说不同的是，新经济地理学通过完整的经济学微观厂商和消费者各自的最大化的决策再现了经济活动空间分布的倒“U”形过程，并且将运输成本纳入一般均衡框架，使我们考察一体化下的经济空间分布成为可能。

1.2 问题的提出

通过十多年的发展，新经济地理学得到了长足的发展和完善。从最初的核心—边缘模型[②]（Core-Periphery model）通过劳动力流动产生经济集聚，到Venables[③]模型提出通过产业的上下游联系产生集聚，再到藤田[④]的模型提出通过中间产品部门导致经济集聚。从最初仅仅考察经济集聚，到近几年更多文

① Puga，D. European Regional Policy in Light of Recent Location Theories，University of Toronto and CEPR，Revised draft，1998，2—3.

② Krugman，Paul. Increasing Returns and Economic Geography. Journal of Political Economy，1991，99：483—499.

③ Venables，A. J. Equilibrium Locations of Vertically Linked Industries. International Economic Review，1996，37：341—359.

④ Fujita，Masahisa，Hamaguchi，Nobuaki. Intermediate Goods and the Spatial Structure of an E-conomy. Regional Science and Urban Economics，2001，31：79—109.

献专注于经济集聚与经济增长之间的互动，比如 Fujita 等[①]和谭成文[②]的探索性工作。另外，缺乏实证研究是新经济地理学广受批评的原因之一，但这几年也有很大改观，目前已有针对德国[③]和 OECD[④] 国家所做的实证研究。以中国区域差异的现实为背景建立新经济地理学模型也已出现，这包括胡大鹏[⑤]和刘安国[⑥]的工作。

一般的新经济地理学模型的研究背景通常是北美，那里产业的专业化程度较高，劳动力要素流动相对自由，因此在其模型中假设劳动力自由流动是合情合理的，其流动的动因是区域间真实工资的差异。近几年新经济地理学所关注的热点集中于欧盟国家。欧盟的一体化进程为新经济地理学研究提供了现实的背景，而新经济地理学也为欧盟一体化进程中所出现的区域差异问题提出了有意义的解释。新经济地理学最新的实证研究和政策研究都是以欧盟国家为背景的。欧盟一体化过程中所表现的区域差异特征可以给中国缩小区域差异的实践以指导。

对于中国的现实状况，劳动力要素的流动远非自由，而是在政府限制下的非自由流动，这当然会对区域差异产生影响。如何将劳动力的非自由流动与新经济地理学的一般理论相结合来探讨中国的区域差异问题？胡大鹏在研究了中国区域差异的特征之后，建立了一个新经济地理学模型。在模型中他创造性地引入了农村非正式工业部门（乡镇企业），并将低技术劳动力的流动纳入政府限制的框架之下，从而对中国沿海与内地的差异问题有一定的解释能力。然而，在其模型中，高技术劳动力在区域之间是自由流动的，这虽然与通常新经济地理学模型的假设条件一致，却与现实有差距。事实上，作为存在于区域空

---

① Fujita，M Thisse，J. On the Relation between Agglomeration and Growth.（In）Economics of Agglomeration. Cambridge，U. K：Cambridge University Press，2002.

② 谭成文．基于人口移动和知识溢出的经济增长与集聚研究［D］．北京：北京大学博士学位论文，2002。

③ Hanson，G. H. Market potential，increasing returns，and geographic concentration. NBER Working Paper，No. 6429，Cambridge，Mass，1998.

④ Davis，D. R. and D. E. Weinstein. Market access，Economic geography and comparative advantage：an empirical assessment. Discussion Paper，No. 1850，Harvard Institute of Economic Research. 1998.

⑤ Hu Dapeng. Trade，Rural-urban Migration，and Regional Income Disparity in Developing Countries：a Spatial General Equilibrium Model Inspired by the Case of China. Regional Science and Urban Economics，2002，32：311—338.

⑥ 刘安国．加入 WTO 和中国经济格局演化［D］．北京：北京大学博士学位论文，2002。

间的人，因为地理的阻隔，其对区域间工资差异的信息是不完全的，因而其空间迁移决策也就不再是完全理性的。与此相对应，高技术劳动力在区域间的流动就不再是完全的。本书将在这方面对新经济地理学的模型予以修正，将高技术劳动力的空间流动纳入到“空间理性”的框架之下，以期对我国的区域差异状况给出更为现实的解释。并且，由于我国这些年三大城市圈发展迅速，成为区域经济发展的主要特征。本研究也希望将城市圈的形成以及对区域差异的影响纳入到模型之中予以解释。

1.3 研究的对象和目的

本研究采用新经济地理学的建模手段对中国的区域差异提供解释。中国现阶段的区域差异主要表现在沿海与内地的经济差异上，因而本研究将我国内部划分为两个区域：沿海与内地。之所以做这样的划分，是因为模型处理的方便。下文提到的区域，也多指这种含义。如果将中国分为东、中、西三个区域，模型中会增加一个区域，模型的复杂性将会增加，而模型所能够解释的问题并没有更加深入，因此作两区域的划分更具合理性。为了简化问题，每个区域内有两个城市，两个城市之间的商品流动需要支付运输成本。这样的假设可以将区域内城市之间的联系与区域间的差异问题显现出来。中国的经济是一个开放的经济，有必要将中国的经济与外部区域的联系引入模型，因此本研究还有一个外国区域。外国区域仅仅生产中间产品，进口制造业产品，不存在要素的国际流动。

区域间的商品流动以及区域内城市间的商品流动都有运输成本，运输成本的差异性表现在沿海与国外之间的运输成本小于内地与国外的运输成本，这表明沿海对外贸易具有区位优势。区域间的运输成本大于区域内城市间的运输成本，表明运输成本与距离成反向关系。通过考察我国的人口结构和流动的情况，得出我国人口流动从内地向沿海流动的趋势并不明显，城市化过程主要来源于区域内人口从农村流向城市，这些特征将体现在模型的人口流动特征上。本研究假设低劳动力只能在区域内从农村部门流向城市部门，而高技术劳动力可以在区域间流动。另外，我国劳动力流动受政策限制，这将体现在模型中低技术劳动力的不完全流动上。本书的创新之一是将高技术劳动力的不完全流动纳入“空间理性”的框架。

本研究的目的，是在考察了中国区域差异的主要特征后，将其引入新经济地理学的假设条件和模型参数中，希望能够通过模型的推演得到针对我国区域差异的有价值的结论。本研究可以通过调整贸易成本、运输成本以及政策限制参数来展现我国沿海与内地在全球化过程、区域一体化过程以及政府人口政策放宽等情况下的区域差异的变动情况。

1.4 研究的主要内容与框架

对我国区域现状进行分析，得出我国沿海与内地差异的特征主要表现在：

第一，在1990年以后人均GDP差距的变动情况是：区域间差异逐渐扩大，区域内趋同。沿海与内地工业产出比呈现上升的趋势，人均收入与人均产出有很好的相关性。

第二，区域间人口流动趋势并不明显，而区域内从农村向城市的人口流动趋势较为明显。沿海的城市化过程相对于内地更为显著。

第三，我国各地区对外联系和贸易的主要取向为环太平洋地区，可以忽略西部周边国家的作用。在这样的前提下，东部沿海地区就具有先天对外贸易的区位优势。

第四，区域间劳动力的非自由流动在某种程度上可以归因于我国的人口流动限制政策。

根据以上特征事实，本研究采用新经济地理学的空间均衡手段，将区域间高技术劳动力的流动和区域内低技术劳动力的流动所引致的区域差异纳入新经济地理学框架。与一般的新经济地理学相类似，引入报酬递增的中间产品部门、报酬不变的制造业部门和农业部门。所不同的是，引入“空间理性”的概念，将高技术劳动力的流动纳入模型框架，从而为区域间高技术劳动力的工资差异提供解释。引入“迁移限制系数”概念，将政府对低技术劳动力的限制也纳入模型框架，从而为区域间低技术劳动力的工资差异提供解释。本模型拟在不同的对外贸易成本和不同的区域间运输成本的情况下，模拟我国沿海与内地在全球化的进程当中，产业集聚的变动、高技术劳动力工资区域差异的变动、低技术劳动力工资区域差异的变动等过程，并在模拟结果的基础上对我国的地区发展提出政策建议。

本研究是这样安排下面的章节的。第 1 章是绪论，阐述本研究的研究背景、研究对象、研究目的、研究的主要内容以及创新点。第 2 章对描述劳动力流动和区域差异的理论模式进行简要阐述，这主要是从新古典框架下的劳动力流动与区域差异的理论模式以及报酬递增理论框架下的劳动力流动和区域差异的理论模式两个方面进行论述；第 3 章对中国的劳动力流动和区域差异所体现的特征予以分析介绍，内容包括中国的城乡差异、中国的区域差异、中国的劳动力流动以及中国的制造业集聚等方面；第 4 章详细阐述了新经济地理学研究的进展，内容包括新经济地理学的理论基础、新经济地理学研究综述和新经济地理学对区域差异的认识等；第 5 章在总结中国区域差异特征的前提下，建立一个新经济地理学一般均衡模型用来考察中国的对外开放、区域一体化以及劳动力市场放松情况下的区域差异问题，通过对模型进行数学模拟，得到了不同参数变化情况下的沿海与内地区域差异的结果，为后面的分析提供了定量的依据。第 6 章从对外开放、区域一体化、劳动力流动、区域内自由贸易同区域差异的关系，给出了本研究对中国区域差异的认识。第 7 章结合模型的计算结果和新经济地理学的政策含义，从政策层面给出了关于区域差异、对外开放、劳动力市场开放和大城市群产生的政策建议。第八章给出本研究的总结与展望。

1.5 本研究的创新点

本研究的创新点在于：

第一，基于报酬递增理论对区域差异和劳动力流动予以解释。对劳动力流动和区域差异的传统解释一般基于新古典规模报酬不变的假设，即便也有部分理论从规模报酬递增角度考察区域差异，但它们要么是描述性的理论，要么不包含要素的流动。本研究采用新经济地理学框架研究区域差异和劳动力流动，用包含报酬递增的一般均衡模型体现区域差异、劳动力流动与区域一体化的关系，为我们理解区域差异提供了全新的理论框架。

第二，引入“空间理性”的概念。新经济地理学是狄克希特-斯蒂格里茨(Dixit-Stiglitz)垄断竞争模型的空间扩展，空间因素是本模型的最为关键的特征。而作为存在于不同空间的劳动者，其迁移决策受空间的阻隔，并非完全理性，引入“空间理性”正是对以往模型“完全理性”假设的修正。“空间理性”是空间因素导致的劳动者迁移决策的“有限理性”。

第三，将高技术劳动力流动纳入“空间理性”的框架。高技术劳动力的迁移相对于低技术劳动力更为自由，但也会因为空间的因素（信息不完全、空间迁移的成本等）而呈现不完全流动的特征。在高技术劳动力不完全流动的假设下，我国沿海与内地高技术劳动力的工资差异才能够通过模型体现出来。

第四，与以往的新经济地理模型不同的是，本模型建立了一个全新的空间结构。本模型在空间上将分为三个区域：代表沿海的 C 区域、代表内地的 I 区域和代表国外的 R 区域。沿海有两个城市，内地也有两个城市。建立这样的空间结构，可以通过模型展现我国在全球化进程中的区域差异变动情况、我国沿海与内地交易条件改善后的区域差异变动、我国人口流动政策变动以及区域内城市间交易条件的改善所引致的地区差异变动情况。

第2章　劳动力流动与地区差异的理论模式

劳动力要素的流动包含两个内容：其一是劳动力要素的部门间流动，通常我们看到的是劳动力从农村向城市流动，伴随着城市化发展以及产业结构的转型。解释劳动力从农村向城市流动的最著名理论是刘易斯的“二元经济论”，以及托达罗的城乡人口迁移模型。解释劳动力流动和区域差异的新古典理论包括新古典贸易理论和新古典增长理论。以报酬递增理论为框架解释劳动力流动和区域差异的理论包括循环累积因果论、增长极理论以及新经济地理学对区域差异和劳动力流动的解释，本章将从这几方面进行阐述。

2.1　劳动力流动与城乡差异理论模式

2.1.1　刘易斯和费—拉尼斯的二元结构发展模型

劳动力城乡流动的最著名理论是“二元结构论”，它的创立者是发展经济学家、1979年诺贝尔经济学奖获得者刘易斯（W. Arthur Lewis），他于1954年在《曼彻斯特学派经济和社会研究》上发表了一篇题为《无限劳动供给下的经济发展》的论文，提出了发展经济学关于劳动力流动的第一个理论模型。此后，费景汉和拉尼斯对该理论加以修改和补充，使其成为解释发展中国家经济发展历程的最经典理论。

在刘易斯的模型中，经济由两个部门组成：

一是以传统方式进行生产、劳动生产率很低的传统部门。传统部门的边际生产率为零或为负，劳动者在最低工资水平上提供劳动。农村存在大量的剩余劳动力，他们从传统部门中转移出来时不会减少农业生产。如图 2-1 所示，体现了刘易斯模型中关于剩余劳动力的含义。劳动力的量用水平轴表示，产出水平用垂直轴表示，由于土地供给是有限的，因此劳动力的投入报酬递减。即在劳动力投入到一定程度以后，再增加劳动力对产出没有太大影响。当增加劳动力对产出的影响为零时，则劳动力的边际产出为零。在图中，BC 段代表剩余劳动力，而 AB 段代表隐性失业，因为在 AB 段农业劳动力的工资低于平均工资[①]。

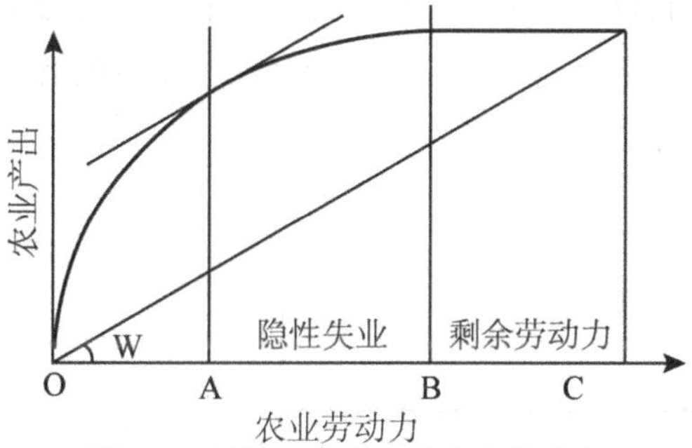

图 2-1　刘易斯模型中的农业劳动力

资料来源：Ray，Debraj. Development Economics. Princeton：Princeton University Press，1998. 363

二是城市中的现代部门以现代化方法进行生产，劳动生产率和工资水平都较高。由于两部门存在工资差异，农村剩余劳动力从农业部门向城市现代部门转移。劳动力从农村传统部门转移到城市现代部门抑制了城市现代部门劳动力工资的增长。农村部门也不会因为劳动力的转移而造成工资的升高。

农村剩余劳动力的吸收以及城市现代部门的扩张受资本供给的限制。现代部门资本的累积过程就成了经济发展的引擎。因为城市工业部门劳动力工资相对稳定，城市工业部门的扩张对应着城市工业部门可以获得更多的超额利润，如果所得的利润全部用于投资，则现代工业部门的资本量相应增加，为进一步吸引农村剩余劳动力转移创造了更大的空间，这形成了农村劳动力源源不断向城市现代部门转移的趋势。当农村剩余劳动力全部转移到城市现代部门以后，农村劳动力的边际生产率由零转为正值，当城乡边际劳动生产率相同时，二元结构逐步走向趋同，从而实现经济结构的转型。通常来说，农村剩余劳动力向工业部门转移伴随着劳动力从农村向城市的转移，因此这种二元结构也被称为

① Ray，Debraj. Development Economics. Princeton：Princeton University Press，1998. 353—372.

城乡二元结构[①]。

二元经济模型由于假设农业部门的边际劳动生产率为零，得出劳动力从农业部门向工业部门转移并不会导致部门间工资差异的降低。这种工资的差异将保持较长时间，直到农业部门的边际劳动生产率不再为零为止。因此，劳动力流动与城乡差异的关系可以分为两个阶段：第一阶段，劳动力流动对城乡差异没有影响。农村剩余劳动力在向城市工业部门转移的初期，城乡工资差异没有变化；第二阶段，农村剩余劳动力转移完毕，农村劳动力工资相应提高，城乡工资差异相应减小并最终消除。因此，刘易斯模型下的劳动力流动与城乡差异的关系如图 2-2 所示。

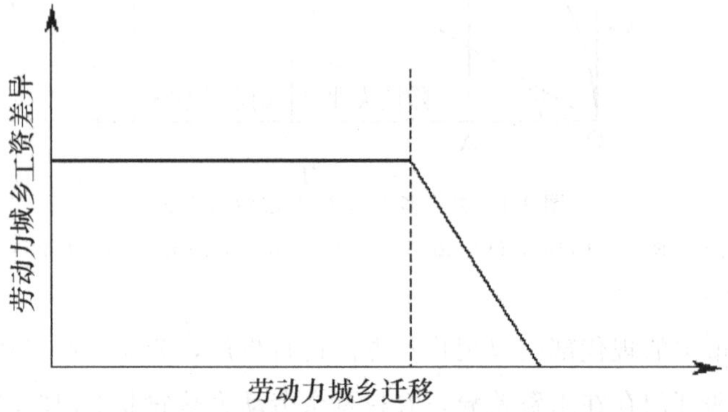

图 2-2　刘易斯模型所体现的劳动力流动与城乡差异

刘易斯的“二元结构”模型是虽然有很深的现实背景，但它对于解释某些发展中国家的经济现实还缺乏说服力。首先，模型的结论之一是，农村剩余劳动力向城市现代部门转移的过程初期，城乡劳动力工资差异不变，这与发展中国家的城市工资变化的实际情况不符。由于工会的影响以及其他各种因素的作用，城市现代部门的工资呈现一定程度上的刚性，甚至可能呈现不断上升的趋势。劳动力工资的不断上升强化了资本密集型技术的采用，而这又反过来进一步降低了城市现代工业部门对农村劳动力的吸纳能力[②]。在我国改革开放以前的赶超战略下，城市工业部门没有发展吸纳劳动力较强的劳动密集型产业，而是在资金密集型产业上投资过多，因而造成城市现代部门吸纳农村剩余劳动力

① 段成荣．人口迁移研究：原理与方法．重庆：重庆出版社，1998，66—67。

② 傅勇．人力资本投资对农村剩余劳动力转移的意义——基于人口流动和劳动力市场的分析[J]．人口与经济，2004（3）：55—59。

能力十分有限[①]。

与此同时，劳动力所包含的人力资本差异也使得工资差异不可能最终均等化。在中国，因为农村劳动力与城市现代部门的劳动力存在着人力资本的差异，相应地形成了两个劳动力市场。而且，由于体制和制度的原因，一部分城市部门处于竞争性的劳动力市场之外，农村剩余劳动力在制度的屏蔽下无法进入这样的城市部门，这是导致城乡工资差异的一个重要原因。没有分析劳动力市场的不完备与相互隔离是刘易斯模型的缺陷之一。

最后，现实中制度对劳动力流动的限制也使得城乡工资差异不可能均衡化。在我国由于特殊的户籍制度以及相关的政策，劳动力从农村向城市流动并非完全自由的，而是受到刚性的制度约束。在这样的制度环境下所发生的劳动力流动规律与地区差异存在着特殊的特征，而这些也是“二元结构”理论所无法解释的。

2.1.2　托达罗的城乡人口迁移模型

美国著名的发展经济学家托达罗（Todaro）根据 20 世纪 60—70 年代发展中国家城市和农村普遍存在失业的现实情况，发表了《人口流动、失业和发展：两部门分析》等一系列论文来解释发展中国家城乡人口迁移的特征。托达罗观察到了发展中国家与发达国家人口流动的不同特征：城市中的失业和就业不足与大量的农村人口源源不断地流入城市相伴而生。显然，以发达国家的经验为依据的“刘易斯—费景汉—拉尼斯人口流动模式”难以对这一现象做出解释。正是基于这样一个现实背景，托达罗提出了自己的人口流动模式[②]。该模型主要内容如下：

（1）人口迁移决策由迁移的成本和收益决定。迁移成本和迁移收益既包括经济因素，也包括心理因素。

（2）迁移决策不单单由实际的城乡收入差距决定，而是由“预期”的

---

① 蔡舫，都阳．经济转型过程中的劳动力流动——长期性、效应和政策［J］．学术研究，2004（6）：16—22。

② 孙正林，张淑芬．托达罗人口流动模式对我国农村剩余劳动力转移的启示［J］．学习与探索，2004（3）：86—88。

城乡收入差距来决定。“预期”的城乡收入差距由以下两个因素共同决定：第一，实际的城乡收入差距；第二，在城市中成功实现就业的机会或者概率。

(3) 在城市里实现就业的概率与城市失业率成反比。

(4) 由于城乡之间“预期”收入的差距始终存在，城市失业与人口迁移同时发生。

托达罗人口迁移模型可以用下式来表达：

$$m=f(d)$$

$$f'(d)=+\infty，当 d>0$$

$$d=w\pi-c-r.$$

其中，m 是城乡流动人口数，d 表示城乡预期收入差异，w 表示农业劳动者在城市的工资，π 是农业劳动者在城市的就业概率，c 表示各种流动成本，r 指在农村就业的预期收入，它取决于农民的边际生产率。$f'(d)=+\infty$ 表示，当 $d>0$ 时，农村劳动者将无限地流入城市。只有当农村劳动力迁移到城市，使城市工资降低，或者增加了城市失业率，从而使得预期的城市工资和农村收入水平相等时，农村劳动力的迁移才会停止。

可见，这两个模型在前提假定和政策含义上是有区别的，两者的关键分歧在于：农业劳动者在城市的工资是如何决定的。刘易斯假定城市劳动力市场是完全的，工资起着调节机制的作用，不存在失业。托达罗认为，城市工资被假定由外生的制度因素（政府的最低工资法和工会的垄断力量）决定，并呈上升趋势。此时，城乡巨大的收入差别将吸引农业劳动者承担失业的风险进入城市，寻找工作。这样，城市工资越高，城乡差距越大，城市的失业率越高。调节机制在于失业率的上升而不是工资[①]。托达罗模型所体现的城乡劳动力迁移与城乡差异的关系如图 2-3 所示。

托达罗的城乡人口迁移模型提出来以后，许多经济学家用发展中国家的实际人口迁移资料对其进行验证。这些验证研究所得出的共同结论是：

第一，城乡收入差距是影响人口迁移的重要因素。城市与农村之间的收入差距与农村向城市的人口迁移成正比；

---

① 韦伟，傅勇．城乡收入差距与人口流动模型［J］．中国人民大学学报，2004 (6)：16—22。

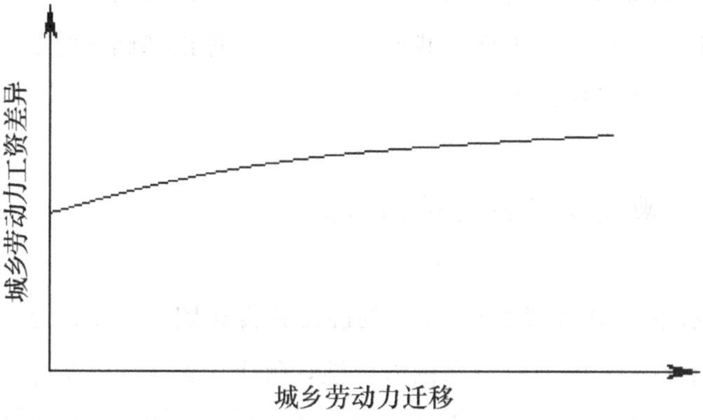

图 2-3　托达罗模型所体现的城乡劳动力迁移与城乡差异

第二，在解释城乡人口迁移时，在城市里成功地获得就业机会的概率和城市的失业率水平是十分重要的解释变量。

但是，该模型也面临几个重要的挑战：

第一，该模型忽视了一个至关重要的因素，那就是，在发展中国家，农村人口迁移到城市以后，并不是全部为城市现代产业部门所吸收而是在城市中的非正式部门就业；这与模型中关于农村剩余劳动力均被城市正式产业部门所吸收的假定不相同。

第二，经济因素在人口迁移中的作用很重要，但并不是全部。发展经济学说中的各种人口迁移理论共同面临的一项不足就是，它们比较强调影响人口迁移的经济因素，而对非经济因素如制度因素等重视不够①。

2.2　新古典框架下的劳动力流动与地区差异

经济活动在地理空间上是不均衡分布的，而解释这种不均衡分布的理论可以分为两种：第一种是以新古典理论为基础，认为先天的差异是决定经济分布的主要原因；第二种是以规模报酬递增的思想为基础，其中发展经济学关于地区发展的“增长极”理论、“循环累积因果论”以及新经济地理学的“核心—边缘”模型都沿袭了这一思想路线。经济活动在空间的不均衡分布是要素价格

① 段成荣．人口迁移研究：原理与方法［M］．重庆：重庆出版社，1998。

的空间差异乃至要素流动的最根本原因。不同的理论对生产要素的价格变化及流动方向认识是不同的。下面，我们来分析不同理论基础下的要素价格、要素流动以及随之发生的区域差异。

2.2.1 新古典贸易理论与劳动力流动

赫克谢尔-俄林在20世纪初发展的静态新古典贸易理论的基本观点是：贸易模式反映了各国要素禀赋分布的差异性，每个国家出口它们本国禀赋较为丰富的要素所生产出来的产品。产品市场一体化导致使得对丰富要素所生产出来的产品的需求增加，这会导致该要素的价格上升。在简单的两国、两要素、两产品的经济中，假设两个国家具有相同的技术，贸易和要素流动对要素价格以及收入分布具有相同的影响。如果A国熟练劳动力更为丰富，B国非熟练劳动力更为丰富，那么两个国家的自由贸易将提高A国熟练劳动力工资和B国非熟练劳动力工资，那么，贸易的结果是使得A国劳动力的工资差异增大，B国劳动力的工资差异减小。如果非熟练劳动力从B国迁往A国，或者熟练劳动力从A国迁往B国也会产生同样的结果。这仅仅对于这样一个2×2×2的简单经济而言。如果从2×2×2的框架中跳出来，情况将变得很复杂。例如，如果A国具有更高的技术，或者更高的第三种生产要素，因此A国熟练劳动力工资将高于B国熟练劳动力的工资，那么贸易和非熟练劳动力迁移将提高美国工资差异并降低墨西哥工资差异，熟练劳动力迁移将从B国到A国，这对两者的工资差异具有相反的效应。在此情况下，全球化的维度（贸易和非熟练劳动力迁移）对不平等具有很不同的含义。而且，应当认识到所有发展中国家的情况并不相同，它们的资本、劳动和技术方面都有很大差异。其现实的含义是，中等收入国家如墨西哥在技术上比中国和印度更有优势，因此中国和印度可能保护他们的非熟练劳动力丰裕的部门；因此非熟练劳动力部门受到最重要的保护。

自由化和FDI的第三个可能性是导致新技术密集型活动引入到发展中地区。在这样的环境下，发展中地区对熟练劳动力的相对需求增加。最后，资本流入到发展中地区可能提高对熟练劳动力的需求。如果熟练劳动力对资本形成补充，这会提高其工资。如果熟练劳动力和资本对自然资源形成了补充，那么自由化导致资源富裕地区提高了技术水平，这也提高了不平等。

上面讨论了要素对国家不平等的影响。另一重要的因素是某些要素在国民中的分布。考虑一个具有丰富土地禀赋的国家，贸易自由化提高了土地的收益。如果土地只集中在几个大土地主手中，那么贸易自由化过程一定会导致收入差异的提高。如果土地较为平均地归穷人所有，那么贸易自由化将导致收入差异减小。

总之，全球化与国家内的收入分布是模棱两可的。首先，全球化在不同国家影响要素价格是不同的；其次，不同的全球化过程（例如贸易和要素流动）对给定国家的要素价格有不同含义。第三，给定某种全球化的过程（例如资本流动），对给定国家要素价格的影响也是模糊的，最终的影响依赖生产要素之间互补或替代的模式；最后，某种要素的价格变化对不平等的影响具有不同的相应，依赖禀赋在个人之间的分布。①

保罗·萨缪尔森最早完整提出生产要素价格均等理论。萨缪尔森根据赫克歇尔-俄林理论进一步推论后认为，虽然国际贸易是因各国要素禀赋不同导致的生产要素价格差异所致，但贸易又会反过来影响各国生产要素的价格，是要素价格倾向于均衡。比如，劳动力价格的均等化有两个可能的实现途径：一是贸易，根据比较成本优势原理，劳动力资源丰富、资本相对缺乏的国家主要生产劳动密集型产品，来同资本较多、而劳动力相对稀缺国家的资本密集型产品进行交换。交换的结果会导致劳动密集国家对劳动力的需求相对上升，劳动力的价格因而上升，而对资本密集型国家的劳动力需求会相对减少，劳动力的价格会下降。这一过程若持续下去，如果没有其他障碍，两国的劳动力价格从理论上说将趋于一致。劳动力价格均等化的另外一个途径是劳动力的国际流动。因为劳动力从劳动力价格（工资）低的国家流向劳动力价格高的国家，这会导致劳动力输出国的劳动力供给减少，劳动力的价格因而提高，反之，劳动力输入国的劳动力供给会增加，故劳动力价格会下降。这一过程最终亦能使两国的劳动力价格持平。②

总体来讲，新古典贸易理论认为随着劳动力的流动，国家之间要素价格会

---

① Fei Zheng，Li Da Xu，Bingyong Tang. Forecasting regional income inequality in China. European Journal of Operational Research，2000（124）：243—254.

② 戴建中．国际劳动力价格均等化与新贸易保护主义［J］．世界经济与政治，1997（7）：31—34。

均等化，国家之间的差异将缩小。而全球化对一个国家内的收入分布却有不确定的结果。

2.2.2 新古典增长理论与劳动力流动

新古典增长理论认为，区域长期增长决定于资本、劳动与技术进步三要素。在要素自由流动的条件下，劳动总是从低工资区域向高工资区域流动，资本则总是从资本回报率低的地方流向回报率高的地方。因此，区域增长是倾向均衡的。设 y_i、K_i、l_i、t_i 分别表示区域 i 收入增长率、资本增长率、劳动增长率以及技术进步率，a_i 为资本对收入的弹性系数，s_i 为储蓄率、v_i 为资本产出率、k_{ij} 为每年从 j 区流向 i 区的资本数量占 i 区资本存量的比例，m_{ij} 为每年从 j 区流向 i 区的净迁移人口占 i 区总人口的比例，R_i、R_j 分别为 i 区、j 区资本收益率，w_i、w_j 分别为 i 区、j 区的工资率，n_i 为 i 区人口自然增长率，则区域增长可以表示为：

$$y_i = a_i K_i + (1 - a_i) l_i + t_i$$

$$K_i = s_i / v_i + \sum_j k_{ij}, \quad i \neq j$$

$$l_i = n_i + \sum_j m_{ij}, \quad i \neq j$$

$$k_{ij} = f_1 (R_i - R_j)$$

$$m_{ij} = f_2 (w_i - w_j)$$

根据新古典学派的观点，资本劳动率提高时，劳动的边际生产力则随之增加，而资本的边际生产力则随之降低。因此，当区域 i 资本劳动率提高时，则 $w_i > w_j$、$R_i < R_j$，并且 $m_{ij} > 0$、$k_{ij} < 0$，即劳动从 j 区域移入 i 区域，资本从 i 区域移入 j 区域。由区域 i 收入增长的表达式可以看到，表达式第一项降低，第二项升高，二者此消彼长，导致区域间收入增长率趋同[①]。从长期来看，劳动从 j 区域移入 i 区域以及资本从 i 区域移入 j 区域导致各区域的资本收益率和工资率趋同，则各区域的收入增长率固定在各自不同的水平上。

---

① 杨开忠．中国区域发展研究［M］．北京：海洋出版社，1989。

2.3　报酬递增理论框架下的劳动力流动与地区差异

2.3.1　循环累积因果论

循环累积因果论是由瑞典经济学家冈纳·缪尔达尔（Myrdal）提出，该思想由其一系列的文章提出并不断深化的，包括《美国的困境》[①]、《国际经济》[②]、《富裕国家和贫穷国家》[③]、《超越福利的国家》[④] 和《亚洲的戏剧》(1968)[⑤] 等。新古典主义经济发展理论认为，生产要素在地区、部门之间的自由流动，工资、利润由劳动、资本的供求运动会自动趋于均衡。因而，市场机制的自发调节可以实现资源的最优配置，达到经济均衡发展的目标。缪尔达尔认为这一观点与经济发展的实际不符。他指出，经济增长在地理空间上并不是均匀扩散，而是趋向于强化地区间的不平衡性。他采用动态非均衡和结构主义的分析方法来研究区域经济发展问题，认为市场力作用的固有趋势产生区域之间的不平等，而且这种不平等有不断加强的趋势。累积因果循环理论指出：社会系统的某个变量改变的结果将不是抵消掉这个改变，而是强化这个改变，使系统在改变的方向上走得更远。缪尔达尔以此解释国家之间的发展差异：如果任由市场力的作用，一个在生产力和收入上都占优的国家将变得更好，而处于较低水平的国家则可能维持在现有的水平上或者恶化[⑥]。也即穷者更穷，富者更富。在《圣经》的马太福音中也有类似的一段文字：

“因为凡有的，还要加给他，叫他有余。没有的，连他所有的，也要夺过来。”

---

① Myrdal, Gunnar. An American Dilemma: the Negro Problem and Modern Democracy. New York: Harper&Row, 1962.

② Myrdal, Gunnar. An International Economy: Problems and Prospects. Westport, Conn.: Greenwood Press, 1956.

③ Myrdal, Gunnar. Rich Lands and Poor, New York: Harper&Brothers. 1957.

④ Myrdal, Gunnar. Beyond the Welfare State: Economic Planning and Its International Implications. New Haven: Yale University Press, 1960.

⑤ Myrdal, Gunnar. Asian Drama: an Inquiry into the Poverty of Nations. New York: Pantheon, 1968.

⑥ Myrdal, Gunnar. The Challenge of World Poverty: A World Anti-Poverty Program in Outline. New York: Vintage Books, 1970.

缪尔达尔用“回波效应（Backwash Effects）”和“扩散效应（Spread Effects）”来解释国际贸易和资本流动的相向力量。回波效应指的是不发达区域的劳动和资本因为市场力量的驱动流入发达区域，这将引起不发达区域经济活动的衰退，不利于其经济增长。而扩散效应则是指资本和技术从发达区域向不发达区域的转移，这种效应有利于不发达区域的经济增长。“回波效应”来自于规模经济、知识积累等外部经济和内部经济，它们能够提高农业生产率、使制造者更为经济地使用原材料、鼓励企业开发某些稀有产品的替代产品等等；“扩散效应”来源于外国投资者对欠发达地区本地投入品的购买、技术的扩散和落后地区对先进管理方式的运用。经济发展的不同阶段，两种效应的力量对比会发生相对变化。在经济发展的初期，通常回流效应居主导地位，因而缪尔达尔断言：市场的力量通常倾向于增加而不是减小区域之间的差异。在上述分析的基础上，缪尔达尔提出了区域经济发展的政策主张。在经济发展的初期，应采取非均衡发展战略，优先发展基础较好的地区，以取得较好的投资收益，获得增长的初始动因。而后这些地区可以通过扩散效应带动落后地区的发展。当经济发展到一定水平时，为了避免贫富差距的进一步扩大，保证社会公平与稳定，政府应制定倾斜政策来刺激落后地区的发展，以缩小地区差距。

美国经济学家赫尔希曼[1] 1958 年在其《经济发展战略》一书中提出了“极化效应”和“涓滴效应”，其含义与缪尔达尔所提出的回波效应和扩散效应相似，其结论也基本一致。他认为，除非有相当强度的经济政策的介入，否则市场力量总是导致极化效应居主导地位，区域间差异会不断增长。

缪尔达尔批评了由赫克歇尔和俄林发展的新古典贸易理论。他认为正是“稳定均衡”这个不现实的假设是一切问题的根源。新古典贸易理论寻找稳定均衡，并在自由贸易和要素价格均等化条件下找到了。该理论将人们引向：在自由贸易的情况下，国家或地区之间的不平等可以减弱，在一定条件下可以消除。而依照缪尔达尔的理论，也正如我们所看到的，自由贸易和资本流动倾向于通过累积因果循环来加大国家间的不平等[2]。

---

① Hirschman，A. The Strategy of Economic Development. New Haven，CT：Yale University Press，1958.

② Meardon，Stephen. J. Myrdal，Perroux and the New Economic Geography：Modeling Agglomeration and Dispersion in City and Country Gunnar Myrdal，François Perroux，and the New Economic Geography. American Journal of Economics&Sociology，Jan 2001，Vol. 60 Issue1，30.

按照累积因果循环理论，经济是不均衡发展的。劳动力要素在“回流效应”的作用下，总是从落后地区向发达地区流动，而这种流动却没有导致区域差异缩小化的倾向。经济发展的初期，市场力量总是导致资本、劳动力的集聚以及地区差异的扩大。当然，缪尔达尔并没有在更深层次上说明导致“正反馈”经济现象发生的内在动力机制。新经济地理学则给出了具有很好微观基础的“正反馈”发生的内在动力。

2.3.2　佩鲁的“增长极”理论

20 世纪 50 年代初，佩鲁（Perroux）在实证分析基础上指出，现实世界中经济要素的作用完全是以一种非均衡的方式发生的。“增长并不是同时在任何地方出现，而是以不同强度首先出现在增长点或‘增长极’，然后通过不同的渠道扩散，并对整个经济具有不同的最终影响。”这就是著名的“增长极”概念。佩鲁认为市场相互作用的一个最基本的、无所不在的特征是主体作用力的非对称。这种非对称的相互作用存在于各种相同或不同的决策单元之间，无论是个人、厂商、区域或者国家。以此为基点，佩鲁认为地理空间的相互作用通常导致区域集聚现象发生。①

佩鲁认为经济行为根植于制度、规范和价值中。尽管很少有经济学家否认这些因素的重要性，但为了数学模型上的方便，这些因素都被搁到一边或者被严重地简化了，但佩鲁却是个例外。佩鲁认为市场相互作用的一个最基本的、无所不在的特征是主体作用力的非对称。这种非对称的相互作用存在于各种相同或不同的决策单元之间，无论是个人、厂商、区域或者国家。以此为基点，佩鲁认为区域集聚来源于地理空间的相互作用力。

佩鲁关于区域集聚的思想体现在其“增长极”和“发展极”的概念中，这些概念长期以来被区域规划者广泛应用。对于给定的主体单元的集合，“增长极”就是能够促使其他集合增长的这样一个集合，这里的“增长”指的是在空间上的某指标的不断提高。“发展极”就是能够产生经济和社会结构变化的这

---

① 孟庆红．区域经济学概论［M］．北京：经济科学出版社，2003。

样一个集合，其效应是提高整体的复杂性，扩张其各方面的收益。[①] 佩鲁强调金钱的外部性，这种外部性是由主导单元的活动产生的。由于作用单元的非对称效应，经济增长是在不同部门、行业或地区，按不同速度不平衡增长的。其原因在于：某些“推进型产业”（主导产业）或有创新能力的企业在一些地区或城市集聚或优先发展，从而形成恰似“磁场极”的多功能的经济活动中心。它不仅促进自身发展，并且以其吸引和扩散作用进一步推动其他地区的发展，从而形成经济区域和经济网络。佩鲁把这种吸引和扩散效应归结为技术的创新和扩散，资本的集中和输出，规模经济效益和集聚经济效益。佩鲁的弟子、法国经济学家布代维尔（J. Boudeville）发展了佩鲁的思想，并使佩鲁的增长极理论在区域应用方面迈进了一大步。他把经济空间或经济区域划分为三类：其一是同一或均质区域；其二是极化区域；其三是计划区域。在他看来，计划区域是政府计划和政策的实施区域，因而也是实际存在的关联区域，并在性质上更具有政治性。这里布代维尔把增长极分为由市场机制支配的自发生成的增长极（极化区域）和计划机制支配的诱导生成的增长极（计划区域）。正因为如此，增长极理论是区域经济学和中观经济学研究的一个突破，许多国家把这一理论运用于区域经济政策和经济发展战略。[②]

新经济地理学产业的集聚来源于个体和厂商的趋利行为，对上述由政府主导产生的计划区域没有通过模型描述或者解释，而这种由政府诱导产生的集聚现象在当今世界各国相当普遍，尤其是在发展中国家。近 20 年来，我国各地区发展迅猛的经济技术开发区在性质上大多属于布代维尔所说的计划区域。

2.3.3 新经济地理学的“核心—边缘”理论模式

20 世纪 90 年代初，克鲁格曼借鉴了狄克希特-斯蒂格利茨（Dixit-Stiglitz，D-S）的垄断竞争模型和萨缪尔森的“冰山交易”形式的运输成本，建立了一个一般均衡模型来考察产业集聚、城市集聚以及国际贸易的形成机理。由于假

---

① Perroux，Francois. The Pole of Development's New Place in a General Theory of Economic Activity. In B. Higgins and D. J. Savoie，eds. Regional Economic Development：Essays in Honor of Francois Perroux. Boston：Unwin Hyman，1988，49：48—76.

② 颜鹏飞，邵秋芬. 经济增长极理论研究［J］. 财经理论与实践，2001（3）：2—6。

设劳动力可以在区域间依据工资的差异进行流动，从而使得经济活动的空间分布成为模型的内生结果。其模型在一定运输成本下所得到的结果是一个区域形成制造业的集聚核心，而另一个地区则没有制造业，该经济空间分布模式被称为“核心—边缘”模式，该研究方向被克鲁格曼称为“新经济地理学”。

新经济地理学的劳动力迁移的动态很简单。因为正反馈的累积过程，某个区域的真实工资（消费者的效用水平）较高，这是唯一引起劳动者迁移的源泉。劳动者的迁移有两种可能的结果：第一，劳动力的迁移使得两区域之间真实工资的差异逐渐缩小，直到两个区域之间劳动力的工资完全相等为止。第二种情况，劳动力流动可能并不会使真实工资差异缩小，这样劳动力就有不断流动的动力，并最终完全集中到了某个区域，从而形成核心—边缘模式。在这种情况下，经济均衡使劳动力的工资差异仍然存在。上面两种情况的发生依赖运输成本的大小，也即区域一体化对区域差异和劳动力流动有直接的影响。当运输成本较高时，每个地区倾向于自给自足，经济活动在空间均衡分布，则不存在劳动力的工资差异。当运输成本较低时，累积因果循环开始起作用，并使经济活动集聚在某一地区，劳动力的工资差异也无法消除。

在报酬递增和贸易成本存在的前提下，厂商和工人都倾向于接近较大的市场。在 20 世纪 50 年代的发展经济学家们都强调大的市场对厂商和工人区位选择的重要性。这种“大市场效应”被佩鲁（1955）称为“增长极”，被廖尔达尔（1957）称为“累积因果循环”，被赫希曼（1958）称为“前后相联系”。新经济地理学将这种循环累积机制模型化，来展示相似乃至相同的区域如何形成制造业向某一区域集聚的过程[①]。在后面的章节中我们会详细叙述新经济地理学的所体现的劳动力流动和区域差异。

---

① Ottaviano, Gianmarco. and Puga, I. P. Diego. Agglomeration in the Global Economy: A Survey of the' New Economic Geography' . CENTRE for ECONOMIC PERFORMANCE Discussion Paper No. 356, 1997.

第3章　中国的劳动力流动与区域差异

3.1　引言

新经济地理学通过将上下游产业之间的前后向联系与贸易成本相结合来考察全球化、区域一体化背景下的劳动力流动和区域差异问题。对于中国区域差异和劳动力的现实，如何才能够通过恰当的抽象使之与新经济地理学模型相契合？也就是说，我们要在纷繁的区域差异的表象当中，找到既能够代表中国区域差异的特征又能够与新经济地理学模型相容的特征事实。本章的内容即是在这样的意图下进行的。在中国区域差异的现象中，特别关注与对外开放、城乡差异、区域差异、劳动力流动和制造业集聚等相关的一些关键特征，目的是为后面几章模型建立以及模型结论的检验提供最基本的参数和参照。

3.2　中国的城乡差异

我国经济体制改革以来，伴随着经济快速发展的同时是城乡居民收入差距的不断扩大。“三农问题”已成为经常见诸报端、学者探讨以及政府关注的话题。党的十六届三中全会提出要按照“五个统筹”的要求全面建设小康社会。在五个统筹中，统筹城乡发展被放在第一位，这说明在我国整个社会经济发展中城乡关系的重要性。这些年党中央和中央政府已采取措施解决“三农问题”，比如清欠农民工工资、取消农业税、农业粮食补贴、保障农民合法权益等。这些措施在一定程度上缓解了城乡差异。

3.2.1　城乡收入差距的总体趋势

自从20世纪70年代末中国经济改革以来，城乡收入差距经历了先缩小再扩大的“U”形变动曲线，且存在着进一步扩大的趋势（如图3-1所示）。从1978年至2002年间，城镇人均可支配收入从343.4元增加到7702.8元，按可比价格计算年均增长6.68%。同期，农村人均纯收入从133.6元增加到2475.6元，年均增加7.18%。在城乡居民收入不断提高的过程中，城乡居民人均收入差距总体呈现出不断扩大的趋势，从1978年的2.57倍增加到2002年3.11倍，平均差距为2.34倍，年均增长0.80%。具体来说，城乡居民人均收入水平差距的演进经历了以下4个阶段[①]。

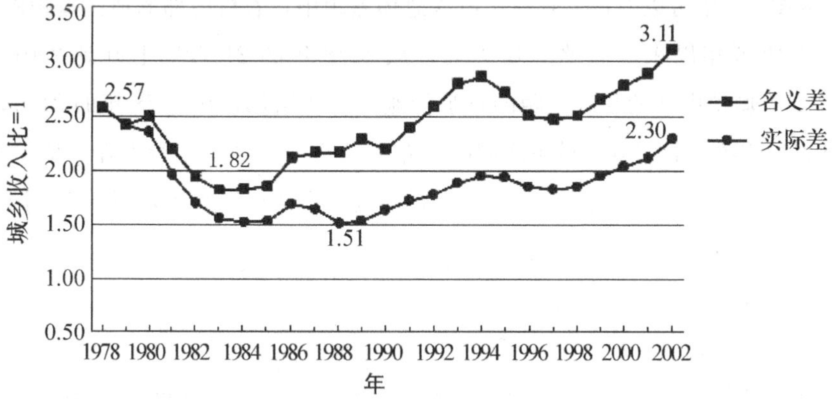

图3-1　城乡名义收入差距与实际收入差距

资料来源：蔡昉．城乡收入差距与制度变革的临界点［J］．中国社会科学，2003（5）：16—26.

第一阶段为1978—1983年。这一时期为农村经济体制改革的起始与深化时期，农业劳动生产力被极大地释放出来，农村居民人均纯收入迅速增加。与此同时，城市经济体制改革尚未全面展开，城镇居民人均可支配收入增长幅度不大，这些因素构成了城乡收入差距缩小的原因。

第二阶段为1985—1994年。1984年城市经济体制改革全面展开，而农村

① 刘社建，徐艳．城乡居民收入分配差距形成原因及对策研究［J］．财经研究，2004（5）：93—103。

经济体制改革的初期效应已全部释放，改革的进一步深化却几乎陷于停滞，致使城乡收入差距急剧扩大。

第三阶段为1995—1997年。中央政府意识到城乡收入差距过大的严重性，采取了一些积极措施提高农村收入，城乡收入差距的扩大趋势有所缓解。

第四阶段为1998—2002年。城乡收入差距重新扩大，达到了改革开放以来城乡收入差距的历史最高点，2002年城乡收入差距为3.11。如果考虑到城市居民在住房？社会保障？公共卫生和教育等方面享有国家的补贴以及城市居民和农村居民税费的差别，实际差距约为5：1-6：1[①] 城乡差距已经成为社会协调发展的最大障碍。

根据泰尔指数的城乡分解可以继续考察农村内部、城镇内部和城乡之间的人均收入差距对城乡收入总差距的贡献。

从图3-2中可以看出，在居民收入总体差距中，农村内部的地区差距的贡献份额自1978年以来一直略有所上升，从1978年的21.72%上升到2001年的30.12%；城镇内部的收入差距的贡献份额也有所增加，从1978年的21.63%上升到2001年的24.51%；城乡之间收入差距的贡献份额虽有所下降，从1978年的56.65%下降到2001年的45.37%，但始终是形成居民收入差距的主要因素[②]。

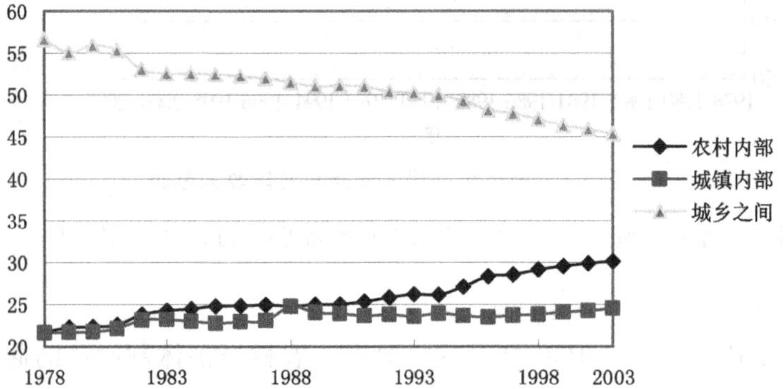

图3-2 农村内部差异、城镇内部差异以及城乡差异对地区差异的贡献份额

资料来源：李林，陆诗雷，班利军．我国改革开放后区域经济发展差异的量化分析［J］.生态经济，2004（1）：5—11.

---

① 王梦奎．中国现代化进程中的两大难题：城乡差距和区域差距［J］．农业经济问题，2004（5）：4—12。

② 邓翔．中国地区差距的分解及其启示［J］．四川大学学报（哲学社会科学版），2002（2）：31—36。

3.2.2　分地区城乡收入差距

从我国东、中、西部的城乡差距来看，改革开放以来，西部地区的城乡差距一直高于同期东部地区和中部地区的城乡差距，如图 3-3 和表 3-1。从 1980 年到 1985 年间，东部地区和中部地区城乡差距呈缩小趋势，而这时西部地区的城乡收入维持不变。其后东、中西部地区的城乡差距不断扩大，但西部地区的城乡差距的变化趋势更为显著。1980 年，西部地区的城乡收入差距为 2.11，略高于东部地区的城乡收入差距 2.01。然而，到 2000 年，西部地区的城乡收入差距上升到了 3.62，而东部地区的城乡收入差距上升到了 2.30。[①] 城乡差距在不同地域上的严重程度不同也是我国城乡差异的特征之一。

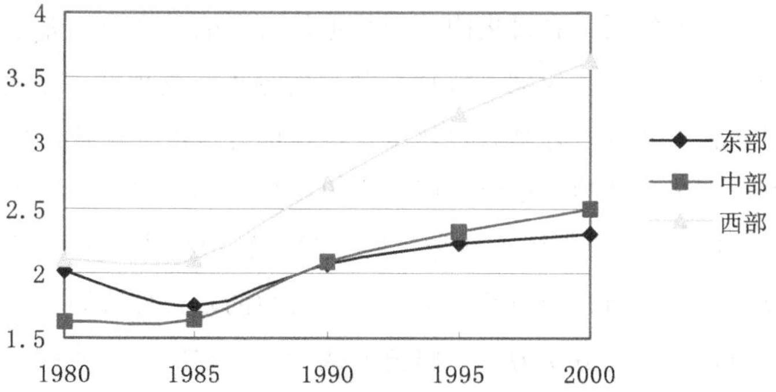

图 3-3　各地区城乡收入差异趋势

表 3-1　分地区城乡差异

城乡差异			
年份	东部	中部	西部
1980	2.01	1.63	2.11
1985	1.75	1.65	2.11
1990	2.07	2.09	2.69
1995	2.23	2.31	3.22
2000	2.30	2.49	3.62

① 张昌彩．“十一五”时期我国城乡结构及劳动力变动趋势研究［J］．经济研究参考，2004（27）：2—14。

3.2.3 城乡收入差距的原因剖析

众多学者对城乡收入差距进行理论解释。龙江智等[①]从“政策歧视”、工农产品的“剪刀差”以及人力资本差异等方面来解释城乡收入差距。刘社建等[②]从城乡二元经济结构、工农业产品“剪刀差”、城乡居民人力资本差异和收入分配制度上阐述我国的城乡差异。杜鹏等[③]从国家发展战略角度来分析城乡之间的巨大收入差距。他们认为城乡差距是政府歧视农业政策的结局，政策又是既定发展战略的内生结果，而发展战略的制定直接受城乡集团力量的对比。政府扭曲资源比较优势所制定的发展战略，内生出政府歧视农业的政策。蔡昉和杨涛[④]、杨继瑞和祝志勇[⑤]则认为，城乡阶层地位的差别不同，从而形成了不同力量对比的政治集团，农村集团的弱势地位是影响城乡收入差距的原因。陆铭等[⑥]通过对1987—2001年间省级面板数据的分析，发现城市化缩小城乡收入差距的作用显著。并且，外来人口比重、经济的开放度、就业的所有制结构调整、政府参与经济活动的程度以及财政支出结构的调整是城乡收入差距扩大的重要因素。韦伟等[⑦]认为市场机制与政府干预是转型期决定城乡差距的两个重要因素。政府干预是指：城市政府对城乡劳动力的歧视性待遇，而这主要是由政府排斥性的政策（或劳动力市场隔离，或劳动力空间流动障碍）造成的。叶文辉[⑧]从制度经济学角度分析中国的城乡差异，认为城乡差异来源于重工业化战略剥夺农业剩余、城乡居民承担改革成本的不公平、公有资源资产城乡占有

---

① 龙江智，杨新宇，郑宪强.20世纪90年代我国城乡收入差距研究［J］.农村经济，2002（2）：7—9。

② 刘社建，徐艳.城乡居民收入分配差距形成原因及对策研究［J］.财经研究，2004（5）：93—103。

③ 杜鹏，宗刚.基于经济发展战略角度的城乡收入差距分析［J］.北京工商大学学报（社会科学版），2004，19（2）：4—9。

④ 蔡昉，杨涛.城乡收入差距的政治经济学［J］.中国社会科学，2000（4）：12。

⑤ 杨继瑞、祝志勇.90年代我国农民收入缺口形成深层次原因解析［J］.四川大学学报（哲学社会科学版），2001（4）：9。

⑥ 陆铭，陈钊.城市化、城市倾向的经济政策与城乡收入差距［J］.经济研究，2004（6）：50—58。

⑦ 韦伟，傅勇.城乡收入差距与人口流动模型［J］.中国人民大学学报，2004（6）：16—22。

⑧ 叶文辉.城乡收入差距的制度经济学分析［J］.农业经济，2002（3）：9—10。

不均以及对农民有形、无形的歧视政策等。李民仓[①]认为工农业产品“剪刀差”、人均占有公共资源的巨大差别、承担改革成本上的不公平、财政政策的“城市化”偏好、城乡分割的二元经济结构体制、城乡居民税费承担的巨大差异等是城乡收入差异扩大的原因。

上述对城乡差异的原因的分析有很多共同点，这里拟采用龙江智等[②]的框架分析城乡差异。

(1) 政策歧视

① 财政支出政策与城乡收入差异。多年来，我国财政支农占财政总支出比例一直呈下降趋势。1991 年，我国用于农业的财政支出占财政总支出的 10.26%，以后各年逐年下降，到 1999 年下降到了 8.30%。农业基础设施落后，农业生产资料难以更新，再加上难以预料的自然灾害频频发生，致使城乡差距拉大。

② 农副产品低价收购政策与城乡收入差距。20 世纪 90 年代，我国对农副产品的低价收购政策直接影响了农村居民收入的增长。农副产品的价格直接关系到农村居民的收入，而农副产品的收购价格又控制在政府手中，虽然迫于市场和稳定的压力政府收购价几经调整，但相对于工业制成品来讲，农副产品的价格一直较低，而农用生产资料价格却在不断上涨，工农业产品的“剪刀差”是影响农村居民收入以及城乡差距的重要因素。

③ 税收政策与城乡收入差距。首先，从纳税额占收入的比例来看，1995 年，我国农村居民人均收入相当于城镇的 40%，而仅税款一项，农村居民人均支付额就相当于城镇居民的 9 倍。如果加上各种各样繁多的杂费，农村居民人均支付额相当于城镇居民的近 30 倍。而且，国家对贫困人口没有实行税费减免政策。过高的税费负担成为农村居民增收的巨大障碍。目前，大多数省区已经开始减免农业税的改革，温家宝总理在十届人大三次会议上所做的政府工作报告上提出“进一步加强‘三农’工作”和“明年将在全国全部免征农业税”。这表明中央政府对缩小城乡差距的决心。而取消农业税也可能使城乡差距在历经 20 年的不断提高首次出现下降趋势。

---

① 李民仓. 我国城乡收入差距原因及对策分析 [J]. 理论导刊，2003 (8)：28—30。

② 龙江智，杨新宇，郑宪强. 20 世纪 90 年代我国城乡收入差距研究 [J]. 农村经济，2002 年 (2)：7—9。

④ 福利政策与城乡收入差距。在城市，福利性补贴收入占城镇居民收入中相当重要的比例，而农村居民则完全被排除在外。1995 年，我国城镇人均福利收入为 3534 元，是当年农村人均纯收入 1578 元的两倍还多。在通常的城乡差异的统计数据中，一般不考虑城镇居民的福利性收入。如果将此考虑进来，城乡收入差异更大。

⑤ 户籍制度及相关政策。多年来，计划经济时期遗留下来的户籍制度以及相应的政策将农村与城市隔离开来。由于劳动力的大量过剩，农业边际生产力接近于零，农民很难增收，而市场经济要求的城乡流动又受到限制。20 世纪 90 年代以来，虽然我国农村劳动力的流动具有一定规模，但是流动和职业选择的自由仍受很大的限制。

(2) 教育差距与城乡收入差距

20 世纪 90 年代，由于政府对农村教育的投入不足，农村居民收入除了维持基本生活以外，没有更多的能力进行教育投入。在城乡的巨大教育差异下，一方面，使农民很难掌握和利用现代农业高科技；另一方面，也使进城务工的农民在就业时处于十分不利的地位。难以获得良好的教育是农村居民收入增长十分困难，而收入在低水平徘徊又进一步影响对下一代教育的投入，从而形成了贫困的恶性循环或者陷入所谓的“贫困陷阱”。

(3) 经济发展水平的差距与城乡收入差距

经济发展水平不同的地区城乡收入差距的程度不同。在我国经济发展水平较高的沿海地区，由于城市化进程较快，在城市的辐射和带动作用下，城市周边地区的农村的非农产业发展相对较快，农民可以通过这些产业获得非农收入；而且，沿海地区非国有经济尤其是乡镇企业和私营企业发展迅速。这些企业大多是劳动密集型企业，且对劳动力素质要求并不是很高，因此吸收了大量附近的农村剩余劳动力。尽管西部地区的剩余劳动力也大量流向沿海地区，但相对于这些企业对本地劳动力的吸纳来说，仍然较少。西部地区非国有经济发展相对滞后，农村大量过剩的劳动力滞留在有限的土地上，收入增加的机会很小。

(4) 其他因素

除了正常的收入外，城市部分居民还会获得一些灰色收入乃至非法收入。目前城市居民的收入中，基本工资收入只占较少的部分，各种补贴、过节费以及其他各种名目繁多的补贴成为居民收入的重要组成部分。有些部门还因为对公有资产和权力的控制权，从而将某些垄断租金转化为本部门、本地区、本单位乃至个人的利益。转轨期法制的不健全以及监管不力为部分城市居民谋求灰色收入乃至非法收入提供了可能。这也加剧了城乡收入差距。

3.3　中国的区域差异

在世界范围内，地区差异现象普遍存在。亚洲“四小虎”之一的泰国在近年来经济发展迅速，但其内部的地区不平衡问题相当突出。其工业主要集中在首都曼谷及其周边地区。如果不考虑碾米、锯木、制冰、印刷厂，那么约有70%的注册厂家在首都曼谷及泰国中部地区。印尼的地区经济也面临同样的问题。在经济总量上，爪哇地区的 GDP 占印尼总 GDP 的 50%，苏门答腊占30%。在工业总量上，爪哇地区的工业产值占印尼工业产值的 80%，苏门答腊占 10%。地区间严重的不平衡造成了各岛人民之间的矛盾，影响着社会的稳定。

同样地，地区经济发展的问题不仅仅发生在发展中国家，在发达国家也仍然存在。例如法国最大的 500 家企业和集团，其中有 476 家集中在东部地区，所以法国东部被称为“富裕的工业法国”，而法国西部被称为“贫穷的农业法国”。

在意大利，地区不平衡问题更为显著。意大利在 1964 年国民生产总值最高地区与最低地区之比为 3，远远高于欧洲几个发达国家的水平。[①] 欧共体在 1975 年至 1985 年中，就把欧洲区域发展基金拨款的 30%以上，投在了意大利南部。直到 1985 年 1 月 1 日起才将比例调低至 21.62%～28.79%之间不等。即便如此，其南部地区的生产率仍只有北部的 70%左右，南部在经济上对北部的依赖仍然很强。[②]

我国的地区差距经历了一个历史变化的发展过程。从我国地区经济发展的历程来看，人均国民收入表示的区域经济差异呈“U”形变化趋势（如图 3-4

---

① 刘艺良等．中国地区差异与西部大开发战略［M］．郑州：河南人民出版社，2000。

② 邹蓝．跨区域要素迁移与内需扩大：再论东西部关系［J］．开放导报，2000（1）：13—15。

所示)，即20世纪60年代中期以前，我国区域经济差异是缩小的，而60年代以后，呈扩大趋势[①]。90年代以来，中国各地区经济发展差距明显扩大，虽然东中西部三大区域内部趋同，但是三大区域之间趋异[②]（如图3-5所示)。

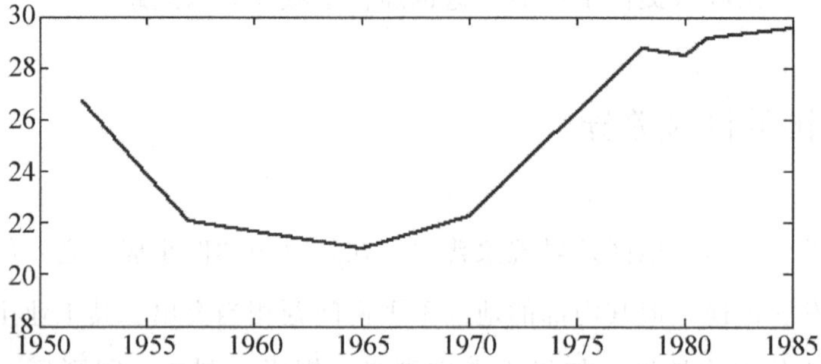

图3-4 我国东、中、西部经济差异的"U"形变化

资料来源：杨开忠．中国区域发展研究［M］．北京：海洋出版社，1989.

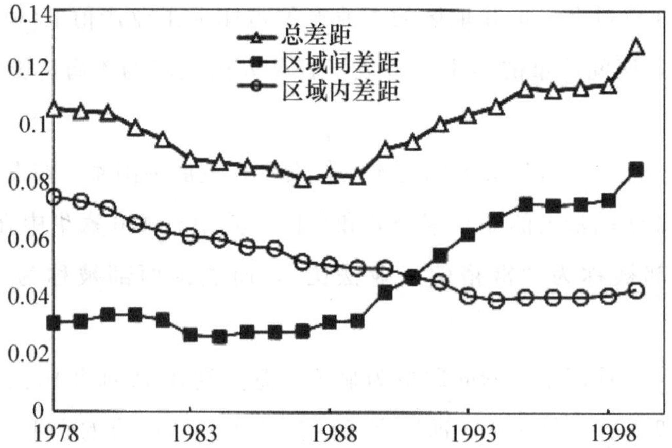

图3-5 改革开放以来真实人均GDP地区差距变动

资料来源：胡鞍钢．西部开发新战略［M］．北京：中国计划出版社，2001.

新古典增长模型的重要特征之一是其考察国家间或区域间的收敛问题。绝对收敛指的是初始人均收入与增长率之间的负相关关系，而条件收敛指的是初始人均收入与增长率之间的负相关关系依赖一些控制稳定状态的因素，例如资

---

① 杨开忠．中国区域发展研究［M］．北京：海洋出版社，1989。

② 胡鞍钢．西部开发新战略［M］．北京：中国计划出版社，2001。

本和人力资本。根据部门之间的数据，Barro[①] 和 Mankiw 等[②]认为在大多数国家不存在绝对收敛，但他们发现在一些具有相似特征的国家中存在条件收敛。具有鲜明对照的是，时间序列分析显示即使在那些具有相似特征的国家间也几乎不存在收敛的证据。Barro and Sala-i-Martin[③] 则找到了美国和西欧国家内的绝对收敛。

由于研究视角不同，学者们对我国区域经济增长收敛性的经验研究结论不尽相同。覃成林[④]和王启仿[⑤]的研究认为 1978—1990 年我国区域经济增长存在 σ 收敛，而 1990 年以后不存在 σ 收敛；1978—2000 年，我国区域经济增长普遍存在条件 β 收敛趋势，而 Raiser[⑥] 对 β 收敛趋势存在与否存在着争议；Zhang 等[⑦]和 Yao 等[⑧]则认为我国存在区域经济增长的俱乐部收敛特征。总的来讲，经济增长收敛性与所选择的研究对象相关。所选择的空间范围越大，子集收敛的概率越大，相应地，整体收敛的概率越少。空间范围越小，子集收敛的概率越小，而整体收敛的概率越大。[⑨]

3.3.1　沿海—内地经济发展水平比较

从经济总量来看，1981—2000 年的 20 年间中国的名义 GDP 增长了 20.7 倍（如图 3-6 所示）。其中，沿海地区增长 23.3 倍，内地增长 17.7 倍。广东、江苏、山东、浙江、河北五省 2000 年的 GDP 总值（37912.7 亿元）接近内地

---

① Barro, Robert J. Economic Growth in A Cross Section of Countries. Quarterly Journal of Economics, 1991, 106 (2): 407—443.

② Mankiw, N. Gregory, Romer, David, andWeil, David N. A Contribution to the Empirics of EconomicGrowth. Quarterly Journal of Economics, 1992, 107 (2): 407—437.

③ Barro, Robert J., and Sala-i-Martin, Xavier X. Convergence. J. Polit. Econ. 1992, 100 (2): 223—251.

Barro, Robert J., and Sala-i-Martin, Xavier X. Economic Growth. New York: McGraw-Hill, 1995.

④ 覃成林．中国区域经济增长趋同与分异研究［J］．人文地理，2004 年 6 月，19 (3)：36—40。

⑤ 王启仿．中国区域经济增长收敛问题的论争［J］．财经理论与实践，2004，25 (129)：7—10。

⑥ Raiser, Martin. Subsidising Inequality: Economic Reforms, Fiscal Transfers and Convergence Across Chinese Provinces. J. Develop. Stud, 1998, 34 (3): 1—26.

⑦ Zhang Zongyi, Liu Aying and YAO Shujie. Convergence of China's regional incomes 1952—1997. China Economic Review, 2001, 12: 243—258.

⑧ Yao Shujie and Zhang Zongyi. On Regional Inequality and Diverging Clubs: A Case Study of Contemporary China. Journal of Comparative Economics, 2001, 29: 484—466.

⑨ 金相郁．空间收敛第一规律与空间收敛第二规律［J］．南开经济研究，2001 (3)：46—51。

19 个省区 39469.65 亿元的水平。沿海地区与内陆地区 GDP 之比 1981 年为 1.11：1，2000 年为 1.46：1，沿海地区 GDP 增长明显快于内地。

从人均经济水平来看（如图 3-7 所示），1981—2000 年的 20 年间中国人均 GDP 的值增长了 16.3 倍。其中，沿海地区增长 18.2 倍，内地增长 14.3 倍。沿海地区与内陆地区人均 GDP 之比 1981 年为 1.57：1，2000 年为 1.98：1，沿海地区人均 GDP 增长也明显快于内地[①]。

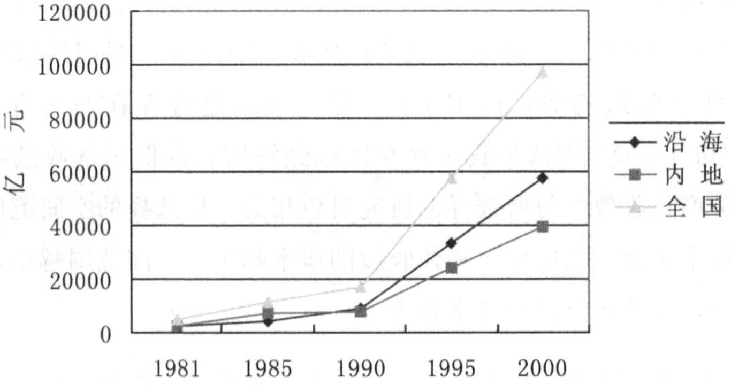

图 3-6　沿海—内地 GDP 增长比较

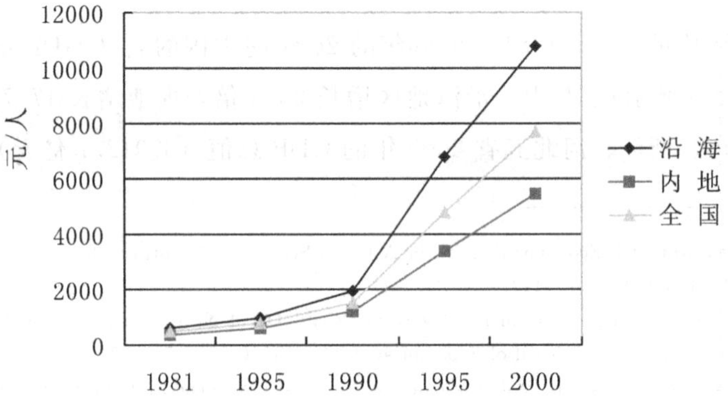

图 3-7　沿海—内地人均 GDP 增长比较

另外一种直接比较地区差异的方法是给出地区经济指标的比值，比如人均 GDP 之比的变动情况。如图 3-8 所示，给出了各地区人均 GDP 之比的变动情况。从 1952 年到 20 世纪 60 年代末，三个区域的相对 GDP 基本处于稳定状态。然而，自从 60 年代末以来，东部地区与中西部地区的人均 GDP 差异逐渐

① 刘安国．加入 WTO 和中国经济格局演化［J］．北京大学博士学位论文，2002。

扩大，特别是东部地区人均 GDP 与西部地区人均 GDP 的比率呈现更为明显的增长势头[①]。

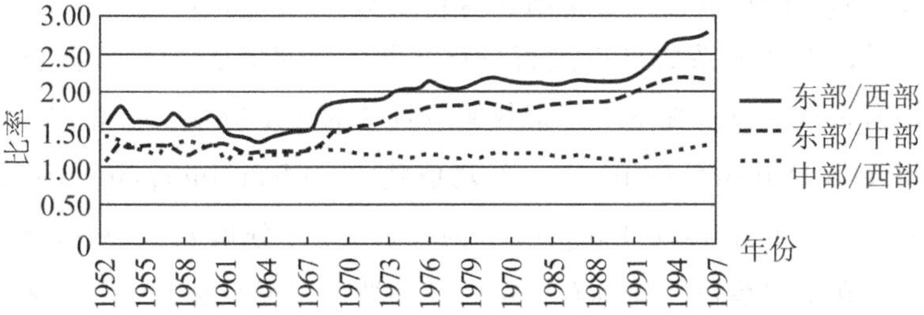

图 3-8　各地区人均 GDP 的比率

资料来源：Zhang Zongyi，LIU Aying and YAO Shujie. Convergence of China's regional incomes 1952—1997. China Economic Review，2001（12）：243—258.

3.3.2　沿海与内地收入差距的变动

关于中国地区差距演化趋势的文献很多，但因为没有一个统一的测度标准，因而在结论可能不可比、不统一，甚至相互矛盾。这些文献对中国地区差异的测度的不同之处来自于 3 个方面：

第一是测算指标的选取。常用的测算指标有：①总产出值；②物质产品；③国民可支配收入；④人均 GDP；⑤消费支出。究竟哪一个指标最优，现在还没有统一的认识。

第二是方法的选取。在这些方法和指标中，有的是由收入分配理论推导出来的，比如说洛伦茨曲线、基尼系数、库兹涅茨比率等；有的则是从统计学中发展出来的，比如变异系数或加权变异系数；有的是从其他相关或相近学科中引入的，比如来自物理学的泰尔指数等。在这些方法中，最常见的是变异系数法、基尼系数法和泰尔指数法。

在变异系数的使用上，有的作者不加权，有的以人口为权重，有的以经济规模为权重，这是造成结论差异的原因。但可以证明，以人口为权数的加权变异系数无论从其统计学含义还是从其经济应用的角度看，都明显优于其他形式

---

① Zhang Zongyi. Liu Aying and Yao Shujie. Convergence of China's regional incomes 1952—1997. China Economic Review，2001（12）：243—258.

的变异系数[①]。在研究收入差距的文献中，基尼系数常常被采用，其原因是：①基尼系数能以一个数值反映总体收入差距状况；②基尼系数是国际经济学界所采用的最流行的指标，便于横向比较；③基尼系数的计算方法较多，便于利用各种资料；④基尼系数可以进行分解分析。另外，泰尔熵指数也经常被使用，这是因为它符合一种不平等指数所应具备的4个特征：①庇古—道尔顿条件（the Pigou-Dalton Condition）；②均值独立（Mean Independence）；③人口规模独立（Population-size Independendence）；④可分解性（Decomposability）。泰尔熵指数和基尼系数之间具有一定的互补性。基尼系数对中等收入水平的变化特别敏感。泰尔熵指数对上层收入水平的变化很敏感。[②]

第三是地域单元的划分。地域单元的划分最常用的划分是三分法（东部、中部和西部地区）和二分法（沿海与内地），还有其他几种划分方法，这造成了结论的不可比性。[③]

迄今为止，学术界对区域经济差异变化的研究颇多，下面重点介绍其中有代表性的研究成果。

刘树成等[④]使用人均国民收入这个指标来反映区域经济差异状况，用标准差来衡量区域经济绝对差异，用变异系数、加权变异系数、加权离均差系数和基尼系数来衡量区域经济相对差异。通过对建国40多年来我国三大经济地带和各省市区人均国民收入变化的分析，得到以下结论：关于区域经济绝对差异，分别以全国各省市区、东中西三大经济地带为地域单元计算，结果显示，建国40多年来，我国各地区之间、三大经济地带之间人均国民收入的绝对差异总体上均呈扩大之势。关于区域经济相对差异，同样以全国各省市区、东中西三大经济地带为地域单元计算，但是，所得出的结论不完全一样。在省区层次上，区域经济相对差异从建国到20世纪70年代后半期趋于扩大，20世纪70年代后半期是先扩大后缩小。在东中西三大经济地带层次上，区域经济相对差异除了1952—1957年间略有下降外，至20世纪70年代后半期基本是扩大的趋势；20世纪70年代后半期之后，有时缩小有时则扩大，但总体上略有上升。

---

① 李刚，李晓环．谈变异系数在区域比较中的应用问题［J］．统计研究，99增刊：136—139。

② 牛飞亮．中国城镇居民收入分配差距分析［J］．西北农林科技大学学报（自然科学版），2002(4)：92—95。

③ 王启仿．区域经济发展差距的因素分解［J］．经济地理，2004年5月，24(3)：334—337。

④ 刘树成．中国地区经济发展研究［M］．北京：中国统计出版社，1994。

杨开忠[①]在《中国区域经济差异变动研究》一文中，以地带和省区系统为地域单元，使用变异系数和加权变异系数方法，计算了 1952—1990 年人均国民收入的相对差异，进而反映我国的区域经济差异的变化情况。经过计算和分析，得到以下结论：

一是省区之间的经济差异变化以 1978 年为转折点，在此之前呈缩小趋势，之后呈扩大趋势，大致呈“U”形变动；二是沿海地区与内地的经济差异在 20 世纪 60 年代初以前缩小，以后总体上呈扩大之势，大致为“V”型变化。

魏后凯等人[②]在《中国地区发展——经济增长、制度变迁与地区差异》一书中，用人均国内生产总值的相对差距反映我国三大地带的经济发展水平差距，结果发现，1978 年以来“三大地带”经济发展差距在不断扩大。首先，中西部与东部的人均国内生产总值的差距除 1979—1980 年和 1990 年略有缩小之外，总体上在扩大。1981—1995 年，中部与东部的相对差距扩大了 13.3 个百分点，西部与东部的相对差距扩大了 11.6 个百分点。这表明，近年来中部、西部与东部的经济发展水平差距出现急剧扩大之势。其次，改革开放以来，东部与中部之间的差距扩大幅度大于与西部之间的差距扩大幅度。但是，在 1995 年东部与中部之间相对差距减少了 1.2 个百分点，而东部与西部之间的差距则增加了 0.6 个百分点。再次，由于西部人均国内生产总值的基数低，1995 年西部与东部的相对差距达到 56.5%；而中部与东部之间相对差距扩大的幅度虽然大于西部与东部之间的差距扩大幅度，1995 年中部与东部的相对差距只有 45.5%。西部的人均国内生产总值不到东部的一半。对人均国民收入的区域差异研究结果表明，1952—1991 年全国省区之间的人均国民收入差异为三落两升的变化格局，总体上呈下降趋势。

刘夏明等[③]采用基尼系数及其分解指标来体现沿海与内地收入差距的变动，如图 3-9 所示。从总体差异来看，省际收入差距的总体趋势在 1980—1990 年间表现为轻微下降，而自 1990 年以来则呈稳步快速上升趋势。在内陆地区和沿海地区内部，各省之间的地区差距仍表现为 1994 年之前的轻微下降及此后的持续

---

① 杨开忠．中国区域经济差异变动研究［J］．经济研究，1994。

② 魏后凯等．中国地区发展——经济增长、制度变迁与地区差异［M］．北京：经济管理出版社，1997。

③ 刘夏明，魏英琪，李国平．收敛还是发散——中国区域经济发展争论的文献综述［J］．经济研究，2004（7）：70—81。

上升。而沿海各省份之间的收入差距要明显大于内陆各省之间的收入差距。沿海和内陆地区之间的差距 1990 年以前相对稳定，而在此之后则表现出了更为显著的上升趋势。基尼系数的分解表明，沿海和内陆地区的内部差距对中国地区的总体差距的贡献在 1994 年前表现出下降趋势，1995 年后表现为上升趋势。沿海和内陆地区之间的差距对于总体差距的贡献在 1995 年前表现为上升、而在 1996 年后表现为下降。图 3-9 还表明中国地区的总体差距主要来自沿海地区和内陆地区之间的差距。邓翔[①]利用泰尔指数及其分解方法对我国的地区差异进行了考察，虽然他对中国的区域划分不同（东部、中部和西部），但从总体差异的趋势以及地区间差异对总体差异贡献的趋势上，也得到了类似的结论。

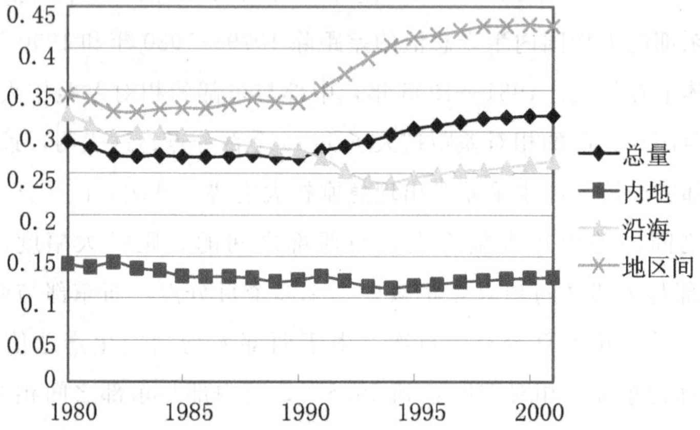

图 3-9　中国地区差异的基尼系数及分解

资料来源：刘夏明，魏英琪，李国平．收敛还是发散——中国区域经济发展争论的文献综述［J］．经济研究，2004（7）：70—81.

Fujita 等[②]考察了中国 1985—1994 年沿海与内地的区域差异。从加权变异系数来看，1983—1990 年间中国沿海与内地差异减小，而 1990 年以后沿海与内地的收入差异不断增长，如图 3-10 所示。从泰尔系数来看也有同样趋势。对泰尔系数进行分解的结果显示，沿海与内地区域之间的差异不断提高，而沿海内的差异呈现不断减少趋势，内地内的差异稍微有所上升。工业生产向沿海

---

① 邓翔．中国地区差距的分解及其启示［J］．四川大学学报（哲学社会科学版），2002（20）：31—36。

② Fujita，M. Hu Dapeng. Regional disparity in China 1985—1994：The effects of globalization and economic liberalization. The Annals of Regional Science，2001（35）：3—37.

地区集聚，如图 3-11 所示。与此同时，沿海内部各省之间呈现收敛趋势。通过对差异进行部门分解，可以看到区域差异主要来源于工业。每年工业部门的差异超过整体差异的 55%，如图 3-12 所示。该文还从区域发展政策、全球化和经济自由化几个方面考察了区域差异的原因。倾斜的区域政策具有一定效应，但起作用有限。更为重要的是，全球化（以出口和 FDI 表示）和经济自由化（以国有企业份额下降和乡镇企业增长为标志）对区域差异有很重要的影响。

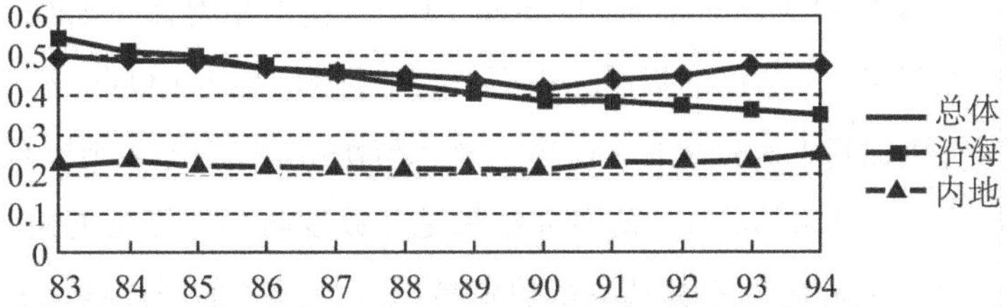

图 3-10　沿海与内地差异的变动（加权变异系数）

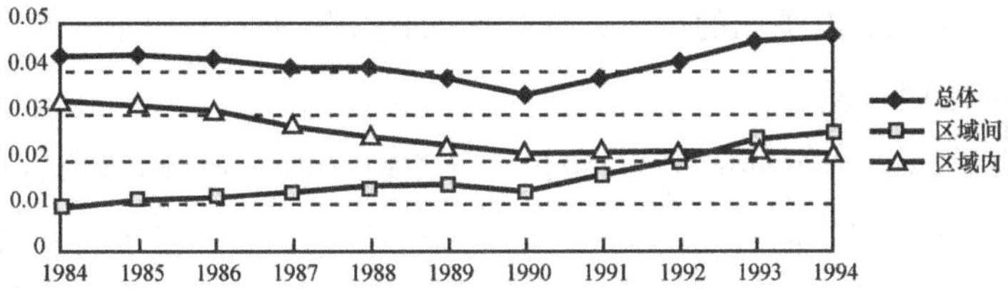

图 3-11　区域差异的泰尔指数分解

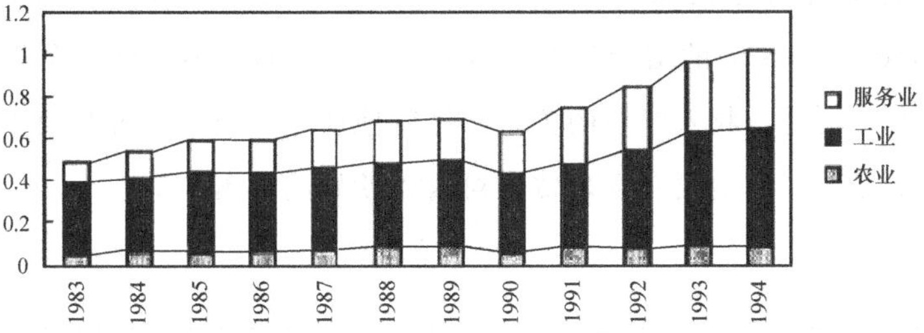

图 3-12　沿海与内地区域差异的部门分解

总而言之，以上学者的研究表明，自从改革开放以来，中国沿海与内地的区域差异以 1990 年为分界线，呈现先缩小后扩大的“U”形特征。

3.3.3　对外开放与区域差异

在理论界，对外开放和收入不平等的相关关系一直受到经济学家的关注。

关于这方面的文献十分丰富，而所关注的层面也有所不同。有的关注发达国家与不发达国家在此问题上的差异性，有的以要素禀赋作为决定变量，有的关注欠发达国家的特征，有的关注一个国家内的城乡差异，有的关注熟练劳动力和非熟练劳动力的差异，等等。

对于国家之间开放度与国家间不平等的关系，尽管存在开放度度量方法的不同，但普遍的结论是开放度与不平等是正相关的。开放度提高了技术密集型国家的不平等，这与OECD国家和Heckscher-Ohlin模型相吻合。然而，对于土地和资本密集型国家，开放度的提高缩小不平等却与Heckscher-Ohlin模型的结果不一致（贸易应当提高土地和资本的收益），如果资源不均衡分布，则提高不平等。

Higgins and Williamson[①] 的研究结果是开放度与不平等是负相关的。Barro[②] 基于人口、土地面积和贸易政策的贸易份额的回归的开放度度量方法，发现开放度与不平等存在正相关。此外，开放度和人均GDP呈显著的负相关：人均收入低于1.3万美元的国家，开放度的提高增加了不平等，人均收入高于1.3万美元的则相反。

Bourguignon and Morisson[③] 给出了一个收入差异依赖要素禀赋以及开放程度的新古典模型。他们使用1970年36个国家的数据，发现要素禀赋能够解释60%的收入份额的差异，但他们没有估计贸易自由化的效应。Galiania[④] 的研究认为贸易自由化仅仅可以解释工资差异的很少部分。该结论与Bourguignon and Morisson的结论相互补充。另外，Edwards[⑤] 通过大量国家的时间序列考察了贸易与收入差异的关系。尽管他使用了更多的观测值以及多种开放度的度量方法，但他没有发现贸易对收入差异的显著效应。

---

① Higgins, Matthew and Jeffery G. Williamson. Explaining Inequality the World Round: Cohort Size, Kuznets Curves, and Openness. NBER Working Paper, No. 7224, 1999.

② Barro, Robert J. Inequality and Growth in a Panel of Countries. Journal of Economic Growth, 2000. 5 (1): 5—32.

③ Bourguignon, F., Morisson, C. Income distribution, development and foreign trade. European Economic Review, 1990, 34: 1113—1132.

④ Sebastian Galiania, Pablo Sanguinettib. The impact of trade liberalization on wage inequality: evidencefrom Argentina. Journal of Development Economics, 2003 (72): 497—513.

⑤ Edwards, S. Trade policy, growth, and income inequality. American Economic Review Papers and proceedings, 1997, 87 (2).

Fischer[①] 提出了一个贸易自由化与收入不平等的短期和长期趋势分析的一般框架。在他的模型框架下，收入不平等的短期趋势取决于工资与财富的比率，长期趋势则取决于利率变化。Fischer 把这个一般框架应用于动态特定要素模型，得出要素禀赋成为决定贸易自由化与收入不平等相关关系的决定因素。土地充裕的国家，贸易自由化使收入不平等增加；劳动充裕的国家，贸易自由化使收入不平等缩小。该模型对拉丁美洲和亚洲国家的情形提供了一定的解释。存在的问题是，该计量模型中开放度与土地-劳动比率相互关系的系数符号正确，但并不显著。

Spilimbergo[②] 研究了要素禀赋、贸易开放度和收入差异的实证关系。通过使用面板数据得出的研究结果是，对于土地或资本充裕的国家，贸易开放会降低不平等；对于技术充裕的国家，贸易开放会加剧不平等。要素禀赋仍然扮演很重要的角色。Spilimbergo 的分析并没有涉及劳动充裕的国家，因此无法对中国这样一个劳动力充裕的国家的情况给予解释。

Savvides[③] 对收入不平等和贸易保护之间的关系进行了实证研究，结论是 80 年代以来，对欠发达国家来说，贸易开放度高的国家收入不平等增加了，而贸易保护主义对发达国家的收入不平等没有显著的影响。

综上所述，国家之间开放度与国家间不平等不存在普遍的相关关系[④]，这是因为：第一，国家的千差万别；第二，对外开放的维度有很多种，各自的效应不同，我们需要对各种开放给予细分，比如对外贸易、外国直接投资以及要素流动。

---

① Ronald D. Fischer. The evolution of inequality after trade liberalization. Journal of Development Economics，2001 (66)：555—579.

② Spilimbergo，Antonio and Juan Luis Londono，Miguel Szekely. Income distribution，factor endowments，and trade openness. Journal of Development Economics，1999，59：77—101.

③ Savvides，Andreas. Trade policy and income inequality：new evidence. Economics Letters，1998，61：365—372.

④ O' Rourke，Kevin. Globalization and inequality：Historical trends. NBER Working Paper，No. 8339. 2001.

另外一些文献关注发展中国家，比如 Wood[①]、Borjas and Ramey[②]、Freeman and Katz[③]、Robbins[④] 和 Spilimbergo[⑤] 等。大多数经验研究一致认为近些年发展中国家随着贸易开放，它们的工资差异扩大了。墨西哥就是一个很好的实例。起初，高贸易壁垒和进口替代政策刺激墨西哥城成为制造业生产的中心。后来，北美自由贸易协定（NAFTA）导致制造业生产从以前的墨西哥城转向了墨西哥与美国边界地区。这样一种生产的转移引起了 GDP 的转移，并导致区域工资差异的转变。[⑥] 从 1980 年到中期以来，墨西哥熟练劳动力和非熟练劳动力的工资差异持续增长，这对应着其快速的技术改变和贸易自由化过程。[⑦] Beyer 等[⑧]的研究考察了智利的贸易自由化与工资不平等的实证关系。在过去的二十年，劳动密集型产品的相对价格下降是工资不平等程度上升的原因。贸易自由化扩大了熟练劳动力和非熟练劳动力的工资差异。具有大学文凭的劳动力的比率增高有助于减小工资差异。还有针对阿根廷的研究[⑨]，其结果显示贸易自由化只占工资差异增长的很小一部分。

---

① Wood, A. North-South Trade Employment and Inequality: Changing Fortunes in a Skill-Driven World. Clarendon Paperbacks, Oxford Univ. Press, Oxford, England, 1994.

Wood, A. Openness and wage inequality in developing countries: The Latin American challenge to East Asia conventional wisdom. The World Bank Economic Review, 1996, 11 (1).

② Borjas, G. J., Ramey, V. A. Foreign competition, market power, and wage inequality. Quarterly Journal of Economics, 1995, CX 4: 1075—1110.

③ Freeman, R. B., Katz, L. F. Eds. Differences and Changes in Wage Structure. The Univ. of Chicago Press, 1995.

④ Robbins, D., HOS hits facts: facts win. Evidence on trade and wage in the developing world. Mimeo, IDS, Harvard. 1996.

⑤ Spilimbergo, Antonio and Juan Luis Londono, Miguel Szekely. Income distribution, factor endowments, and trade openness. Journal of Development Economics, 1999, 59: 77—101.

⑥ Hanson, G. H. Market potential, increasing returns, and geographic concentration. NBER Working Paper, No. 6429. 1998.

⑦ Gerardo Esquivela. Jose Antonio Rodryguez-Lopez Technology, trade, and wage inequality in Mexico before and after NAFTA. Journal of Development Economics, 2003, 72: 543—565.

⑧ Harald Beyer, Patricio Rojas, Rodrigo Vergara. Trade liberalization and wage inequality. Journal of Development Economics, 1999, 59: 103—123.

⑨ Sebastian Galiani, Pablo Sanguinetti. The impact of trade liberalization on wage inequality: evidence from Argentina. Journal of Development Economics, 2003, 72: 497—513.

在针对中国的研究中，代表性的文献包括 Yao and Liu[①]、Yao and Zhang[②]、Sachs and Woo[③]、Zhang[④]、Sun and Parikh[⑤]、Demurger[⑥] 和 Demurger[⑦] 等。这些研究发现出口和外商直接投资对沿海地区有很大的正效应，而对内陆地区却并非如此。因此地区工资差异随着贸易自由度的提高而增加了。并且，劳动力的迁移导致沿海与内地收入差距扩大。尽管沿海与内地外商投资的不同扩大了收入差距，而内陆地区的城市化过程有缩小区域差异的趋势。[⑧] Wu[⑨] 专门针对熟练劳动力与非熟练劳动力的工资差异进行研究，其结果是自由贸易和外商直接投资提高了他们之间工资的差异。赵莹[⑩]先建立了简单的模型讨论"技术偏向性的技术进步"对收入差距的影响，再考虑了发生在技术密集产业的中性的技术进步。在中国的实际劳动力市场特征下，这两种技术进步将会使技术工人相对于非技术工人的工资上升，从而使收入差距扩大。作者的实证分析结果证明改革至今中国的对外开放的确倾向于扩大中国的收入差距。而且，作者认为随着改革开放的进一步深入，当要素报酬分配的市场化程度足够高，则对外开放将更有利于充分发挥中国的比较优势，中国的广大劳动力资源可得以更加充分的利用，中国的收入差距会相对

---

① Yao Shujie, Liu Jirui. Economic reforms and regional segmentation in rural China. Regional Studies, 1998, 32 (8): 735—746.

② Yao Shujie, Zhang Zhongyi. Regional growth in China under Economic Reforms. Journal of DevelopmentStudies, 2001, 38 (2): 167—186.

Yao Shujie, Zhang Zhongyi. On regional inequality and diverging clubs: a case study of contemporary China. Journal of Comparative Economics, 2001, 29: 466—484.

③ Sachs, Jeffery D., Woo, Wing Thye. Understanding China's economic performance. NBER working paper, No. 5935, 1997.

④ Zhang Wei. Rethinking regional disparity in China. Economic Policy, 2001 (34): 113—138.

⑤ Sun Haisun, Parikh, Ashok. Exports, inward foreign direct investment and regional economic growth in China. Regional Studies, 2001, 35 (3): 187—196.

⑥ Demurger, Sylvie. Infrastructure development and economic growth: an explanation for regional disparities in China? Journal of Comparative Economics, 2001, 29: 95—117.

⑦ Demurger, Sylvie, Sachs, Jeffrey D., Woo, Wing Thye, Bao, Shuming, Chang, Gene, Mellinger, Andrew. Geography, economic policy and regional development in China. Asian Economic Papers, 2002 (1): 146—197.

⑧ Fu Xiaolan. Limited linkages from growth engines and regional disparities in China. Journal of Comparative Economics, 2004 (32): 148—164.

⑨ Wu Xiaodong. Foreign direct investment, intellectual property rights, and wage inequality in China. China Economic Review, 2000 (11): 361—384.

⑩ 赵莹．中国的对外开放和收入差距［J］．世界经济文汇，2003 (4)：55—70。

缩小。因此，对外贸易对于个人收入差距的影响在不同的市场化程度下是不同的。中国目前尚处于库兹涅兹收入分配“倒 U 型”曲线的上升阶段。魏尚进①的研究则将中国的收入差距主要归因于城乡收入差距上。魏尚进用1988—1993 年中国 100 多个城市的数据进行实证分析，结论是在城市这一层面上，开放性与我国城乡不平等呈负相关，贸易依存度较高的城市的城乡差距较小。

从上述对中国区域差异与对外开放的研究中可以得到，对外开放的效应是：

(1) 扩大了沿海与内地的收入差异；

(2) 劳动力的迁移导致沿海与内地收入差距扩大；

(3) 高技术工人与低技术工人的工资差距扩大；

(4) 城乡差异减小。

在后面的第 5 章内容中，我们试图通过模型模拟在新经济地理学的框架下验证上述结果。

3.3.4 对中国区域差异的解释

(1) 区位因素

区位是影响区域经济发展的一个重要因素。它反映了一个区域在全国经济发展总体格局中的地位以及与原材料市场、产品市场、其他区域的空间关系，这种关系直接或间接地影响了区域的经济发展机会和发展的空间。在目前的世界经济的空间格局中，海洋经济已完全取代江河经济成为经济发展的空间增长极。在世界范围内，沿海城市、与世界其他国家交流往来密切的地区都获得了较好的发展。全球经济一体化的核心因素是交易成本。区位条件既是因为所处的空间位置不同，因而在对外交流过程当中所体现的交易成本的差异。沿海地区因为先天之利，在全球经济一体化的进程中处于优先的地位。我国改革开放以来实行的以沿海地区优先发展的宏观区域发展战略也是以此为基点的。在这个战略中，沿海地区因为具有对外联系的良好地理位置

① Wei Shangjin, Wu Yi. Globalization and Inequality: Evidence from Within China. NBER Working Paper, No. 8611, 2001.

和经济社会基础，因而获得了前所未有的发展机遇，而内地在这个战略中则处于次要的地位。其次，沿海各区域在经济体制改革、对外开放、吸引外资等诸多方面都得到了中央的支持和优惠政策，其经济发展也就自然是内地所不能相比的。再者，沿海地区中的多数区域本身长期是全国的经济重心所在，是全国重要的市场，这里所孕育的发展机遇也比内地多得多，具有近水楼台先得月之利。加之在环西太平洋经济带中，沿海地区比之内地更有条件接受中国香港、中国台湾、日本、韩国、新加坡等地区和东南亚国家的经济辐射，相互开展经济交流与合作。由此可见，改革开放以来，沿海地区的区位条件对其经济发展产生了积极的、良好的影响，而内地的经济发展则在一定程度上受到了区位条件的限制。

中国西部地区位于亚欧大陆腹地，为东亚、西亚、南亚的接合部，是我国东部以及环太平洋地区联系中亚的必经之地。但是，由于距离世界的经济中心：环太平洋地区和欧洲的距离较远，这大大增加了与这些地区联系的交易成本。有观点认为，西部地区尽管距离出海口较远，但因为具有漫长的边境线，并与十多个国家接壤，大力发展与周边国家的对外贸易大有可为。但是通过观察统计数据可以了解这种联系相当微弱，见表3-2中，与我国西部地区接壤的12个国家在2000年同我国的进出口总额仅占我国进出口总额的3.4%；另外，在2000年外商直接投资中，与我国西部接壤的12个国家对我国的直接投资额仅占外商对我国总投资的0.56%。由此可见，我国同西部边境接壤的国家之间的经贸往来微不足道。实际上，根据空间相互作用理论，两个区域相互联系的强弱与这两个区域的经济规模成正比，与它们之间的距离成反比。西部地区与周边内陆国家经贸往来量很小是因为周边这些国家本身经济就不甚发达、经济规模较小的缘故。西部地区与世界经济中心联系松散是因为较远的距离所造成的空间交易费用太高的缘故。这种空间交易费用不仅指产品或服务的运输费用，还包括跨区域的信息获取、签约费用以及对契约履行的监督成本等。从以上分析我们可以得出这样的结论：我国各地区对外联系和贸易的主要取向为环太平洋地区，可以忽略西部周边国家的作用。在这样的前提下，东部沿海地区就具有先天对外贸易的区位优势，这可以作为解释在全球化背景下沿海相对于内地发展较快的一个重要原因。

表 3-2 我国与西部地区接壤国家的贸易往来情况

	进出口总额（万美元）		外商直接投资（万美元）	
	1999 年	2000 年	1999 年	2000 年
与西部接壤国家合计	1071176	1613311	16190	22715
全 国	36062998	47429628	4031871	4071481
比率%	2.97	3.40	0.40	0.56

资料来源：根据《中国统计年鉴》（2001 年）表 17-15 和表 17-7 整理计算。

（2）空间格局的效应

杨开忠提出西部地区落后的原因在于西部地区的“空间格局不经济”①。西部地区除了关中地区、成渝地区、滇池周边地区、河套地区、兰州周边地区、河西走廊、北疆铁路沿线地区等人口密度较高②以外，其余地区人烟稀少，聚落分散。在西北地区 52 个城市中，人口密度在 500 人/平方公里的城市有 13 座，城市人口密度在 10 人/平方公里以下的城市有 5 座，城市人口密度在10～100 人/平方公里的城市有 20 座。同时，西部地区城市的首位度较高③，除了几个超大城市以外，次一级的城市发育不甚健全，城市规模经济不能得到有效发挥，不利于集聚效应的形成。以西北 53 个城市为例，人口规模超过 100 万人的特大城市只有 4 个，50 万～100 万人口的大城市只有 9 个，20 万～50 万人口的中等城市有 29 个，20 万人口以下的小城市有 11 个。西部地区的人口聚落规模小、密度低。它从两个方面制约西部地区发展：一是聚落规模小使其对外交易机会少，交易成本高；二是聚落规模小使内部规模不经济和外部规模不经济，这都不利于西部地区的发展。首先，不利于人力资源的培育。由于西部地区人口稀少，西部绝大部分地区人与人之间进行相互交流、相互学习、相互激励的机会少，频率低，不利于知识更新和创新，不利于人才的更新与换代。其次，城市规模较小以及较为落后的交通基础设施使得企业的产品市场相对狭小，难以支撑规模较大企业。第三，规模较小的城市难以形成有一定技能的、能够为企业所共享的劳动力市场。最后，城市规模小对企业另一方面的不

---

① 杨开忠等．中国西部大开发战略［M］．广州：广东教育出版社，2001。

② 郑度．中国西部地区 21 世纪区域可持续发展［M］．长沙：湖北科学技术出版社，2001。

③ 王新，胡勇．我国西部地区城市发展［J］．中国城市统计年鉴，1999。

利因素是各种生产者服务业不够齐全和发达，这增加了中间投入产品的交易费用，削弱了企业的前后向联系。正是西部地区城市规模较小、民居分散，才使得企业缺乏在西部投资设厂的驱动力。

（3）劳动力因素

由经合组织在华外商投资企业调查问卷结果分析可知，我国的外商直接投资仍以成本节约型为主，其中低廉的劳动力成本是吸引外资的主要因素[①]。厂商到西部地区投资，首先要考虑的也是劳动力要素的价格。根据表 3-3 我们可以看到，东西部劳动力的价格有较大差异。国有单位的职工工资差距相对较小，但因为诸多的约束，一般不会形成外资进入后劳动力需求的主要来源。而东、西部非国有单位的劳动力工资之比为 1.41，如果仅仅考虑这个因素，似乎外部资金为了追逐较高利润（因为较低的劳动力成本）应当大量涌向西部地区。实际的情况是，改革开放以来西部吸引外资少得可怜，在 2000 年，东部地区利用外资 600.36 亿元，而西部地区仅为 38.28 亿元，占全国利用外资总额的 4.9%。我们可以比较一下东部地区非国有企业职工的工资与西部地区农民的收入。西部地区 2000 年农民的平均收入是 1569 元，而东部地区非国有单位的平均工资是 9922 元，二者之比为 6.3，这样巨大的收入差距使得西部地区的农民源源不断地涌向东部地区，形成了声势浩大的“民工潮”。东部地区因为大量劳动力的不断供给使得劳动力工资上升的压力减小，同时，能够从西部地区流出的劳动力一般都是最具活力和具有较高素质的青壮年，这使得西部地区的人力资源状况更加恶化。其次，劳动力的素质也是外部资金投资西部所需要考虑的。从表 3-4 显示的数据可以看到，文盲、半文盲占 15 岁及以上人口的比例，西部地区比东部地区高一倍。西部地区小学文化程度的比率最高，而较高级的人才相对欠缺，同时“孔雀东南飞”又使西部的高素质人才大量流失，这说明西部地区吸引外资的劳动力质量方面也没有优势。再次，西部地区劳动力分布相对分散，城市的集聚效应没能得到充分发挥。截至 1998 年，西部地区人口共计 2.87 亿，占全国人口的 22.1%。人口密度分别为：东部 390 人/km^2，中部 155 人/km^2，西部 52 人/km^2[②]。西部地区人口密度较东部地区有很大差距，二者之比达到了 7.5。如果再将人口较密的川渝地区除去，剩余

---

① 林琳．外商在华直接投资类型转变及影像因素分析［J］．世界经济研究，2001（4）：45—48。

② 郑度．中国西部地区 21 世纪区域可持续发展［M］．长沙：湖北科学技术出版社，2001。

部分的人口密度仅为35人/km²。同时，根据2001年《中国统计年鉴》，西部地区以市镇人口衡量的城市化水平为26.12%，比全国的平均水平33.21%低7.09%。作为投资西部的外商，劳动力是否容易获得也是要考虑的因素，而西部地区人口分布相对分散使得共享的劳动力市场很难形成，这也是西部地区吸引外部资金的制约因素。保罗·克鲁格曼在他的《地理与贸易》一书中阐述了产业的地方化或者城市的专业化的一个可能原因是劳动力市场的共享。产业集中形成了一个专业技术工人共享的劳动力市场，这个共享的市场对劳动者和厂商都有利①。

表3-3 各类企业职工工资与农民收入比较

	国有单位	城镇集体单位	其他单位	农民
东部	11748	7649	12194	3341
西部	9523	6042	8622	1569
比例	1.23	1.27	1.41	2.13

资料来源：2001年《中国统计年鉴》整理后的结果。

表3-4 各种受教育程度人口比率的比较

	大专及以上	高中和中专	初中	小学	文盲、半文盲占15岁及以上人口比例
东部	5.8	14.5	36.0	30.6	13.4
西部	2.9	8.7	24.1	37.7	27.1
比例	1.99	1.67	1.49	0.81	0.49

资料来源：2001年《中国统计年鉴》表4-7以及《中国西部地区21世纪区域可持续发展》表3-4计算整理。

（4）西部地区的资源禀赋

谈到西部地区的优势，大多数人都会想到西部地区丰富的矿产资源、水资源等。总体上看，西部地区是中国的自然资源富集区（见表3-5），特别是矿产资源、能源、水资源、耕地资源、可开发利用的土地资源及生物资源等在全国占有显著的优势②。但是，这些资源禀赋能否构成对外部资金的强大的吸引？

① 克鲁格曼著，张兆杰译．地理与贸易［M］．北京：北京大学出版社，中国人民大学出版社，2000。

② 曹荣光，胡宏斌．从投资环境看西部大开发战略［J］．云南大学人文社会科学学报，2000，26（4）：5—8。

可以从分析我国引进外资的产业结构找到答案。表 3-6 给出了我国实际利用外资的行业分布，可以看到制造业利用外资占所有外资的 63.5%，其次是房地产业的 11.4%，接着分别是电力、煤气及水的生产和供应业的 5.5%和社会服务业的 5.4%。而与西部地区资源禀赋最相关的采掘业仅占投资额的 1.4%。当然，制造业中也有部分部门与西部的资源禀赋相关。考虑工业内部，据有关资料显示（中国工业统计年鉴，2001），外资企业大多分布在加工工业部门。按外资金额在工业外资结构中的比重大小排序，居前几位的为电子及通信设备制造业，电力、蒸汽、热水的生产供应业，交通运输设备制造业，电气机械及器材制造业等，这些工业部门多属资本密集型，资本相对短缺的西部在这些产业并不具有竞争力。这些年外资有向高科技产业倾斜的倾向，而西部地区虽然也有对高科技产业发展的主观愿望和市场潜力，但除了西部地区的西安在人力资源上具有一定优势以外，西部大部分地区并没有发展高科技产业的根基。另外，外资的额度一般都不是太大（2000 年外商投资每个项目的金额平均为 279 万美元），外商偏好投资于“短、平、快”的项目，与西部地区资源禀赋相关的产业恰恰是投资高、见效慢的产业，这使得投资这些产业大大增加了投资风险。所有这些都说明，西部地区丰富的资源禀赋很难构成对厂商的强大的吸引力。

表 3-5　各地区自然资源的比较

地区	水资源	能源	矿产资源	可开发利用土地资源	耕地资源
西部地区	46.45	35.77	31.57	42.72	23.7
东北地区	5.74	3.33	17.66	11.83	16.97
黄河中下游	6.17	54.45	25.52	23.61	31.19
长江中下游	22.36	5.19	21.91	13.36	21.07
东南沿海	19.28	1.26	3.32	8.08	7.08

资料来源：刘再兴，1993。

表 3-6 分行业外商实际直接投资额（万美元）

行业	1999 年		2000 年	
	投资额	百分比	投资额	百分比
农、林、牧、渔业	71015	1.8	67594	1.7
采掘业	55714	1.4	58328	1.4
制造业	2260334	56.1	2584417	63.5
电力、煤气及水的生产和供应业	370274	9.2	224212	5.5
建筑业	91658	2.3	90542	2.2
交通运输、仓储及邮电通信业	155114	3.8	101188	2.5
批发和零售贸易餐饮业	96513	2.4	85781	2.1
房地产业	558831	13.9	465751	11.4
社会服务业	255066	6.3	218544	5.4
卫生体育和社会福利业	14769	0.37	10588	0.3
教育、文化艺术和广播电影电视业	6072	0.2	5446	0.1
其他行业	96511	2.4	159090	3.9
总　计	4031871	100	4071481	100

资料来源：根据 2001 年《中国统计年鉴》表 17 和表 18 整理计算。

（5）优惠政策

国务院在 2000 年 12 月 28 日发布了《国务院关于实施西部大开发若干政策措施的通知》，其中提到了相应的税收优惠政策、土地和矿产资源优惠政策。这些政策包括对投资于国家鼓励类产业（交通、电力、水利、邮政、广播电视以及为保护生态环境退耕还生态林、草产出的农业特产品）的企业给予相应的企业所得税减免。对西部地区荒山、荒地造林种草及坡耕地退耕还林还草，实行谁退耕、谁造林种草、谁经营、谁拥有土地使用权和林草所有权的政策等优惠政策。这些政策的制定是西部大开发的巨大推动力。不过，改革开放以来政府所赋予东部沿海地区的优惠政策，已经形成了一定程度的沿海与内地的政策差。1979—1993 年，税收优惠主要实行地区优惠，地区优惠程度基本上是按照内地—沿海经济开放城市的老市区—沿海开放城市及其经济开发区—经济特区的四级梯度由低到高同向递增，主要向对外开放地区倾斜，直接促进了经济特区和沿海地区的经济发展。在 1994 年以后的税制改革和调整中，我国税收优惠已经开始从区域优惠为主向产业优惠为转移，优惠政策的惯性和一些过渡性措施仍然使沿海地区处于优惠政策的高地。据有关资料显示[①]，1991 年东部地区的工商税收平均负担率为 8%左右，中部、西部地区分别为 9%和 10%。而且，上述税收情况反映的仅是名义上的，如果考虑到我国资源类初级产品价格长期偏低，而西部地区又多集中于自然资源及原材料产业的话，则西部地区的税负会更高。四川省 1993—1996 年企业平均税收负担为 10.74%，非税负担为 21.7%，税费负担合计为 32.44%；而广东省企业平均税收负担为 7.61%，非税负担为 15.22%，企业税费负担之和为 22.83%，二者相差近 10%[②]。因此，现在中央对西部地区所提供的优惠政策只不过抹平了改革开放以来东西部的优惠政策梯度，并没有形成西部地区相对于东部地区的政策优势，所以现在新推出的优惠政策对吸引外部投资的作用十分有限。另外，优惠政策对外商的吸引力在减弱。通过对在华外商投资企业的问卷调查（见表 3-7），可以观察到影响外商投资决策的最主要的因素是低生产成本，尤其是劳动力成本，而优惠政策仅排到了第四位。同时，因为在政策实施过程中政策的阶段性、目的性、时滞性、地方的偏差等因素使得国家所给的优惠政策不可能完全达到预期效果，从而产生了政策目标的弱化现象。[③]

表 3-7　影响外商在华直接投资的因素

1. 低生产成本	50.00%	3. 良好的中外合作关系，同样的文化背景	17.5%
其中：劳动力成低	36.25%	4. 鼓励外商投资的优惠政策	16.25%
能源和原材料成本低	10.00%	5. 中国有优秀的管理和技术力量	11.25%
2. 中国市场大和潜在市场	38.75%	6. 当地政府的支持	10.00%
其中；中国加入 WTO 扩大了市场	1.25%	7. 稳定的经济环境	2.50%
高新技术	1.25%		

资料来源：《国际商报》2001 年 4 月 23 日第一版。

① 王舒勃．促进西部开发的财税政策［J］．理论研究，2001（5）：9—11。

② 詹正华．促进西部开发的财税政策研究［J］．江西财经大学学报，2000（4）：27—31。

③ 谢燮，杨开忠．西部投资环境的再分析与政策建议［J］．开发研究，2003（2）：6—8。

3.4 中国的劳动力流动

经济活动在空间的不均衡分布要求人口和劳动力在地区流动，从而使劳动力市场在空间上从不均衡向均衡转变。刘易斯根据发展中国家工业化过程的特征而提出的二元经济模型，很好地解释了剩余劳动力、城乡转移以及城乡劳动力工资差异等发展中国家的部分现实。在刘易斯的模型中，劳动力在城乡之间可以自由流动，不存在显著的制度性障碍。城市现代部门的较高工资水平和传统农业部门的低工资水平，是劳动力在城乡之间流动的驱动力量。在托达罗两部门模型分析中，考虑了农村人口和劳动力迁往城市就业的就业概率，当农村人口迁往城市的预期收入水平和农村的工资水平相等时，劳动力在城乡之间分配和迁移都达到均衡。费尔茨则在托达罗模型基础上，将城市非正规部门纳入到城乡劳动力迁移当中。他一方面强调了城市制度工资和相对就业概率对迁移过程的影响，另一方面也指出，非正式部门大量不充分就业的劳动力保证了劳动力市场实现均衡时的失业率低于托达罗模型得出的估计。[①]

新经济地理学模型的累积因果循环机制之一依赖于劳动力从真实工资较低的区域流向真实工资较高的区域，这种流动倾向于消除区域间真实工资的差异。不同区域间劳动者真实工资的差异或者效用水平的差异是新经济地理学劳动力迁移的动力。布兰查德与卡兹[②]的文章指出这种通过区域间人口的迁移调整过程的确存在。然而，在欧洲国家之间，虽然存在着国家间很大的工资差异，但迁移率非常小（仅有1.5%的欧盟公民的生活地与出生地不同）[③]。甚至在欧洲国家内部，区域之间的迁移仍然很小。下面我们来看看中国劳动力区域迁移的情况。

---

① 蔡昉，王德文．作为市场化的人口流动——第五次全国人口普查数据分析［J］．中国人口科学，2003（5）：11—19。

② Blanchard，Olivier Jean and Lawrence F. Katz. Regional Evolutions. Brooking Papers on Economic Activity，1992，1：1—75.

③ Decressin，Jörg and Antonio Fatàs. Regional Labor Market Dynamics in Europe. European Economic Review，1995，39：1627—1655.

3.4.1　中国劳动力流动的空间分布特征

经济活动在空间的不均衡分布必然导致劳动力的空间流动，只不过在不同经济体制及发展时期，劳动力空间流动的方式和规模有很大差异。20 世纪 80 年代初开始的经济体制改革，极大地促进了我国社会经济的发展。沿海得区位和政策之利率先发展，沿海与内地经济发展差异成为劳动力跨区域流动的原动力。进入 90 年代后，随着社会主义市场经济体制的逐步建立以及人口迁移、户籍政策的逐步松动，长期以来被压抑的农村剩余劳动力被逐渐释放，劳动力流动规模越来越大。根据我国 1990 年与 2000 年第四、第五次人口普查和 1987 年、1995 年两次 1%人口抽样调查的资料，1982—1987 年间中国劳动力迁移规模是 3053.3 万，1985—1990 年增至 3412.8 万；进入 90 年代后，人口迁移规模 1990—1995 年间达 3642.6 万，而 1995—2000 年高达 13122.37 万。[①] 可见，中国劳动力流动的规模自改革开放以来呈不断增长之势，并在近期表现为更快的增长。

从流动的去向来看，中国劳动力流动在城市、建制镇和乡村的分布上是以城市和建制镇为主的，流入建制镇的人口比重达 47.6%，流入城市的人口比重（40.6%），二者合计占流动人口的 88.2%。从流动人口在城市与建制镇的分布看，中国走了一条以小城镇为主体的城市化道路。以建制镇为主体的流动人口分布特征在全国大部分地区具有一定的普遍性。

按流动人口的迁移距离划分，可以分为近邻流动、中程流动和远程流动。近邻流动是指人口在县内或市内各乡、镇、区之间的流动；中程流动是指人口在省内跨县、跨市的流动；远程流动是指人口的省际流动。在全国流动人口中，属于近邻流动的人口达 6563.4 万人，占 45.5%；中程流动人口为 3633.8 万人，占 25.2%，两项合计占总流动人口的 70.7%。其余 29.4%的流动人口属于跨省区流动，远程流动人口为 4241.9 万人。经典的迁移理论告诉我们，迁移人口的规模与迁移的距离是成反比的关系，中国劳动力流动仍然服从这一规律。劳动力远程流动多发生在经济相对比较发达、体制创新快、工业贸易发展比较活跃的地区。从三大地带看，沿海地区是三大地带中远程流动比重最高

---

① 王德，朱玮，叶晖，1985—2000 年我国人口迁移对区域经济差异的均衡作用研究［J］. 人口与经济，2003（6）：1—9。

的地区，达39.9%，远高于中部地区（10.5%）和西部地区（21.1%）。其中新兴工业省份的远程流动比重更是高达43.4%。[①] 这说明，迁移规模与迁入地和迁出地两地的经济差异成正比，这也符合经典的迁移理论。严善平[②]也得出

表3-8 省际外来人口和外出人口的分布

沿海地区	常住人口	常住地的外来人口	户籍地的外出人口	净迁入人口	内陆地区	常住人口	常住地的外来人口	户籍地的外出人口	净迁入人口
北京	1356.9	246.3	9.2	237.1	山西	3247.1	66.7	30.5	36.2
天津	984.9	73.5	8.3	65.2	内蒙古	2332.3	54.8	50.4	4.4
河北	6668.4	930.5	121.9	808.6	吉林	2680.2	30.9	60.9	−30
辽宁	4182.4	104.5	36.2	68.3	黑龙江	3623.8	38.7	117.4	−78.7
上海	1640.8	313.5	14.3	299.2	安徽	5900	23	432.6	−409.6
江苏	7304.4	253.7	171.6	82.1	江西	4039.8	25.3	368	−342.7
浙江	4593.1	368.9	148.2	220.7	河南	9123.7	47.6	307	−259.4
福建	3409.8	214.5	81.1	133.4	湖北	5950.9	61	280.5	−219.5
山东	8997.2	103.3	110.5	−7.2	湖南	6327.4	34.9	430.7	−395.8
广东	8522.5	1506.5	43	1463.5	重庆	3051.3	40.3	100.6	−60.3
广西	4385.5	42.8	244.2	−201.4	四川	8234.8	53.6	693.8	−640.2
海南	755.9	38.2	11.9	26.3	贵州	3524.8	40.9	159.6	−118.7
合计		4196.2	1000.4	3195.8	云南	4236	116.4	34.4	82
					西藏	261.6	10.9	2	8.9
					陕西	3536.5	42.6	80.4	−37.8
					甘肃	2512.4	22.8	58.6	−35.8
					青海	482.3	12.4	9.5	2.9
					宁夏	548.6	19.2	9	10.2
					新疆	1846	141.1	15.6	125.5
					合计		883.1	3241.5	−2358.4

资料来源：乔晓春，从“五普”数据分析城市外来人口状况，社会学研究，2003（1）：87—94.

① 叶裕民，黄壬侠．中国流动人口特征与城市化政策研究［J］．中国人民大学学报，2004（2）：75—81。

② 严善平．中国九十年代地区间人口迁移的实态及其机制［J］．人口与经济，1998（3）：3—13。

了类似结论。在经济发展水平高的地区，地区间人口迁移相对活泼，但这种迁移相对集中于省（市区）之内；而在经济不甚发达地区，迁移人口的比率本身较低，其中迁往外省的比率也相对较高。

从跨区域劳动力流动来看，沿海地区成为劳动力净迁入地区，净迁入人口总计 3195.8 万人，见表 3-9。内陆地区成为劳动力净迁出地区，净迁出人口为 2358.4 万人。从各省区来看，广东省的外来人口中，有 20.26%的人口来自于沿海地区，有 79.74%的人口来自于内陆地区，其中湖南、四川和江西成为主要来源地，三者合计为占总迁入人口的 51.68%，其中河南和江西与广东相邻。上海的外来人口中，有 40.8%的人口来自于沿海地区，有 59.2%的人口来自于内陆地区，其中安徽、四川和江西成为主要来源地，三者合计为占总迁入人口的 46.22%。北京的外来人口中，有 53.99%的人口来自于内陆地区，其中河南、四川和安徽成为主要来源地，三者合计为占总迁入人口的 29.66%。在浙江和福建省的外来人口中，来自内陆地区的比例更高，分别达到 91.06%和 91.7%。从几个主要劳务输出省的迁出人口来看，四川、安徽、湖南、江西和河南的劳动力迁往沿海地区的比例分别为 72.04%、91.88%、92.14%、95.71%和 73.32%。

表 3-9　主要迁入地外来人口的迁出地分布和

主要迁出地外出人口的迁入地分布（%）

		迁入率					迁出率				
		广东	上海	北京	浙江	福建	四川	安徽	湖南	江西	河南
沿海	北京	0.08	0.14	0	0.05	0.07	2.42	5.28	0.87	1.26	10.9
	天津	0.04	0.07	0.73	0.03	0.04	0.47	1.36	0.13	0.11	2.4
	河北	0.23	0.67	22.53	0.28	0.23	1.53	1.16	0.29	0.22	3.43
	辽宁	0.22	0.29	2.22	0.16	0.21	0.83	1.3	0.14	0.2	1.93
	上海	0.08	0	0.17	0.56	0.14	3.32	23.78	0.96	5.17	4.08
	江苏	0.99	23.93	5.73	3.73	1.32	4.33	25.92	1.15	2.42	5.39
	浙江	0.92	9.98	3.77	0	3.37	8.2	18.07	4.59	22.84	6.48
	福建	1.75	2.8	1.83	1.87	0	7.85	3.95	2.18	18.22	1.99
	山东	0.66	2.09	7.68	1.06	0.73	0.71	2.17	0.23	0.39	3.23
	广东	0	0.59	0.93	0.32	1.1	40.99	8.31	77.29	43.78	32.74
	广西	14.69	0.2	0.32	0.84	1.03	0.58	0.33	3.07	0.49	0.29
	海南	0.6	0.04	0.1	0.03	0.07	0.81	0.25	1.24	0.61	0.46

续表

		迁入率					迁出率				
合计		20.26	40.8	46.01	8.93	8.31	72.04	91.88	92.14	95.71	73.32
	山西	0.13	0.27	2.69	0.13	0.13	1.57	0.65	0.19	0.09	3.75
	内蒙古	0.09	0.13	2.78	0.12	0.08	0.37	0.29	0.06	0.12	0.68
		广东	上海	北京	浙江	福建	四川	安徽	湖南	江西	河南
	吉林	0.2	0.32	1.92	0.19	0.19	0.2	0.33	0.07	0.04	0.37
	黑龙江	0.33	0.63	3.65	0.36	0.34	0.17	0.52	0.06	0.07	0.49
	安徽	2.39	32.81	9.27	21.2	7.96	0.23	0	0.14	0.37	0.71
	江西	10.7	6.07	1.89	22.79	31.27	0.2	0.58	0.88	0	0.24
	河南	6.67	3.99	13.58	5.39	2.84	0.83	1.17	0.27	0.26	0
	湖北	9.72	2.61	4.26	6.65	6.95	1.78	0.74	1.41	0.92	3.6
内地	湖南	22.1	1.32	1.52	5.36	4.38	0.56	0.26	0	0.76	0.41
	重庆	2.14	1.05	0.86	2.63	4.05	3.34	0.15	0.23	0.12	0.25
	四川	18.88	7.34	6.81	15.42	25.4	0	0.23	0.36	0.24	0.57
	贵州	3.92	1.02	0.51	8.16	6.45	2.81	0.12	1.09	0.18	0.23
	云南	0.44	0.23	0.2	1.33	0.54	6.86	0.34	2.19	0.72	0.73
	西藏	0.01	0.02	0.05	0	0.02	0.99	0.03	0.05	0.01	0.11
	陕西	1.56	0.5	2.01	0.81	0.76	0.99	0.44	0.19	0.15	2.69
	甘肃	0.32	0.39	1.15	0.26	0.12	0.44	0.22	0.1	0.07	1.12
	青海	0.03	0.07	0.17	0.06	0.04	0.29	0.13	0.05	0.02	0.6
	宁夏	0.03	0.06	0.22	0.07	0.09	0.18	0.25	0.03	0.02	0.8
	新疆	0.09	0.41	0.44	0.13	0.09	6.15	1.68	0.47	0.12	9.33
合计		79.75	59.24	53.98	91.06	91.7	27.96	8.13	7.84	4.28	26.68

资料来源：乔晓春，从“五普”数据分析城市外来人口状况，社会学研究，2003（1）：87—94.

3.4.2 劳动力空间流动的动态特征

从劳动力空间流动的动态特征来看，从1987年到2000年，地区内部迁移（其中主要是省内迁移）比例始终高于地区间的迁移比例，见表3-10。比如分别在 1987 年、1990 年、1995 年和 2000 年，东部地区内部迁移人口占该地区总迁移人口的 91.0%、87.0%、92.6%和 95.4%。对于西部外出人口较多地区，其内部迁移人口占该地区总迁移人口仍达到了 85.6%、74.4%、72.4%和 74.9%。东部地区内部迁移比例提高，东部地区流向中西部地区的比例下降。而中西部正好与此相反，中部和西部地区内部迁移比例趋于下降，中部向西部、西部向中部的迁移比例也在下降，而中西部向东部地区流入比例不断上升。[①]

表 3-10　迁移人口的地区分布（%）

目的地	出发地			
	东　部	中　部	西　部	全国平均
东部				
1987	91.0	13.6	9.7	40.5
1990	87.0	18.6	18.1	43.2
1995	92.6	30.5	22.7	54.1
2000	95.4	32.0	22.5	54.5
中部				
1987	5.6	82.7	4.7	30.3
1990	8.4	75.8	7.5	29.9
1995	4.1	62.9	4.9	21.6
2000	2.5	65.1	2.6	22.7
西部				
1987	3.4	3.7	85.6	29.2
1990	4.6	5.5	74.4	26.9
1995	3.3	6.6	72.4	24.3
2000	2.0	3.3	74.9	22.8

资料来源：蔡昉，王德文. 作为市场化的人口流动——第五次全国人口普查数据分析[J]. 中国人口科学，2003（5）：11—19.

对于跨省迁移，东部地区跨省迁移流向东部其他各省的比例不断提高，从 1987 年的 49.7%提高到 2000 年的 65%，见表 3-11。中部地区流向东部地区

① 蔡昉，王德文. 作为市场化的人口流动——第五次全国人口普查数据分析[J]. 中国人口科学，2003（5）：11—19。

的跨省迁移从1987年的61.7%增加到2000年的84.3%，也呈现上升趋势。西部地区流向东部地区的跨省迁移从1987年的44.2%增加到2000年的68.3%。从这些数据可以看出，跨省迁移人口中，绝大多数流向了东部沿海地区，并且流向东部沿海地区的比例逐年提高。

表3-11 跨省迁移人口的地区分布（%）

目的地	出发地			
	东部	中部	西部	全国平均
东部				
1987	49.7	61.7	44.2	52.0
1990	56.0	59.0	49.3	54.6
1995	63.5	71.8	56.5	63.1
2000	64.4	84.3	68.3	75.0
中部				
1987	31.3	21.8	21.2	24.6
1990	28.4	23.5	20.4	24.0
1995	20.5	12.7	13.4	18.8
2000	19.7	7.1	7.9	9.8
西部				
1987	18.9	16.6	34.6	23.3
1990	15.6	17.5	30.3	21.4
1995	16.1	15.5	30.2	18.1
2000	15.9	8.6	23.9	15.3

资料来源：蔡昉，王德文．作为市场化的人口流动——第五次全国人口普查数据分析[J]．中国人口科学，2003（5）：11—19.

根据以上分析，如果将区域划分为沿海和内地，则我国的劳动力流动主要发生在区域内部，而区域间的人口流动相对较少。这一特征会体现在模型的参数设计中。

3.4.3 沿海与内地工农业从业人员的分布

我国沿海与内地工农业从业人员的变化趋势见表2-1和图3-13所示。根据数据可以看到，沿海与内地在这两方面总的从业人员之比有缓慢下降趋势。沿海的工业从业人员与农业从业人员之比不断上升，这说明人口从农村向城市的流动趋势很明显。与此相类似，内地的工业从业人员与农业从业人员之比也呈不断上升的趋势，但上升的幅度比沿海小，这说明沿海农村劳动力向城市流动的趋势比内地农村劳动力向城市流动更为明显。区域内从农村向城市的人口流动对于减小区域内城乡差距起积极作用。正是区域内人口的明显流动造成了人均工资的差异在区域内趋同，而在区域间趋异。

表 3-12　沿海与内地工农业从业人员的比较

	沿　海			内　地		
	1986 年	1995 年	2000 年	1986 年	1995 年	2000 年
总从业人员	1.678	1.766	1.818	2.351	2.635	2.765
农　业	1.198	1.177	1.167	1.933	2.125	2.168
工　业	0.48	0.589	0.651	0.418	0.51	0.597

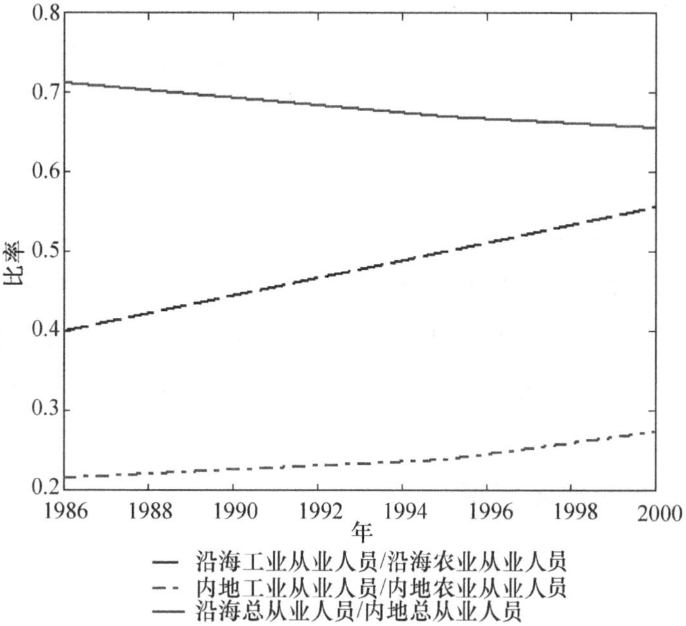

图 3-13　沿海与内地从业人员状况

如果考虑流动人口，上述趋势并没有大的改变。据 1990 年第四次人口普查和 1987 年、1995 年全国 1%人口抽样调查[①]，我国迁移人口规模1982—1987年为

① 李玲．改革开放以来中国国内人口迁移及其研究［J］．地理研究，2001，20（4）：454—463。

3053.3万，1985—1990年为3412.8万，1990—1995年为3642.6万；1985—1990年和1990—1995年的迁移人口分别相当于1990年、1995年全国总人口的3.01%和3.02%，其中暂住人口分别相当于全国总人口的1.9%和2.4%。全国流动人口总量，1982年约3000万人，1985年约4000万，据1992年“计划生育管理信息系统首次调查”结果推测为9360万。1995年以来的流动人口规模推测为8000万，其中在公安部门登记的有4400万，跨省流动的约3000万。据已公布的第五次人口普查资料和1999年年底户籍人口资料推算，2000年我国跨省净迁移暂住人口约为2200万～2300万，约相当于全国总人口的1.74%～1.82%。用流动人口来调整上述数据。如果内地流动人口中有1/3在本区域内流动，2/3流动到沿海，其中1/2进入工业企业，则经过调整后的沿海与内地从业人员见表3-13。

表3-13 用流动人口修正后的沿海与内地工农业从业人员的比较

	沿海			内地		
	1986年	1995年	2000年	1986年	1995年	2000年
总从业人员	1.758	1.862	1.885	2.2	2.4	2.604
农业	1.198	1.177	1.167	1.693	1.825	1.93
工业	0.56	0.685	0.718	0.5	0.6	0.674

从调整后的数据可以看到，上述人口流动的趋势和特征并没有发生根本的改变，仍然是：区域内人口迁移是我国人口流动的主流，沿海的城市化进程更为明显。这也符合Caietal的结论，他指出中国劳动力流动的84%发生在地区内。[①]

3.5 制造业的地区集聚

产业集聚（Industrial Cluster）是产业发展演化过程中的一种地缘现象，即某个领域内相互关联（互补、竞争）的企业与机构在一定的地域内集中连片，形成上、中、下游结构完整、外围支持产业体系健全、具有灵活机动等特

① Cai F.，Wang D. and Du Y.，Regional disparity and economic growth in China：the inpact of labour market distortions. China Econ Rev，2002 (13)：197—212.

性的有机体系，成为区域经济发展的主要动力的现象[①]。美国的产业集聚特征明显：微电子、生物技术、风险资本集聚在硅谷，汽车设备与零部件集聚在底特律，互惠基金、生物技术、软件与网络、风险资本集聚在波士顿，金融服务、广告、出版、多媒体集聚在纽约，飞机设备与设计、软件、金属加工集聚在西雅图。在德国，汽车工业集聚在慕尼黑等南部地带，化工业集聚在法兰克福一带。

从理论上讲，伴随着运输成本不断降低的经济全球化过程应当使地区之间在生产上的要素成本趋于均等化，似乎企业所处的区位对于其竞争力不再那么重要。而且，随着电子、通信技术的迅速发展，甚至有些西方学者（O'Brian）[②] 提出“地理已死”的论断，认为地理位置已不再是大部分商业活动的重要决定因素。然而我们从现实中却可看到具有活力的城市或产业带往往具有明显的区域特征。传统的贸易理论认为，比较优势是贸易双方交易能够开展的原因，而比较优势往往又与自然禀赋和技术条件紧密相关。新贸易理论学者认为，在市场与分工交互作用过程中产生的内生的绝对优势具有更为普遍的意义。在竞争中，来自于技术创新以及在竞争中产生的竞争优势越来越重要，而自然禀赋以及先天技术条件所带来的成本上的优势地位正在不断下降，竞争的结果不是取决于资源的丰裕与稀缺，而是取决于使用资源的效率[③]。日本二战以后的迅速崛起为我们提供了一个很好的例证。区域因素作为企业竞争优势发挥的外在环境而重新受到重视。区域为企业提供良好的公共服务、专业化的劳动力、产品市场，企业为所在地上缴税收，新的产业集聚正是这种企业与区域之间相互作用的正反馈机制形成的。

关于产业集聚的形成机理，阿尔佛雷德·马歇尔早在 1920 年在他的《经济学原理》就有涉及，保罗·克鲁格曼[④]将马歇尔外部性的观点归纳总结为：第一，产业集聚可以形成劳动力市场的共享，这对厂商和劳动者都有利；第二，可以获得较为廉价的中间产品；第三，企业间的频繁交流为知识外溢创造

---

① 石培哲．产业集聚形成原因探析［J］．经济师，2000（3）：18。

② 李小建．经济地理学近期研究的一个新方向的分析［J］．经济地理，2002（3）：131。

③ 张元智，产业集聚、竞争优势与西部开发［J］．西安电子科技大学学报（社会科学版），2001（3）：6。

④ 克鲁格曼著，张兆杰译. 地理与贸易［M］．北京：北京大学出版社，中国人民大学出版社，2002。

条件。藤田[①]在他的新经济地理模型中引入中间产品部门，通过模型揭示了中间产品部门的作用：同一产业的多个企业集聚到一起，使得中间产品部门能够规模生产，中间产品价格下降，从而有利于企业的发展。本书不是为了探究产业集聚的形成机理，而是要在这些原理的指导下，考察我国地区工业集聚的特征，揭示我国各地区工业集聚的异同，并进而提出相应的政策建议。

关于产业集聚的实证研究，最有代表性的文献是 Duranton and Puga[②] 的工作。他们通过对美国工业四位分类数的产业的计算，细致地考察了美国各城市的专业化和多样化特征：大城市更倾向于多样化，专业化与城市的规模有弱的相关性；大城市平均来说更专业化于服务业（金融、保险和房地产）而中等城市更专业化于制造业，中等城市更专业化于成熟的产业（纺织、食品和造纸等）而大城市更专业化于新兴产业（电子元件、仪器等）。

3.5.1 制造业在沿海地区的集聚

发达国家的历史经验表明，高度发达的制造业的发展是一个国家必然经历的发展阶段。中国也不例外。经过新中国成立到改革开放以前的 30 年发展，中国已初步建立起完整的制造业体系，并在空间上呈现较为均衡分布的态势。改革开放之后，制度变迁、地理优势与市场力量相结合，特别是外商直接投资以及对外加工贸易的发展，制造业在空间分布上发生了很大变化，制造业在沿海地区集聚程度越来越高，以制造业的地区差异为特征的沿海与内地差异成为地区差异的主要因素。新经济地理学认为，产业集聚来源于对消费者多样化偏好的满足或者上游企业对下游企业投入品多样化的满足，产业集聚地区能够使消费者和下游企业生活成本和生产成本降低，从而形成进一步集聚的动力。

2000 年，沿海地区制造业增加值占全国制造业增加值的份额为 67.92%，沿海制造业就业占全国制造业就业的份额为 58.8%（见表 3-14）。在以增加值比重衡量的各省区各制造业份额数据中，除了烟草加工与有色金属两项之外，沿海地

---

① Fujita，Masahisa. Nobuaki Hamaguchi，Intermediate goods and the spatial structure of an economy，Regional Science and Urban Economics，2001 (31)：79—109.

② Gilles Duranton，Diego Puga，Diversity and Specialization in Cities：Why，where and when does it matter? Working Paper UT-ECIPA-DPUGA-99-02，2。

区在其他所有行业所占的份额都在 50%以上；在以就业衡量的各省区各制造业份额中，除了饮料制造、烟草加工、黑色金属、有色金属和交通设备这五项之外，沿海地区在其他所有行业所占的份额都在 50%以上。而且，在 20 个制造业行业中，沿海地区以增加值比重衡量的占各制造业行业的份额都普遍高于以就业比重衡量的占各该行业的份额，对于绝大部分行业来说，高出的幅度都在 10%以上。这说明，沿海地区各行业的劳动生产率要普遍高于内陆地区。

表 3-14　沿海与内陆地区制造业增加值份额的动态过程

行　业	2000 年增加值份额		2000 年就业份额		1990 年就业份额		1990 年净产值份额	
	沿海地区	内陆地区	沿海地区	内陆地区	沿海地区	内陆地区	沿海地区	内陆地区
食品加工	61.67	38.33	56.6	43.4				
食品制造	69.75	30.25	62.08	37.92	51.55	48.45	58.99	41.01
饮料加工	54.74	45.26	47.23	52.77	44.27	55.72	53.62	46.38
烟草加工	29.93	70.07	25.37	74.63	30.43	69.57	34.04	65.96
纺织业	76.32	23.68	64.23	35.77	60.95	39.05	68.39	31.61
造纸业	70.82	29.18	60.81	39.19	49.48	50.52	57.31	42.69
石油加工	63.15	36.85	58.63	41.37	59.75	40.25	64.21	35.79
化　工	68.14	31.86	52.9	47.1	51.54	48.46	64.12	35.88
医　药	58.81	41.19	53.09	46.91	51.56	48.44	60.39	39.61
化　纤	83.91	16.09	69.1	31.96	69.28	30.72	79.53	20.47
非金属矿物	61.92	38.08	51.13	48.87				
黑色金属	62.71	37.29	49	51	50.17	49.83	57.56	42.44
有色金属	43.58	56.42	34.48	65.52				
金属制品	83.92	16.08	76.11	23.89	60.24	39.76	68.6	31.4
机械制造	77.72	22.28	63.57	36.43	54.8	45.2	63.53	36.47
专用设备	73.14	26.86	58.41	41.59				
交通设备	57.76	42.24	48.87	51.13	45.81	54.19	50.6	49.4
电气机械	82.73	17.27	73.61	26.39	62.99	37.01	68.07	31.93
电子通讯	88.39	11.61	82.24	17.76	69.41	30.59	73.79	26.21

仪器仪表	84.67	15.33	68.96	31.04	58.41	41.59	64.05	35.95
全国的份额	67.92	32.08	58.76	41.24	55.44	44.56	60.93	39.07

资料来源：刘安国．加入 WTO 和中国经济格局演化．[D]．北京：北京大学博士学位论文，2002。

接下来我们要对各制造业在全国范围内的相对集聚程度进行考察。这里采用基尼系数指标来测度。表 3-15 分别给出了以各制造业就业份额和以制造业增加值份额为基础计算出的 2000 年中国制造业 20 个行业的基尼系数。结果是，除了烟草加工和有色金属两个行业之外，无论是从就业还是从产出来衡量，所有其他行业的前三位都几乎全部集中在沿海地区。①

表 3-15　2000 年中国 20 个制造业行业的基尼系数

排名	以就业数据为基础计算					以增加值为基础计算				
	行　业	Gini	本行业集聚程度高的前 3 位			行　业	Gini	本行业集聚程度高的前 3 位		
1	电子通讯	0.2328	广东	江苏	上海	烟草加工	0.2144	云南	湖南	上海
2	烟草加工	0.202	云南	河南	贵州	电子通讯	0.2065	广东	江苏	北京
3	石油加工	0.1526	山东	山西	辽宁	化纤	0.1941	江苏	上海	浙江
4	化　纤	0.1265	江苏	山东	浙江	仪器仪表	0.1793	广东	江苏	浙江
5	黑色金属	0.1211	辽宁	河北	四川	纺织业	0.1482	江苏	浙江	山东
6	电气机械	0.1171	广东	江苏	浙江	电气机械	0.1357	广东	江苏	山东
7	金属制品	0.1159	广东	江苏	山东	黑色金属	0.1243	上海	河北	辽宁
8	仪器仪表	0.1152	广东	江苏	浙江	石油加工	0.1218	山东	辽宁	广东
9	有色金属	0.1137	甘肃	河南	山西	金属制品	0.1196	广东	江苏	上海
10	纺织业	0.1031	江苏	山东	浙江	专用设备	0.1169	山东	江苏	河南
11	造纸业	0.0775	山东	广东	河南	机械制造	0.1159	江苏	浙江	山东
12	机械制造	0.0656	江苏	山东	浙江	交通设备	0.1117	上海	吉林	湖北
13	食品加工	0.0653	山东	河南	江苏	食品加工	0.1114	山东	河南	江苏
14	专用设备	0.0617	山东	江苏	河南	造纸业	0.0871	山东	广东	浙江
15	食品制造	0.0493	山东	河南	广东	有色金属	0.0732	河南	江苏	甘肃
16	饮料制造	0.0392	山东	四川	河南	食品制造	0.0610	广东	山东	河南
17	交通设备	0.0361	湖北	江苏	辽宁	饮料制造	0.0534	四川	广东	山东

① 刘安国．加入 WTO 和中国经济格局演化 [D]．北京：北京大学博士学位论文，2002。

18	非金属矿物	0.028	河南	山东	广东	医药	0.0372	广东	江苏	浙江
19	医　药	0.0222	江苏	山东	河北	非金属矿物	0.0224	广东	山东	江苏
20	化　工	0.0033	江苏	山东	辽宁	化工	0.0188	江苏	广东	山东

资料来源：刘安国．加入 WTO 和中国经济格局演化．北京大学博士学位论文，2002。

3.5.2　制造业集聚的动态演变

表 3-16 给出了 1990 年中国 16 个制造业行业的区位 Gini 系数，与表 3-16 相对比，可以得到：从总体上来看，从 1990 年到 2000 年的 11 年间，以产出衡量的沿海地区的制造业份额明显上升（从 60.93%上升到 67.92%）；相应地，内陆地区制造业份额明显下降（从 39.07%下降到 32.08%）。除了烟草加工和有色金属这两个行业之外，沿海地区在其他制造业方面均表现出绝对优势。而且，这一优势在整个开放过程中逐渐提高。在 16 个制造业行业当中，除了石油加工、黑色金属和医药行业之外，其他行业的区位 Gini 系数呈上升趋势。区位 Gini 系数在 0.1 以上的行业 1990 年有 6 个，2000 年则增加为 13 个，说明产品细分程度及地区专业化程度均有上升，产业结构趋同现象有所缓解。

表 3-16　1990 年中国 16 个制造业行业的区位 Gini 系数

排名	以就业数据为基础计算					以增加值为基础计算				
	行业	Gini	本行业集聚程度高的前 3 位			行业	Gini	本行业集聚程度高的前 3 位		
1	石油加工	0.2068	辽宁	山东	黑龙江	石油加工	0.228	辽宁	黑龙江	山东
2	烟草加工	0.186	河南	云南	湖北	烟草加工	0.2008	云南	湖南	河南
3	化纤	0.1236	上海	江苏	浙江	化纤	0.1907	上海	江苏	广东
4	电子通讯	0.1236	江苏	广东	上海	黑色金属	0.1456	辽宁	上海	湖北
5	黑色金属	0.0978	辽宁	四川	湖北	电子通讯	0.1364	江苏	广东	上海
6	纺织业	0.0792	江苏	山东	浙江	仪器仪表	0.1061	上海	江苏	四川
7	仪器仪表	0.069	江苏	上海	辽宁	纺织业	0.099	江苏	上海	浙江
8	电气机械	0.054	江苏	辽宁	广东	交通设备	0.0916	湖北	上海	吉林
9	交通设备	0.0437	辽宁	湖北	四川	电气机械	0.0759	广东	江苏	上海
10	饮料制造	0.0357	四川	山东	浙江	饮料制造	0.0528	山东	广东	四川
11	食品制造	0.0194	山东	江苏	四川	金属制品	0.0527	江苏	上海	广东

12	金属制品	0.0194	江苏	辽宁	上海	造纸业	0.0433	广东	辽宁	山东
13	医药	0.0188	江苏	吉林	辽宁	化工	0.0392	江苏	辽宁	北京
14	机械制造	0.0168	江苏	辽宁	四川	机械制造	0.0382	江苏	上海	辽宁
15	化工	0.0132	江苏	辽宁	四川	医药	0.0373	广东	江苏	上海
16	造纸业	0.0104	山东	四川	辽宁	食品制造	0.0101	山东	江苏	广西

资料来源：刘安国．加入WTO和中国经济格局演化［D］．北京：北京大学博士学位论文，2002.

范剑勇[①]用产业平均集中率[②]来考察产业的空间分布和地区差距。计算结果见表3-17。根据表3-17所计算的各地区产品平均集中率，可以看到：第一，

表3-17　各地区产品平均集中率

地区＼年份	1980	2001	地区＼年份	1980	2001
北　京	0.0358	0.0231	山　西	0.0224	0.0245
天　津	0.0313	0.0217	内蒙古	0.0167	0.0089
河　北	0.0384	0.043	吉　林	0.0331	0.0179
辽　宁	0.0845	0.0481	黑龙江	0.0432	0.0229
山　东	0.0591	0.0901	安　徽	0.0279	0.0268
上　海	0.0722	0.0477	江　西	0.0241	0.019
江　苏	0.0886	0.1013	河　南	0.0413	0.055
浙　江	0.0496	0.0843	湖　北	0.0447	0.033
福　建	0.0252	0.0368	湖　南	0.0377	0.0278
广　东	0.062	0.1369	重　庆		0.0146
广　西	0.0168	0.0151	四　川	0.0607	0.0315
海　南		0.0022	贵　州	0.0155	0.0116
沿海地区合计	0.5635	0.6503	云　南	0.0162	0.0143
			西　藏	0.0004	0.0003
			陕　西	0.0231	0.0191

① 范剑勇．市场一体化、地区专业化与产业集聚趋势——兼谈对地区差距的影响．中国社会科学，2004（6）：39—53。

② 用产业平均集中率产业平均集中率为：$V_1=\frac{\sum_k V_i^k}{k}$，其$k$中为产业数量，$V_i^k$为第$i$省份第$k$产业就业占全国该产业全部就业的份额，$V_i$则表示地区$i$的产业平均集中率，用来直接衡量该地区所有产业的平均占有率。该值越接近1，则该地区的制造业平均占有份额越高、制造业越发达。

			甘　肃	0.0166	0.0122
			青　海	0.0026	0.0016
			宁　夏	0.0025	0.0034
			新　疆	0.0073	0.0053
			内陆地区合计	0.436	0.3497

资料来源：范剑勇．市场一体化、地区专业化与产业集聚趋势——兼谈对地区差距的影响［J］．中国社会科学　2004（6）：39—53。

在改革开放初期，东部沿海地区的制造业平均集中率（0.5635）高于内陆地区的制造业平均集中率（0.4355），即制造业的地区分布在改革初期就已不平衡，东部沿海地区占有初步优势。第二，经过二十多年的发展，产业的地区集中更加明显，沿海地区制造业的平均集中率从 1980 年的 0.5635 上升到 2001 年的 0.6503，相应地内陆地区的平均集中率从 0.436 下降到了 0.3497。第三，沿海地区除三个直辖市以外，产业平均集中率大多呈现上升的趋势，特别是江苏、福建、浙江和广东的上升幅度较大。而内陆的各省区的产业平均集中率除山西、河南和宁夏以外，都呈现下降的趋势。

根据上述分析，我国改革开放以来制造业的空间分布特征是：

（1）沿海地区成为制造业集聚的核心；

（2）制造业向沿海的集聚随对外开放度的提高不断上升。

第 4 章　新经济地理学理论与观点

4.1　新经济地理学的理论基础

20 世纪 90 年代以前，主流经济学似乎忽略了对空间的关注。区域科学的先驱瓦尔特·艾萨德（Walter Alsard）将经济学长期以来的传统称为“没有空间维度的仙境”[①]，其含义是，经济学的理论框架虽然似乎变得足够完美了，但令人费解的是，像经济活动的空间维度这样显而易见的问题却从未认真地被思考过。甚至没有一本经济学的教科书用单一的章节分析“区位”“空间”或“区域”。[②]

直到 20 世纪 90 年代初“新经济地理学”的出现，才使得经济学的空间维度重新得到关注。这种对“经济空间”的关注以及过去对“经济空间”的忽略都不是偶然的，而是与处理区位与空间问题的技术手段相关。换句话说，对区位问题的重新关注并非来自于经济学家的突发奇想，而是对经济的空间区位问题有了可利用的手段和方法。因为一旦我们考虑一个现实的经济问题，运输成本就必须考虑，那么就必然面临不完全竞争的市场结构。然而，长期以来，经济学的基本框架都是以完全竞争的一般均衡为基点，因此，厂商层次的报酬递增难以与竞争性的一般均衡相容，所以被排除在主流经济学之外，所有隐含报酬递增的地理集聚只好用马歇尔的外部经济来解释，即只考虑因为厂商之间的相互作用产生的报酬递增现象。引入“外部经济”的概念其实也就放弃了对该现象的解释，因为“外部”二字即说明了现有理论框架对此无能为力。1977

---

① Isard，W. Location and Space Economy. Cambridge：MIT Press，1956.

② Krugman，Paul. Space：The Final Frontier. The Journal of Economic Perspectives，1998，12（2）：161—174.

年，狄克西特-斯蒂格利茨（Dixit-Stiglitz，D-S）垄断竞争模型[①]的建立为该方向开创了新局面。其后新贸易理论、新增长理论都沿用 D-S 垄断竞争模型的框架，使得经济学对处理报酬递增的现象有了可利用的方法，虽然该方法还不是那么贴近现实。另外，阿瑟（W. Brian Arthur）从复杂科学的角度研究经济中的报酬递增现象，并通过微观主体行为的相互作用再现了“路径依赖”和“锁定”等经济现象，为“新经济地理学”提供了认识论和方法论上的支持。同时，计算机科学的发展使我们可以给出非线性方程的数值解，这对我们探讨包含报酬递增的经济问题有很大的帮助，因为我们可以通过数值解来观察到非线性方程组后面的、难以通过推理了解到的经济故事。

综上所述，复杂科学的兴起、报酬递增思想的渐入人心以及相应模型处理手段的建立和发展、计算机科学技术的飞速发展都为经济学探索“经济空间”的含义提供了理论上和技术上的支持，“新经济地理学”正是在这样一种背景下应运而生的。

被克鲁格曼称作“新经济地理学（New Economic Geography）”的经济学流派，之所以被冠之以“新”，不是因为其所研究的问题具有新意，产业集聚、报酬递增以及经济的外部性被无数的经济学家和经济地理学家描述过，但却未用一个统一的数学框架来表达。“新经济地理学”所做的不过是将厂商层次的报酬递增、外部经济、运输成本等纳入到了一个一般均衡的框架之中。从消费者行为来看，“新经济地理学”仍是一定预算约束下的效用最大化，因此，将“新经济地理学”称为“地理经济学”似乎更为恰当，且可能避免引起经济地理学界的误会和抵触[②]。消费者对制造业产品具有多样化偏好，即消费者消费制造业产品种类越多，其效用越高，这是 D-S 模型的特征。制造业厂商在报酬递增的生产技术下生产产品。报酬递增意味着厂商由扩大生产规模的动力，与之相对应的是产品种类数的减少。正是通过消费者的多样化偏好与厂商层次的报酬递增的两难冲突来决定产品的种类数[③]。将空间因素纳入模型框架的手段

---

① Dixit. A. and J. Stiglitz. Monopolistic Competition and Optimum Product Diversity. American Economic Review, 1977 (6): 297—308.

② Brakman, S. and Garretsen, H. and Marrewijk, Charles van. An Introduction to Geographical Economics-Trade, Location and Growth. New York: Cambridge University Press, 2001.

③ 杨小凯．经济学原理．中国社会科学出版社，1998。

是采用萨缪尔森[①]的“冰山”形式的运输成本（贸易成本），这种对运输成本的处理方式被克鲁格曼称为“冰山交易技术（Iceberg Transport Technology)”，从而避免了引入运输部门所带来的模型复杂化问题。

下面将从报酬递增思想的演进、复杂科学所强调的自组织、路径依赖和“锁定”等概念以及D-S模型的基本含义及其应用3个方面来阐述“新经济地理学”的理论基础。

4.1.1 报酬递增思想的演进

报酬递增的思想最早可以追溯到亚当·斯密的《国富论》。斯密以制针场为例说明了分工是如何增进社会财富的，并提出了著名的斯密定理——劳动分工受市场范围限制。D-S模型的规模经济与产品多样性的两难冲突可以在斯密的思想中找到原型。

马歇尔将经济中的报酬递增现象区分为内部经济和外部经济。马歇尔提出：“可把因任何一种产品的生产规模之扩大而发生的经济分为两类，第一类取决于产业的一般发展；第二类经济取决于从事工商业的单个企业的资源，它们的组织以及它们的效率。”[②] 马歇尔把前者称为外部经济，后者称为内部经济。马歇尔认识到，如果存在厂商水平的报酬递增，那么将会导致与竞争均衡不相容。因此，马歇尔回避了厂商水平的报酬递增现象，而将产业内厂商之间的外部经济作为报酬递增的源泉。长期以来，经济学的基本框架都是以完全竞争的一般均衡为基点，因此，厂商层次的报酬递增难以与竞争性的一般均衡相容，所以被排除在主流经济学之外，所有隐含报酬递增的地理集聚只好用马歇尔的外部经济来解释。[③] 在马歇尔提到的外部经济的含义中，包含以下三个方面的内容[④]：第一，劳动力市场的共享，厂商聚集的地区劳动力市场较为完备，厂商很容易雇佣到专业化工人，而工业也因为厂商较多而减少了失业的可能；

---

① Samuelson，Paul A. The Transfer Problem and Transport Costs II：Analysis of Effects of Trade Impediments. The Economic Journal，1954，64（254）.

② Marshall，A. Principles of Economics. London：Macmillan，1920.

③ 谢燮，杨开忠. 新经济地理学诞生的理论基石［J］. 当代经济科学，2004（7）：53—58。

④ 克鲁格曼著，张兆杰译. 地理与贸易［J］. 北京：北京大学出版社，中国人民大学出版社，2000。

第二，中间投入品价格的降低。厂商聚集的地区可以支持中间投入品在更大规模下生产标准化产品，这样有利于降低中间产品的成本并进而降低其价格；第三，技术的溢出效应厂商聚集的地区，某一厂商的革新可以在行业内很快传播，从而对整个行业有益。上面提到的外部性既包含了金钱的外部性（Pecuniary Externality），又包含了技术的外部性（Technological Externality）。金钱的外部性指的是通过市场的作用所体现的外部性，比如中间投入品价格的降低既是经由市场所体现出来的。早期的新经济地理学的模型仅仅处理了与供给和需求联系相关的金钱外部性[①]，技术的外部性在后来的集聚与增长文献中才得以体现。

继马歇尔之后还有多个经济学家研究经济中的报酬递增现象，代表性的理论包括缪尔达尔（Myrdal）累积因果循环论和佩鲁（Perroux）的“增长极”，前已述及，这里不再赘述。

4.1.2 阿瑟的路径依赖与“锁定”

布莱恩·阿瑟（W. Brian Arthur）是圣塔菲的复杂科学学派的代表人物之一。他充分认识到经济中报酬递增的重要性及普遍性，并进而建立与传统经济理论框架完全不同的模型用来再现经济中的报酬递增现象。阿瑟处理报酬递增的方式对于经济学的思维方式更像一场革命，他打破了经济学的均衡、报酬递减、理性“经济人”等观点，而代之以多重均衡、路径依赖、报酬递增、有限理性等假设，从而为现代经济学开创了一个广阔的视角[②]。他认为，报酬递增在经济中广泛存在，特别是“新经济”更有显著的报酬递增的特性。他举了一个简单的正反馈的例子。录像带市场起初有两种竞争的格式：VHS和Beta，二者的价格几乎相同，每种格式的产品都有报酬递增的特性。如果哪个格式的产品的市场份额大一些，那么生产录像带的厂家就会更多地以该种存储方式生产录像带，那么买的人就会更多，从而使得该种格式的

① Krugman, Paul. Increasing Returns and Economic Geography. Journal of Political Economy, 1991 (99): 483—499.

② 沃尔德罗普·W. 著，陈玲译. 复杂：诞生于秩序与混沌边缘的科学 [M]. 北京：生活·读书·新知三联书店，1997。

录像带的市场占有量逐渐增大，最终完全占有市场。我们注意到，这种市场在起初是不稳定的。一旦某种格式的录像带因为一些偶然的因素稍稍胜出，那么它就会因为报酬递增的作用而完全占有市场[①]。这就是典型的报酬递增、路径依赖和锁定的含义。

新经济地理学的模型尽管与复杂科学的模型有很大的不同，但他们都有报酬递增、历史上偶然事件的作用和路径依赖的特征。新经济地理学模型的推演结果显示，经济可能出现多重均衡，究竟会稳定在哪个均衡点取决于经济初始的状态和相应参数的设定。完全相同的初始分布可能因为一个极小的扰动产生完全不同的经济图景。而这样的循环累积过程一旦发生，则经济就会走上一条不归路并不可避免地产生“核心—边缘”模式。先发地区可能发展更好，而落后地区则可能永无出头之日，先发地区和后发地区都被“锁定”了。

新经济地理学与复杂科学对经济认识的不同之处在于：第一，模型的假设条件不同。复杂科学假设个体决策是有限理性的，而新经济地理学仍沿用个体或厂商决策的完全理性，同时他们的迁移决策行为也是完全理性的；第二，均衡。复杂科学强调的是动态的观点，而新经济地理学仍然徘徊在均衡的观点上，其所谓的动态演化也不是真正意义上的动态，其实质是劳动力空间调整的比较静态过程。第三，复杂科学的模型采用“自下而上”的思维和处理方式，即由微观个体的简单行为规则演化出复杂的、内容丰富的宏观景象。而新经济地理学虽有坚实的微观基础，但微观个体都是无差别的、同一的和完全理性的决策主体。

4.1.3 经济活动的不可分性及空间不可能性原理

如果经济活动完全可分，则每个经济活动都可以在不损失生产效率的情况下分成任意小的部分。在此情况下，竞争性的均衡存在，每个任意小的地区都能够自给自足。然而在现实中，经济活动却不是完全可分的，因此运输成本是

① Arthur, Brian W. Increasing Returns and Path Dependence in the Economy. The University of Michigan Press, 1994. 99—110.

不可回避的问题。库普曼斯[1]说道：

“如果没有认识到经济活动的不可分性，则对包括城市、城镇乃至村庄以及它们的居民、居住地、工厂、基础设施等的区位问题，都是难以理解的。”

如果我们考虑运输成本，则可能产生如下问题：引入运输成本导致非凸生产集合和消费集合的产生，这与竞争性的一般均衡不相容。这一思想可以表述为“空间不可能性原理（The Spatial Impossibility Theorem)”，该思想由斯塔利特[2]提出并证明。“空间不可能性原理”的内容是：假设经济有固定数量的区域、消费者和厂商，空间是均质的，存在运输成本，偏好不能本地满足，则包含运输成本的竞争性均衡不存在。

要证明空间不可能性原理，这里有一个简化的推导过程[3]。

考察均质空间的两个区域。技术与偏好在两个区域相同。经济中有两个经济主体：厂商和消费者。消费者给厂商提供一定量的劳动 x；厂商用消费者的劳动和 1 单位的土地为消费者生产 y 单位的产品，消费者也消费 1 单位的土地。土地分布在两个有差别的区域 A 和区域 B，这样劳动和产品就需要从一个地方运输到另一地方，市场是完全竞争的。

如果区域 A 的土地大于等于 2，则厂商和消费者都能够在区域 A 生产和生活。因此，区域 A 的土地租金 $R_A \geqslant 0$ 而区域 B 的土地租金 $R_B = 0$。当土地租金相对于运输成本不是太高时，这种不存在运输的结构是完全竞争均衡的。另一方面，如果区域 A 的土地量少于 2，则厂商和消费者的一部分必须定位在区域 B，这样区域 B 的土地租金也非负 $R_B \geqslant 0$。然而，这种情形不是完全竞争均衡的，因为必须承担正的运输成本。为了证明这一点，我们必须说明，当消费者和厂商定位于不同区域时，至少他们中的一个有迁移的动机。通过改变区位，厂商可以提高其收益，而消费者可以降低其净支出。

用反证法。假设厂商在区域 A 而消费者在区域 B。设想在区域 A 的厂商和区域 B 的消费者实现了均衡，令 P_A，W_A，R_A 是在区域 A 的产品、工资及土地租金的价格。两个区域的价格与工资差异用来衡量购买者必须支付以及销

---

① Koopmans TC，1957 Three Essay on the State of Economic Science(McGraw-Hill，New York).

② Starrett，D. Market allocations oflo cation choice in a model with free mobility. Journal of Economic Theory，1978（17）：21—37.

③ Ottaviano，Gianmarco and Thisse，Jacques-Fransois. New Economic Geography：what about the N? in the handbook of urban and regional economics，2004.

售者必须接受的净运输成本。特别的，P_B-P_A 等于 1 单位的产品从区域 A 到区域 B 的运输成本。厂商的利润函数为 $\Pi_A=p_Ay-w_Ax-R_A$。考虑厂商在区域 B 生产所获得的利润。需要注意的是，竞争性市场理论的本质是：在给定的价格以及在这些价格不受其行为影响的条件下（价格接受行为），经济主体进行他们的生产或消费决策。既然空间是均质的，区域 B 的厂商具有同样的投入产出结构，其利润为 $\Pi_B=p_By-w_Bx-R_B$。则促使其迁移的动力是：

$$I_{\text{firm}}=\Pi_B-\Pi_A$$
$$=(p_B-p_A)y-(w_B-w_A)x-(R_B-R_A) \tag{1}$$

对于消费者，他们的净支出由消费量减去工资收入加上净土地租金得出。因此，在区域 B 的净支出为 $X_B=P_By-w_Bx-(R_A+R_B-R_B)=P_By-w_Bx-R_A$，同时在区域 A 的净支出为 $X_A=P_Ay-w_Ax-R_B$，这样促使他迁移的动力是：

$$I_{consumer}=X_B-X_A$$
$$=(p_B-p_A)y-(w_B-w_A)x+(R_B-R_A) \tag{2}$$

如果厂商在区域 A 而消费者在区域 B 确实实现了均衡，那么没有经济主体能够通过改变区位而提高其收益，即 I_{firm} 和 I_{consumer} 都为非正。其含义是，如果二者之一为正或者都为正 $I_{\text{firm}}+I_{\text{consumer}}>0$，那么这种结构不是均衡。（1）和（2）相加得

$$I=I_{firm}+I_{consumer}$$
$$=2[(p_B-p_A)y+(w_A-w_B)x]>0 \tag{3}$$

这恰好等于厂商和消费者总运输成本的 2 倍，前面已提到，当竞争性均衡存在时，价格差异 P_B-P_A（工资差异 w_A-w_B）必须等于两地之间的运输产品（劳动）的运输成本。因此，在这样的竞争均衡情况下，如果它存在，则要求两个主体都改变区位。

如果我们要理解关于经济活动的空间分布，根据空间不可能性原理，我们要么假设空间是异质的（如同在国际贸易理论中的新古典理论或者冯·杜能的土地利用模型），要么假设外部性存在并不可忽略（如同现代城市经济学），要么假设市场是不完全竞争的（如空间竞争理论）。新经济地理学采用了垄断竞争的市场结构、生产技术的报酬递增以及金钱的外部性等假设来构筑模型，从而解决了包含运输成本的报酬递增与竞争性一般均衡不相容的问题。

4.1.4 D-S 垄断竞争模型及其应用

(1) D-S 垄断竞争模型

在过去的二十多年，垄断竞争模型变得非常流行。其在产业组织理论、国际贸易理论、经济增长理论和经济地理学中都获得了很大的成功。1977 年，狄克希特和斯蒂格利茨（Dixit and Stiglitz，1977）在《美国经济评论》上发表了“垄断竞争与最优生产多样性”[①] 一文，标志着经济学对处理关于报酬递增市场结构的能力大大前进了一步。

D-S 模型是将规模经济、产品种类数、消费者的多样化偏好、垄断竞争纳入了一般均衡框架。经济中消费者的偏好是多样化的，即他消费的产品种类越多，其效用水平也就越高。厂商的生产存在无限的规模经济。由于生产中的规模经济及资源的有限性，当消费品种类增加时，每种消费品的生产规模就会相应减小，规模经济的假设下每种产品的生产成本上升，价格上升，使消费者效用水平下降。所以，规模经济和多样化消费选择的两难冲突可以用来决定消费品种类数[②]。消费者的决策问题是：

$$Max \qquad U=\left(\sum_{i=1}^{n} x_i^{\rho}\right)^{1/\rho}$$

$$s.t. \qquad \sum_{i=1}^{n} p_i x_i = \omega$$

其中，U 为效用水平，x_i 为产品 i 的消费量，p_i 为产品 i 的价格，ω 为劳动的价格。$p\in$（0，1）为替代参数。如果每种产品的消费量 x_i 都相等，则 $U=(nx_i^{\rho})^{1/\rho}$。当 $0<\rho<1$ 时，其对产品种类数求导得 $dU/dn=(1/\rho)\ n^{1-\rho/\rho}\ x_i>0$，即效用水平是产品种类数的增函数，消费的产品种类越多，效用水平越高。该效用函数体现了消费者对产品多样化的偏好。

D-S 模型的垄断竞争体现在：由于厂商生产的规模报酬递增，如果两个厂商生产同一种产品，则其中的一个厂商可以通过扩大生产规模来降低生产成本，从而降低产品价格将竞争对手挤出市场。因此，每一差别化产品只可能由

---

① Dixit. A. and J. Stiglitz. Monopolistic Competition and Optimum Product Diversity. American Economic Review，1977 (6)：297—308.

② 杨小凯．经济学原理［M］．北京：中国社会科学出版社，1998。

一个厂商生产，这就是垄断的含义。但是，这些差别化产品相互之间具有一定程度的可替代性，而且存在着其他厂商自由进入市场的可能，每个厂商不能垄断定价，因而这种隐含的竞争使得厂商在支付了各生产要素成本后的利润为零。因为一旦利润没有为零，就有新厂商进入。这就是垄断竞争所体现的特征。

综上所述，D-S 垄断竞争模型的特征表现在以下几点[①]：

① 厂商层次的报酬递增；

② 厂商是对称的，即厂商的生产技术相同，雇佣工人数相同，产出相同等；

③ 每个厂商生产一种差别化产品；

④ 厂商能够定价；

⑤ 厂商数量足够大，这样单个厂商不能与其他厂商产生战略性的相互作用；

⑥ 厂商的自由进出导致各厂商的利润为零。

D-S 垄断竞争模型从其诞生以来获得了多方面的运用，已成为经济学处理不完全竞争市场的一个经典范式。克鲁格曼等[②]和赫尔普曼[③]将 Dixit-Stiglitz 模型应用于国际贸易理论中，用以解释相似国家国际贸易的情形，这就是对国际贸易理论产生重大影响的"新贸易理论"。之后，罗默[④]将 Dixit-Stiglitz 模型内生产品种类数的模型动态化，用产品种类数的自发演进及规模经济来解释经济增长。因此，罗默模型被杨小凯[⑤]称为"Dixit-Stiglitz 模型的动态版"。接

---

① Brakman S, Garretsen H. Rethinking the 'New' Geographical Economics [J]. Regional Studies, 2003, 37 (6&7): 637—648.

② Krugman, Paul. Increasing Returns, Monopolistic Competition, and International Trade. Journal of International Economics, 1979, 9 (4): 469—479.

Krugman, Paul. Scale Economies, Production Differentiation, and the pattern of Trade, American Economic Review, 1980, 70: 950—959.

Krugman, Paul. Trade, Accumulation and Uneven Development. Journal of Development Economics, 1981, 8: 149—161.

③ Helpman, Elhanan. Increasing Returns, Imperfect Markets, and Trade Theory. in R. W. Jones and P. B. Kenen, eds. Handbook of International Economics. North-Holland, Amsterdam, NL, 1984, Chpter7, 325—65.

④ Romer, P. Increasing Returns and Long Run Growth. Journal of Political Economy, 1986, 94, 1002—1037.

⑤ 杨小凯. 经济学原理 [M]. 北京：中国社会科学出版社，1998。

着，以克鲁格曼为首的经济学家将 Dixit-Stiglitz 模型的垄断竞争框架与萨缪尔森[①]的“冰山交易技术”相融合，从而实现了主流经济学向地理空间的一定程度上的扩展。该方向被克鲁格曼等称为“新经济地理学”，有些西方学者称之为“地理经济学”，其实质是 Dixit-Stiglitz 模型的地理空间版。

（2）新贸易理论

传统的贸易理论认为，贸易发生在具有不同要素禀赋的国家。要素禀赋成为解释国家之间贸易、分工和要素流动的基础。然而，传统的贸易理论不能解释为什么要素禀赋相似的国家间存在着不同的生产结构。二战后，国际贸易表现为新的特征，即相似要素禀赋国家之间的贸易和产业内贸易成为国家贸易的主要形式。另外，当生产要素具有高流动性时，传统的贸易理论不能给出较好的解释。克鲁格曼等提出了“新贸易理论”，试图用“第二自然”作为解释国际贸易新现象的主导因素。

传统的国际贸易理论可以追溯到亚当·斯密的“绝对利益论”。在其后的 200 多年来，西方主流的国际贸易理论大体上经历了三个阶段[②]。第一个阶段，是国际贸易理论的创立阶段。代表性的理论包括斯密提出“绝对利益论”和李嘉图的“比较利益论”。比较利益论的提出是传统国际贸易理论确立的标志。第二阶段是从比较利益论的提出到赫克歇尔-俄林模型的建立。在完全竞争和报酬不变的假设下，赫克歇尔-俄林模型用不同国家之间要素禀赋上的差异来解释比较利益或国际贸易的基本因素，此即为要素禀赋论。第三阶段是 20 世纪 40 年代以后发展起来的各种贸易理论。

二战后，国际贸易格局发生巨大变化，传统的比较利益论以及要素禀赋论都难以解释战后国际贸易的许多新现象，尤其是对发达国家之间的产业内贸易或相似产品贸易缺乏解释力。D-S 模型的出现为国际贸易理论的研究提供了一个强有力的工具。到了 20 世纪 80 年代，以赫尔普曼（Helpman）、克鲁格曼（Krugman）、格罗斯曼（Grossman）和埃蒂尔（Ethier）等人为代表的许多西方经济学家纷纷借鉴产业组织和市场结构理论的研究成果，运用不完全竞争和

---

① Samuelson, Paul A. The Transfer Problem and Transport Costs II: Analysis of Effects of Trade Impediments. The Economic Journal, 1954, 64 (254).

② Helpman, E., and P. Krugman. Market Structure and Foreign Trade. Cambridge: MIT Press, 1985.

报酬递增理论解释国际贸易。

新贸易理论的核心是：如果两个经济具有相同的偏好和技术，但经济规模不同，则在贸易的过程中会发生什么？答案依赖劳动力是否能够流动以及国际贸易是否有成本。在新贸易理论中，劳动力不能跨国流动。产品的自由贸易意味着每个国家的消费者能够消费同样的产品种类数。厂商集聚在一起是为了从规模经济获益。新贸易理论给出了“本地市场效应”的概念，它指的是：某一种产品的出口国必定是该产品有较大本地市场的国家，在存在规模报酬递增的情况下，如果某产品在某国的市场较大，则该产品可以在更大规模下生产，则其生产成本就更低，从而成为该产品的进出口国。该结论恰恰与传统贸易理论相左。

新古典理论的特征为完全竞争、同质产品以及非报酬递增。区位的决定是外生的，即由自然禀赋、技术和要素的空间分布来决定。经济活动是集聚还是分散依赖于这些因素的集聚还是分散。主要的区位模式是产业之间的专业化：各部门选择在能够发挥比较优势的区位。新贸易理论的市场规模是外生给定的，其假设为不完全竞争、差别化产品和报酬递增。其一般结果是：第一，存在产业间的专业化，产业部门的区位是最接近产品市场的区位；第二，厂商之间存在产业内的专业化，每个厂商生产唯一的、差别化的产品种类。当贸易成本为零时，所有报酬递增的活动倾向于集聚在核心市场，在核心与边缘之间的产业内的贸易将消失。

新贸易理论超越传统观点的四个方面①是：第一，国家间相似产品的贸易（产业内贸易）是因为从报酬递增获利的专业化，而不是国家间的比较利益以及要素禀赋的差异；第二，专业化在一定程度上是历史的偶然。某个产业的特别区位在很大程度上是不确定的和历史依赖的。但是，一旦专业化模式建立起来，该模式将通过累积过程而“锁定”；第三，生产要素的需求在不完全竞争条件下将依赖微观水平的生产技术条件，要素需求的演化不能预先知道；第四，相对于传统贸易理论倡导的自由贸易的模式，新贸易理论提出使用贸易政策对某些地区的有效性。战略性的贸易政策可以引导一个国家转向其喜欢的国际经济专业化模式。

当然，新贸易理论仍存在着不完善的地方，因为它仍然假定外生的地理优

---

① Martin, Ron., Sunley, Peter. Paul Krugman's Geographical Economics and Its Implications for Regional Development Theory: a Critical Assessment. Economic Geography, 1996, 72 (3), 267: 259—292.

势。虽然模型中的两个国家不存在比较利益，但它假定了一个国家的经济规模比另一国家的经济规模大，却没有解释这种差异是如何产生的。新经济地理学在此处进行了关键的改进，在允许要素流动的情况下将两个经济的经济规模内生化了。新经济地理学与新贸易理论的区别在于：产品跨区域贸易是有成本的以及制造业劳动力可以流动。存在运输成本使得消费者有迁往较大区域的动机，因为这样他们可以节约运输成本，从而提高了他们的真实收入。

（3）新增长理论

新古典增长理论存在两大缺陷。首先，新古典理论无法解释各国经济增长从长期来看的差异性。新古典增长理论的一个重要结论是“收敛定理”，即从长期来看各国经济增长速度将趋于一致。各国的长期经济增长率等于技术进步率。各国在技术进步率一致的情况下，经济增长率最终将趋于一致。其次，新古典增长理论将长期经济增长的决定因素归结为外生的技术进步，然而却没能说明技术进步的来源。即它一方面将技术进步看作是经济增长的决定因素；另一方面，又假定技术进步是外生变量而不加考虑。基于以上问题，经济学家一直致力于将技术进步内生化的探索，内生增长理论由此而生。

内生增长理论（新增长理论）的产生以罗默[①]和卢卡斯[②]两篇论文为标志。虽然其理论并没有统一的模型框架和结论，但却有相同的观点，即经济增长是经济系统内生变量作用的结果。从分析框架上来说，新增长理论可以分为两类：完全竞争条件下的新增长模型和垄断竞争条件下的增长模型[③]。垄断竞争框架的新增长模型采用 D-S 型的生产函数。模型以产品种类数的动态演化来体现经济增长。这类模型主要有：罗默[④]的知识驱动模型、里维拉-罗默模型[⑤]和扬[⑥]模型。

---

① Romer，P. M. Increasing returns and long-run growth，Journal of Political Economy，1986，94（5）：1002—1037.

② Lucas，R. On the Mechanics of Economics Development. Journal of Monetary Economics，1988，22：3—42.

③ 谭成文. 基于人口移动和知识溢出的经济增长与集聚研究［D］. 北京：北京大学博士学位论文，2002。

④ Romer，P. Endogenous Technological Change. Journal of Political Economy，1990，98：71—102.

⑤ Rivera-Batiz，L. A. & Romer，P. M. Economic integration and endogenous growth. Quarterly Journal of Economics，1991，106（2）：531—555.

⑥ Young，Alwyn. Invention and Bounded Learning by Doing. Journal of Political Economy，1993，101（3）：443—472.

罗默给出了产品种类数自发演进的内生增长模型。罗默模型引入一个不变规模报酬的最终产品部门，但该部门对中间投入品具有多样化偏好，即具有D-S模型的特征。产品种类数的增加会导致生产率的增加。然而，中间产品种类数是由市场内生决定的。随着中间产品种类数的内生增长，从而实现了经济累积增长的过程。中间产品部门生产中间产品的过程是这样的。生产某一中间产品 i 的厂商必须投资 b 单位最终产品 y 来做研究，以发明产品 i。一旦发明后，厂商可取得专利，因而获得市场垄断权。与此同时，生产中间产品还需要一定的最终产品作为可变成本。这样，生产中间产品需要固定的研发成本和可变成本，从而建立了线性的报酬递增的生产函数。然而，不同中间产品又具有可替代性，所以，厂商的自由进入使得中间产品未来总利润的贴现值刚好等于发明产品 i 的投资 b。里维拉-罗默的单部门模型思路与上面是一致的，只不过研究部门和物质产品部门的生产函数都是D-S型的。最后的结论也一致。

新增长理论由于将D-S模型动态化，所以可以称之为D-S模型的时间版本（动态版本）[①]。对于新经济地理学来说，其所做的工作是将D-S模型向地理空间扩展，所以可以称之为D-S模型的空间版本。

4.1.5 新经济地理学思想的演进

综上所述，新经济地理学将厂商层次的报酬递增纳入到了一般均衡的框架，解决了经济学长期以来厂商层次报酬递增与竞争性一般均衡不相容的问题。在新贸易理论和新增长理论对D-S模型成功应用的基础上，新经济地理学模型实现了经济学向地理空间的扩展。在复杂科学的启发下，新经济地理学模型所推演出来的结论包含了多重均衡、路径依赖和“锁定”等特征，这在一定程度上解释了现实中各种地理集聚产生与发展的内在机制。

新增长理论探讨了报酬递增条件下经济活动的时间属性（动态过程），而新经济地理学通过将D-S模型向空间扩展探讨了经济活动的空间属性。在现实的经济中，经济活动同时具有时间属性和空间属性，因此探讨二者的结合就

---

① 杨小凯．经济学原理［M］．北京：中国社会科学出版社，1998。

表 4-1　新经济地理学思想的演进

	新古典理论	新贸易理论	新经济地理学
市场结构	完全竞争	垄断竞争	垄断竞争
区位的决定	技术的差异 自然资源禀赋的差异 要素禀赋与要素密度	工厂水平的报酬递增的程度 差别产品的替代性 本地市场的大小	金钱的外部性 贸易成本
产业的区位	经济活动的总体分布由给定的禀赋决定 产业间的专业化 唯一的均衡	经济活动的总体分布是内生的 产业内和产业间的专业化 唯一的均衡	经济活动的总体分布是内生的向心的集聚力 产业内和产业间的专业化 多重均衡 “U” 形曲线
贸易结构	产业间的贸易	产业间和产业内贸易	产业间和产业内贸易
贸易自由化的福利效应	可获得净福利 所有国家都有利可图 要素缺乏的区域失去优势	可获得净福利 大国获利更多 具有所有要素的拥有者取得优势	可获得净福利 一体化的中间阶段边缘会失去优势 一体化的高级阶段核心会失去优势

资料来源：Brulhart，Marius. Economic geography，industry location and trade：The evidence. World Economy，1998，21（6）：775—801.

成为顺理成章的事情，相应的问题则是经济集聚与经济增长的互动。谭成文[①]指出：“两种理论模型分别从不同的方面来解释经济现象，而其解释客体——经济增长和经济集聚——却是‘同一硬币的两面’。”在新经济地理学发展的过程当中，不少经济学家认识到经济增长与经济集聚的不可分割性，并进而建立了诸多模型来解释经济增长与经济集聚的互动关系。

最早的结合研究是由马丁等[②]给出的跨时前后向联系的模型。模型由两个国家和三个部门组成：一个是完全竞争的，一个是垄断竞争的，另外一个是R&D 部门，它也是完全竞争的，使用差别化的、专业化的生产者服务作为唯

① 谭成文．基于人口移动和知识溢出的经济增长与集聚研究［D］．北京：北京大学博士学位论文，2002。

② Martin，P.，Ottaviano，G. Growing Locations：Industry Location in a Model of Endogenous Growth. European Economic Review，1999，43，281—302.

一的投入品来发明新的工业产品种类。经济的集聚导致增长率的提高。贸易成本的缩减能够导致集聚和更快的增长。接着博德文等[①]给出了一个由知识溢出导致的经济增长的模型。更为深入的工作包括藤田等[②]和谭成文[③]所做的尝试。未来的工作则是在现有研究的基础之上，更为深入地研究经济集聚与经济增长的关系。

通过上述分析，下面给出 D-S 模型及其理论拓展的分析框架（如图 4-1 所示）：

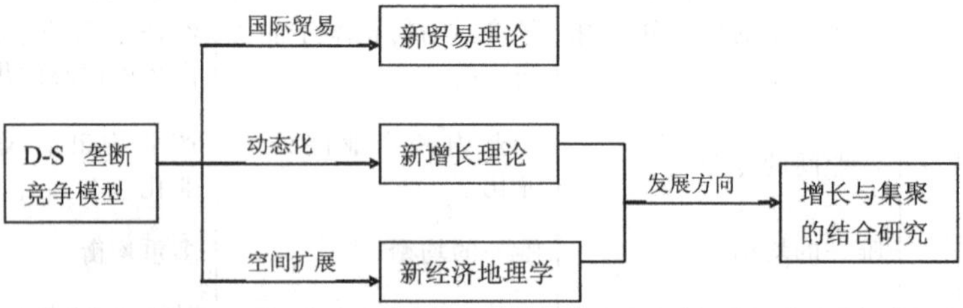

图 4-1　D-S 模型及其理论拓展的分析框架

4.2　新经济地理学研究综述

新贸易理论和新增长理论所采用的报酬递增思想为解释空间集聚现象提供了可能的途径。但是，新贸易理论和新增长理论对空间问题如何与报酬递增相结合来解释空间集聚问题却十分有限。比如，新增长理论因为缺少空间的含义，也没有要素的流动，所以难以对空间集聚现象提供解释。新贸易理论的问题在于，第一，新贸易理论和传统的贸易理论一样，仍然包含了要素禀赋对经济集聚所产生的作用。虽然它假设两个国家不存在比较优势，但却假设市场有大小之分；第二，它没有解释为何各个特别产业的厂商倾向于相互接近，从而导致区域专业化；第三，它没有考虑工业化发展的时序性，在现实中发展中国

---

① Baldwin, R. E., Martin, P. and Ottaviano, G. I. P. Global income divergence, trade and industrialization: the geography growth take-offs. NBER Working Paper, no. 6458, 1998, Cambridge, Mass.

② Fujita, M., Thisse, J. On the Relation between Agglomeration and Growth. (In) Economics of Agglomeration. Cambridge, U. K.: Cambridge University Press, 2002: 388—432.

③ 谭成文．基于人口移动和知识溢出的经济增长与集聚研究［D］．北京：北京大学博士学位论文，2002。

家的工业化发展是快速工业化的波浪渐次从一国波及另一国[①]。

在新贸易理论和新增长理论对 D-S 模型成功运用的基础之上，“新经济地理学”应运而生。藤田[②]于 1988 年在《区域科学和城市经济学》上发表的《空间集聚的垄断竞争模型》及克鲁格曼[③]于 1991 年在《政治经济杂志》上发表的《报酬递增和经济地理》，标志着新经济地理学研究的开始。此后，诸多经济学家在这一领域发表了一系列文章和著作：克鲁格曼与维纳布斯[④]联合发表的《全球化和国家间的不平等》（1995）、《一体化、专业化和调整》（1996）[⑤]和《无缝的世界：国际专业化的空间模型》（1997）[⑥]，蒲格的《区域不平等的缘起和消失》（1998）[⑦]，蒲格与维纳布斯联合发表的《产业扩散：空间集聚和经济发展》（1996）[⑧]，维纳布斯的《垂直关联产业的均衡区位》（1996）[⑨]和《地理与专业化：在一个环形平原上的产业带》（1998）[⑩]，使新经济地理学理论研究逐渐丰富。藤田、克鲁格曼和维纳布斯于 1999 年出版的《空间经济：城市、区域和国际贸易》[⑪]一书，则集成了近十多年来新经济地理学研究的主要成果。

---

① Ottaviano, Gianmarco., Puga, I. P. Diego. Agglomeration in the Global Economy: A Survey of the 'New Economic Geography'. CENTRE for ECONOMIC PERFORMANCE Discussion Paper No. 356, August 1997.

② Fujita, M. A monopolistic competition model of spatial agglomeration, Regional Science and UrbanEconomics, 1988, 18 (1): pp87—124.

③ Krugman, P. Increasing Returns and Economic Geography, Journal of Political Economy, 1991, 99: 483—499.

④ Krugman, P. and A. J. Venables. Globalization and the Inequality of Nations. Quarterly Joournal of Economics, 1995, 110: 857—880.

⑤ Krugman, P. and A. J. Venables. Integration, Specialization, and Adjustment. European Economic Review, 1996, 40: 959—967.

⑥ Krugman Paus and A. J. Venables. The seamless World: A Spatial Model of International Specialization. Mimeograph, Massachusetts Institute of Technology, Cambridge: MA, 1997.

⑦ Puga, D. The Rise and Fall of Regional Inequalities. European Economic Review, 1998, 43: 303—334.

⑧ Puga, Diego and A. J. Venables. The Spread of Industry: Spatial Agglomeration in Economic Development. Journal of the Japanese and International Economies, 1996, 10: 440—464.

⑨ Venables, A. J. Equilibrium Locations of Vertically Linked Industries. International Economic Review, 1996, 37: 341—359.

⑩ Venables, A. J. Geography and Specialization: Industrial Belts on a Circular Plain. In R. Baldwin, D. Cohen, A. Sapir, and A. J. Venables, eds., Regional Integration. Cambridge: Cambridge University Press, 1998.

⑪ Fujita, M., P. Krugman & A. Venables. The Spatial Economy: Cities, Regions, and International Trade. Cambridge: MIT Press, 1999.

其后，布莱克曼等[①]于2001年出版的《地理经济学导论——贸易、区位与增长》对新经济地理学的核心—边缘模型以及其后各方面的拓展进行了全面的描述。藤田等[②]于2001年出版的《集聚经济学——城市、产业区位和区域增长》对新经济地理学的理论基础及拓展进行了更为全面的论述。博德文等[③]出版的《经济地理与公共政策》一书不但总结了新经济地理学的模型体系，并从一般意义上以及贸易政策、税收政策和区域政策上探讨了新经济地理学模型所体现的政策含义。

在本书的前面提到，国际贸易理论首先用比较利益和要素禀赋来解释国家之间的贸易，也即国家之间的贸易是由生产要素的自然分布引起的，国家之间的差异是国际贸易发生的原因。接着，在20世纪80年代出现的新贸易理论对当时国际贸易的新特征予以解释，即发达国家之间的同一产业内相似产品的贸易占国际贸易很大份额的现象。通过Dixit-Stiglitz垄断竞争模型和差别化产品，一个国家可以因为本身市场较大从而获得后天的比较利益，这是从规模经济所获得的好处。某一国家有可能出口没有比较优势的产品，这是因为报酬递增可以产生内生比较优势。尽管我们知道国家之间因多种原因导致要素是不完全流动的（特别是劳动力要素），但假设要素不可流动仍与现实情况有差距。最后，新贸易理论没能考虑运输成本对经济的空间配置的影响。基于上述不足，在1991年克鲁格曼建立了一个一般均衡模型，沿用新贸易理论的基本建模手段，即仍采用Dixit-Stiglitz垄断竞争模型和差别化产品的假设，将运输成本融入该模型框架中，并令劳动力要素可以因工资的差异在区域间流动，从而实现了经济学向地理空间的扩展。该模型的均衡结果之一是可能形成制造业在某个区域完全集聚（核心）而另一个区域没有制造业（边缘）的经济空间结构，所以被称为核心—边缘模型（Core-Periphery Model）。克鲁格曼将该研究方向称为“新经济地理学”（New Economic Geography）。而我们认为，该研究方向仍然沿用了主流经济学的一般假设，具有很好的经济学微观基础。所以，如果采用“地理经济

---

① Brakman，S.，Garretsen，H.，Marrewijk，C. An Introduction to Geographical Economics-Trade，Location and Growth. New York：Cambridge University Press，2001，128—166.

② Fujita，M. and Thisse Jacques-Francois. Economics of Agglomeration-Cities，Industrial Location，and Regional Growth. Cambridge University Press，2001.

③ Baldwin，R. Forslid，R. Martin，P. Ottaviano，G. and Bobert-Nicoud，F. Economic Geography and Public Policy. Princeton University Press，2003.

学”[①] 更为贴近其模型的本质，且较少引起经济地理学家的争议。

新经济地理学的“新”，不是因为其所研究的问题具有新意，而是在于其对空间集聚的新的思维方式和全新的处理问题的方法。正如美尔顿[②]所说，“新经济地理学”区别于传统的区位理论的特征是：①空间均衡。由一组方程同时决定产品的价格和数量，厂商自由进出使得每一代表性厂商的利润为零；②生产技术的报酬递增是产业集聚的基本机制；③垄断竞争的市场结构，通常是狄克希特-斯蒂格里茨（Dixit-Stiglitz）类型的生产函数；④具有一定的空间结构；⑤允许至少一种生产要素在区域间流动，使得空间集聚能够实现。

藤田（Masahisa Fujita）等将新经济地理学模型的核心归纳为：D-S 模型、冰山交易成本、演化和计算机技术。引入萨缪尔森的“冰山”形式的运输成本（贸易成本），这种对运输成本的处理方式被克鲁格曼称为“冰山交易技术（Iceberg Transport Technology）”。这种处理方式避免了引入运输部门所带来的模型复杂化问题。“演化”指的是劳动力跨区域迁移（调整）的比较静态过程，在一定的初始条件下，模型计算出各地区劳动者的真实工资，工资的差异促使劳动力跨区域迁移，这种迁移可能导致工资的均等化。然而，如果在劳动力的跨区域流动的调整过程中，有可能当劳动力完全集聚到某一区域时，真实工资差异仍然没有消失，则这就形成了集聚。这种集聚与分散的最终结果与运输成本的大小以及其他参数相关。“计算机技术”指的是新经济地理学所推导出来的非线性方程组求解非常依赖计算机模拟技术，通过数学模拟才可能观察到复杂的非线性方程后面纷繁的经济故事。

4.2.1　新经济地理学的特征

区位理论的传统可以总结为以下 5 点[③]：

① 经济空间是各种形式的报酬递增及不同种类的迁移成本之间权衡的结果；

---

① Brakman S，Garretsen H. Rethinking the ‘New’ Geographical Economics. Regional Studies，2003，37（6&7）：637—648.

② Meardon，Stephen. J. Myrdal，Perroux and the New Economic Geography：Modeling Agglomeration and Dispersion in City and Country Gunnar Myrdal，François Perroux，and the New Economic Geography. American Journal of Economics & Sociology，2001，60（1）：30.

③ Ottaviano，Gianmarco and Jacques-Fransois Thisse. New Economic Geography：what about the N? in the handbook of urban and regional economics，26 January 2004.

② 价格竞争、高运输成本和土地利用产生了生产和消费的分散力量；

③ 当厂商生产差别化产品以及运输成本较低时，厂商喜欢聚集在大城市区；

④ 城市能够提供大量的最终产品和特别的劳动力市场，这能够吸引消费者和工人；

⑤ 集聚包含供给与需求的累积过程。

这 5 点也概括了新经济地理学的主要含义。与传统的区位理论不同的是，新经济地理学将上述分散的思想综合到了一个一般均衡的框架之中。博德文等[①]将经济地理学的特征概括为：本地市场效应、循环累积因果、内生的非对称性、突发性集聚、地方性滞后效应、自我完成的预期以及本地市场扩张。

(1) 本地市场效应

新经济地理学的一个关键特征是“本地市场效应”。当然，“本地市场效应”并非是新名词，新贸易理论的特征之一也是“本地市场效应”。它指的是：因为某种原因，某地具有较大的本地市场。较大的本地市场使厂商可以在更大规模下生产。如果存在厂商水平的报酬递增，更大的规模意味着更高的收益。这会吸引新厂商的迁入。最终，较大的本地市场使该地成为产品的净出口地，这与传统的国际贸易理论的结论恰恰相反。传统的国家贸易理论认为，具有加大本地市场的区域因为有更大的需求，因此成为产品的净进口地。

(2) 累积因果循环

新经济地理学的集聚力是自我加强的。“累积因果循环”用来体现这种经济活动的反馈现象：上游生产部门的扩张能够导致下游生产部门的扩张，并反过来又导致上游生产部门的扩张，这样形成了互为因果的正反馈循环。与本地市场效应相同的是，“累积因果循环”并非仅仅是新经济地理学的特征。具有地方外部性的模型，无论是金钱的还是技术的外部性，都能够体现累积因果循环的过程。新经济地理学所强调的是与贸易壁垒水平相关的累积因果循环。

(3) 驼峰形的集聚租金

累积因果循环的强度与贸易自由度之间的关系如图 4-2 所示，该特征被称为“驼峰形的集聚租金”。考虑这样一种情况：所有厂商都集聚在一个区域，

---

① Baldwin RE, Forslid R, Martin Ph, Ottaviano GIP, Robert-Nicoud F, Economic Geography and Public Policy. Princeton: Princeton University Press, 2003: 227—242.

则集聚租金定义为一个厂商迁移到其他区域所遭受的损失。“驼峰形”指的是：集聚租金是贸易自由度的凹函数。该图显示集聚租金在 $\phi=\phi^{S}$ 和 $\phi=1$ 时为 0，在 $\phi^{S}<\phi<1$ 时为正。因此，从 $\phi=\phi^{S}$，随着贸易自由度的提高，集聚租金首先提高，然后降低。

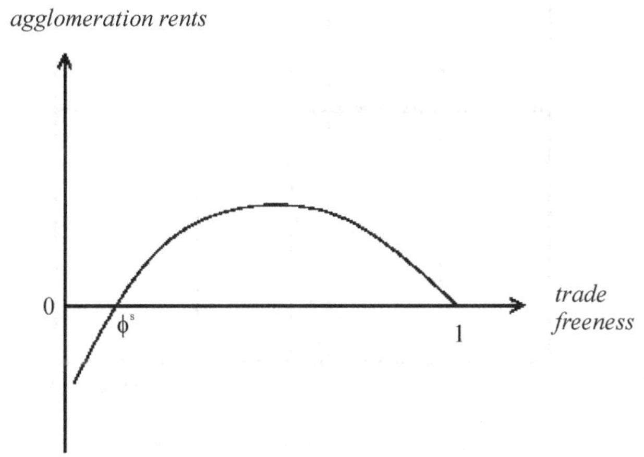

图 4-2　贸易自由度与集聚租金

资料来源：Baldwin RE，Forslid R，Martin Ph，Ottaviano GIP，Robert-Nicoud F，Economic Geography and Public Policy. Princeton：Princeton University Press，2003

（4）内生的非对称性

经济起始于两个完全对称的区域和高的贸易壁垒，随着贸易自由度的增加，经济会向某个区域集聚，并最终形成非对称结构。这种内生的非对称性是新经济地理学区别于新贸易理论的关键。新贸易理论在模型推演的初始假定了两个大小不同的区域，虽然二者之间不存在比较优势，但这种先天市场大小的差异是获得规模经济好处的关键，而新经济地理学则不存在这种差异。经济最终的差异是模型演化的结果。

（5）突发性集聚

考虑经济初始时是对称结构和高贸易壁垒的情形。随着贸易自由度的增加，厂商的地理分布起初并不会发生变化，直到到达破裂点 ϕ^{B}，如图 4-3 所示。一旦贸易自由度到达了这一点，贸易自由度再增加很小的量都可能导致经济向某一区域突然集聚，并发展成为长期的集聚结果。当然，哪个区域会成为集聚中心并不能通过模型获得。这时，一些偶然性因素或者一些看似微不足道的原因就可导致经济向某个区域集聚。而且一旦发生集聚，则该集聚过程难以逆转。

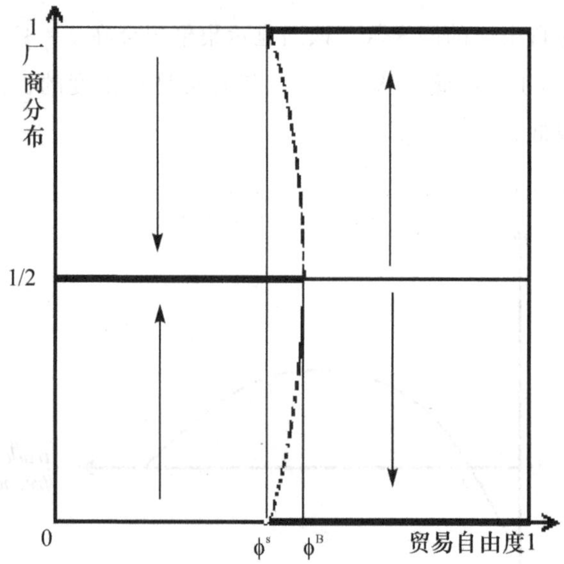

图 4-3　贸易自由度与厂商分布

资料来源：Baldwin RE，Forslid R，Martin Ph，Ottaviano GIP，Robert-Nicoud F，Economic Geography and Public Policy. Princeton：Princeton University Press，2003

（6）地方性的滞后效应

“地方性的滞后效应”指的是当存在多个长期均衡结果时，历史将起重要作用。考虑经济起始于非对称结构，即所有厂商都集聚在一个区域，贸易自由度 $\phi > \phi^B > \phi^S$。那么经济长期的结果是所有厂商都集聚在这一区域。然而，如果某一巨大的冲击导致大多数厂商迁往另一区域，则所有厂商最终将集聚在那儿。这里最重要的问题是一个暂时的冲击也可能起重要作用。即便是这种冲击消除了以后，经济结构仍不可逆转。这就是历史的作用或“路径依赖”：暂时的冲击具有长久的效应。

（7）自我完成的预期

当贸易自由度在 $\phi^S < \phi < \phi^B$ 时，Baldwin 等称之为“重叠区”。当厂商更关心未来以及市场扩张效应非常强烈时，这样一个区间表明经济分散和集聚的最终结果能够通过预期的改变来实现。如果厂商预期到某个区域可能成为集聚中心并迁往那里，累积因果循环的存在强化了这种预期，并最终导致这个区域成为集聚中心。

4.2.2　新经济地理学的集聚力和分散力

新经济地理学的主要突破之处在于将经济优势归因于经济主体的相互作用，而不是传统贸易理论所说的先天的、自然的差异。这种相互作用的力量可分为导致集聚的力量和导致分散的力量，如图 4-4 所示。对于集聚力，克鲁格曼借鉴了马歇尔的地方化外部经济的概念以及赫希曼的前后向联系的概念。对于分散力，克鲁格曼按照城市经济学的传统，考虑了不可流动要素的作用（如土地、自然资源、国家间的劳动力）、租金以及外部不经济（如拥挤成本）[①]。然而，作为最初的新经济地理学模型（核心—边缘模型），模型的集聚力来自于厂商层次的报酬递增、消费者多样化偏好以及运输成本之间相互作用所产生的本地市场效应以及价格指数效应。模型的分散力来源于对分散生产的农产品的需求。其后的模型丰富了新经济地理学的集聚与分散机制，比如，温纳波斯[②]提出了一个通过产业的上下游联系产生集聚过程的模型，该模型借鉴了赫希曼的前后向联系的思想。藤田等[③]在其模型中引入了中间产品部门，其思想来源于马歇尔的三个外部经济之一：地方的专业化有助于中间产品价格的降低。不过，对于新经济地理学模型，至今对马歇尔所提到另外一个外部性无能为力，即厂商集聚的地区所产生的劳动力市场的共享效应。布莱克曼等[④]的模型修正了制造业的生产函数，并将拥挤效应的负反馈过程引入模型。其典型的制造业生产函数为 $l_{ij}=\alpha(N_j)+\beta(N_j)x_i$。在该模型中，可以假定随着产品种类数的增长，边际成本和固定成本都会上升，这隐含了因为集聚所产生的拥挤、地价上升等现象。拥挤效应是导致小的区域也可能成为集聚中心的原因。拥挤效应的存在使得经济在发展到了一定程度时，厂商和劳动力有向边缘地区流动的动力，这在一定程度上体现了“扩散效应”在起作用。

---

① Marques，Helena. The ‘new’ economic theories. Woking Papers，Investigação-Trabalhos em curso-n? 104，Maio de 2001.

② Venables，A. J. Equilibrium Locations of Vertically Linked Industries. International Economic Review，1996，37：341—359.

③ Fujita，Masahisa.，Hamaguchi，Nobuaki. Intermediate Goods and the Spatial Structure of an Economy. Regional Science and Urban Economics，2001，31：79—109.

④ Brakman，S.，H. Garretsen，R. Gigengack，C. can Marrewijk，and R. Wagenvoort，Negative feedbacks in the economy and industrial location，Journal of Regional Science，1996，36：631—652.

- 集聚力
  - 外生
    - 资源的不均衡分布
    - 边界
  - 内生
    - 技术的外部性
    - 信息溢出
    - 非市场相互作用如面对面交流
    - 金钱的外部性
    - 垄断竞争模型
    - 战略的外部性
    - 大的厂商、地方政府、当地公共产品、公共设施
- 分散力
  - 空间的分散活动
    - 使用当地资源，如采矿
    - 土地密集型活动，如农业
    - 相对不易流动的人口
  - 拥挤效应
    - 技术的
      - 拥挤
      - 污染
      - 交通拥挤
    - 金钱的
      - 地租
      - 劳动力成本
      - 其他要素成本
  - 竞争
  - 贸易条款效应

图 4-4　经济中的集聚力与分散力

资料来源：Meardon，Stephen J. Myrdal，Perroux and the New Economic Geography：Modeling Agglomeration and Dispersion in City and Country Gunnar Myrdal，Fran? ois Perroux，and the New Economic Geography. American Journal of Economics&Sociology，2001，60 (1)：25.

4.2.3　新经济地理学的累积循环过程

新经济地理学的累积因果循环机制可以被总结为四种机制[①]：劳动力流动、通过中间产品的投入—产出联系、要素累积与跨时联动和历史与预期。

通过劳动力流动产生集聚的过程是这样的：集聚程度较高地区的消费者对它们所消费的大多数产品种类不必支付运输成本，所以消费价格指数在聚集的区域相对较低（价格指数效应）。更多厂商的进入导致对劳动力的更多需求，所以名义工资在更集聚的区域也会提高。厂商支付更高的名义工资与其集聚所获得的收益相抵消。这样，在更为集聚的区域，劳动力的真实工资（名义工资

---

① Ottaviano，G. and Puga，D. Agglomeration in the Global Economy：A Survey of the New Economic Geography. Centre for Economic Performance，Discussion Paper No. 356. 1997.

除消费价格指数）就更高，这种劳动力的真实工资差异鼓励劳动力从其他区域的迁入。劳动力的迁入会导致名义工资的下降。名义工资的下降接着又给厂商一定的利润空间，促使厂商的迁入，从而形成一个累积循环的过程。[①]

新经济地理学的累积因果循环的第二种机制是通过中间产品的投入—产出联系起作用的。克鲁格曼[②]的模型是基于美国的特征事实。然而，欧洲的经济现实在考虑一体化和劳动力流动方面与美国的经济事实十分不同。欧洲的经济活动的集聚程度不高，而收入差异更高。美国的累积过程可以由克鲁格曼的模型很好地解释，但是在欧洲，国家之间劳动力流动相对较弱，通过劳动力流动来体现经济集聚就不再有效。产业的区位变化不是通过劳动力流动来实现，而是通过中间产品部门[③]以及上下游产业的联系[④]来实现的。通过中间产品作为媒介所形成的集聚机制是这样的：在一个更为集聚的区域，最终产品部门的生产对中间产品有更大的需求，从而使上游产业可以在更大生产规模下从事生产。对中间产品部门而言，中间产品部门的规模报酬递增意味着中间产品的生产成本较低，相应的其利润空间越高，这促使中间产品厂商的迁入。与此同时，对最终产品部门而言，中间产品部门更大规模下生产意味着中间产品的价格较低，相应地其生产成本较低，这促使其他地区的最终产品部门的厂商迁入（如图 4-5 所示）。

通过内生增长和跨时联动所产生的集聚机制是新经济地理学与内生增长理论相融合而产生的，这种模型产生了增长与集聚相互加强的过程。马丁等[⑤]的模型中，假定 R&D 部门使用复合的差别化产品作为投入品生产新产品种类，该部门就这成为定位于此的大多数 R&D 活动增长的引擎。这使得接近更多 R&D 活动的产业有更快的增长。通过增长联系，增长和集聚相互加强。该模型中引入了另一生产要素：资本，这在克鲁格曼以前的模型中还没有用到。接

---

① Fujita, M., Krugman P. and A. Venables. The Spatial Economy: Cities, Regions, and International Trade. Cambridge: MIT Press, 1999.

② Krugman, Paul. Increasing Returns and Economic Geography. Journal of Political Economy. 1991, 99: 483—499.

③ Krugman, P. and Venables, A. J. Globalization and the Inequality of Nations. Quarterly Joournal of Economics. 1995, 110: 857—880.

④ Venables, A. J. Equilibrium Locations of Vertically Linked Industries. International Economic Review, 1996, 37: 341—359.

⑤ Martin, P. and G. Ottaviano, Growing Locations: Industry Location in a Model of Endogenous Growth. European Economic Review, 1999, 43, 281—302.

近资本生产部门的其他产业具有学习效应，这成为集聚之源。

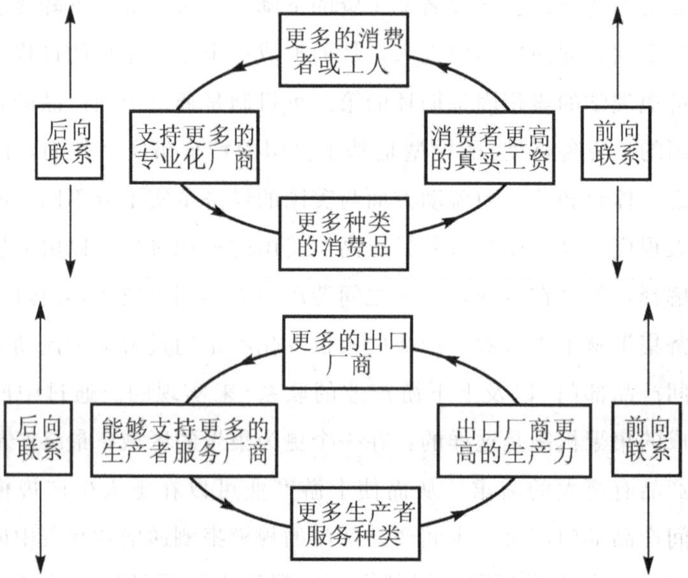

图 4-5　新经济地理学通过中间产品所体现的累积过程

资料来源：Fujita，M. And T. Mori. The Role of Ports in the Making of Major Cities: Self-agglomeration and Hub-effect. Journal of Development Economics，1996，49：93—120.

因为新经济地理学模型的多重均衡的特征，因此历史与预期可能成为经济走向哪个均衡结果的决定力量。比如，两个区域的经济规模如果有一个小的初始差异，这样的一个小的非对称则可能产生一个集聚的过程。历史的原因可以导致起初相同的区域可能存在小的非对称性，从而产生了集聚的过程。克鲁格曼①引用了系统科学的灾变概念来解释这种突发的集聚现象：模型中一些关键参数的改变（比如产品之间的替代弹性、某个地区的产业份额、运输成本等）可能导致经济跳跃式地、非连续地走向完全不同的均衡结果。然而，自我强化的预期可能超过历史的作用使得被历史所忽略的区域成为核心，这要在锁定效应、运输与迁移成本不太高的情况下才可能发生。当然，预期也可能加强历史的作用。

多重均衡的存在是新经济地理学的问题之一，这为我们应用新经济地理学

① Krugman，Paul. History versus Expectations，Quarterly Journal of Economics，1991，106：651—667.

模型解释现实带来了困难和不确定性。对新经济地理学模型，它可以解释在什么样的运输成本和替代弹性下经济是否会产生集聚，但不能预言到底在哪个区域发生。问题是我们不仅想知道集聚是否会发生，而且还想知道集聚在哪里发生[①]。

4.2.5　新经济地理学与复杂科学的比较

（1）空间自组织模型与新经济地理学模型的比较

早期的复杂科学的空间自组织模型以彼特·艾伦（Allen，Peter.）的自组织模型为代表。他曾于 20 世纪 80 年代初期与桑格利尔（Sanglier，M.）一道提出了一种基于耗散结构理论的城市与区域空间系统自组织模型——A-S 自组织模型。艾伦等曾经应用该模型对 1950 年到 1980 年美国的城市结构变化进行模拟并相当精确地模拟了历史情况。他与同事一起还对塞内加尔、比利时、布鲁塞尔等地进行模拟，也取得了令人鼓舞的结果。[②] 谭遂的研究[③]则是结合 A-S 自组织模型和新经济地理学模型的典范。针对中国珠江三角洲进行的实证研究也取得了很好的效果。

在艾伦等的分析中，城市与区域空间系统由 50 个区位点表示。空间系统的生长由人口的增长和企业数的增长的两个 Logistic 方程所决定。一个区位上外部需求的增加将会导致城市对外部门的就业机会的增多，从而会增加当地的人口；而一旦当地人口增加以后，反过来又会增加对当地产品和服务的需求。与此同时，居民和投资者（企业）又因为争夺有限的空间而形成负反馈。

Allen 从系统科学中的人口增长模型出发对城市对人口与企业的吸引力所导致的区域空间格局的演变进行研究。由于其系统动力学的特征，因此没有很好的经济学微观基础，其结论也更多地表现为一种经验的总结，模型中对于城市的“承载能力”的解释难以令人满意。与空间自组织模型相比，新经济地理

---

① Marques，Helena. The ‘new’ economic theories. Woking Papers，Investigação-Trabalhos em curso-n? 104，Maio de 2001.

② 迈因策尔·K. 著，曾国屏译. 复杂性中的思维：物质、精神和人类的复杂动力学［M］. 北京：中央编译出版社，2000.

③ 谭遂. 基于自组织理论的复杂空间格局演变模型研究［D］. 北京：北京大学博士学位论文，2002。

学模型虽然具有较好的微观经济基础，但却缺乏实证的研究，并且要将其模型应用到实践中尚存在一定难度。而且，新经济地理学模型通常是一维的，很难扩展到二维空间①。

（2）城市空间演化的微观模拟与新经济地理学比较

这些年，城市空间演化的模型研究倾向于向基于微观个体行为的模型方向发展，如元胞自动机模型、DLA 模型、逾渗模型、多主体模型等离散模型。这类空间演化模型首先确定空间相互作用的局部规则，然后观察和研究出现的宏观行为特征。② 元胞自动机就是一种模拟城市和区域系统比较有前景的框架。基于元胞自动机的研究近年来广泛成为利用复杂性科学理论分析城市和区域空间结构的理想切入点。

另外，基于主体建模（Agent-based Modeling，ABM）的方法在社会科学研究中逐渐受到重视。这种“自下而上”的模型策略是复杂适应系统理论、人工生命以及分布式人工智能技术的融合，目前已经成为继面向对象方法之后出现的又一种进行复杂系统分析与模拟的重要手段。③ 薛领在这方面进行了探索性工作，并以北京为例进行了应用探索。④

微观模拟研究与新经济地理学模型的最大不同是“自下而上”的模型策略。新经济地理学模型虽然有较好的微观基础，但微观个体都是具有相同特征的行为主体，严格按照经典经济学的一整套规则行事。毫无特征的厂商和个人的总和就是经济的宏观结果。与微观模拟模型相比，新经济地理学模型的微观行为太过简单。微观模拟模型则是通过多种微观主体的不同决策行为来决定整个经济活动的空间结构的。这些微观主体可以被描述成家庭、企业、政府等，它们各自有各自的行为，一同在时空的坐标上进行着各自的活动。经济空间的演化则是在微观主体规则的作用下涌现出来的。

（3）空间选择的随机模型与新经济地理学模型的比较

① 空间选择的随机模型

---

① 谭遂，杨开忠，谭成文．基于自组织理论的两种城市空间结构动态模型比较［J］．经济地理，2002（5）：322—326。

② 杨开忠，薛领．复杂区域科学：21 世纪的区域科学［J］．地球科学进展，2002（2）：5—11。

③ 薛领，杨开忠．城市演化的多主体（multi-agent）模型研究［J］．系统工程理论与实践，2003（12）：1—10。

④ 薛领．基于多主体的城市空间演化模拟研究［D］．北京：北京大学博士学位论文，2002。

一些理论学家如杜能（1826），克里斯塔勒（1933）和廖什（1944）等将产业的空间秩序看作是先天决定的，历史并不起作用。所观察到的产业空间形式是确定的空间经济问题的唯一“解”，早期的偶然事件不会影响产业的区位选择。另外一些地理学家将产业的区位选择看作是路径依赖的，即产业区位的选择与已存在的区位模式相关。虽然地理差异和交通的便利是重要的，但主要的驱动力却是集聚经济——接近其他厂商或产业的益处。这样，在初期，厂商的区位决定可能是由于一个地方地理因素的吸引，但后来厂商的区位选择则与地理无关①。阿瑟的模型涵盖了这两方面的因素，我们来看看他的建模方法和结果②。

有 I 种类型的厂商和 N 个区域。厂商是一个接一个地根据其偏好概率和收益“填”入区域的。厂商 i 选择区域 j 的净收益为 $\pi_j^i+g(y_j)$，其中 π_j^i 代表地理因素所引致的收益，$g(y_j)$ 代表因为厂商集聚所引致的收益。某一类型的厂商出现的概率为 p_i，区域 j 被选择的概率则为 $q_j=\sum p_k$，$k\in K$，其中 K 为所有 $\pi_j^i+g(y_j)>\pi_m^i+g(y_m)$ 的厂商类型。这样，对于 N 个区域，就有一个被选择的概率向量 $q=(q_1, q_2, \Lambda, q_N)$。在这样的假设下，设初始每个区域的厂商数为零，随着厂商逐个被“填”入区域，就会形成产业的集聚结构。

如果每个区域被选中的概率是给定的，则在不考虑集聚经济的情况下，厂商的区位分布收敛于这个预先给定的概率。比如，对于三个区域的情形，给定它们被选中的概率为 0.5、0.25 和 0.25。在当厂商数达到 197 的时候，它们在三个区位分布的份额为 0.528、0.221 和 0.251，接近预先给定的概率。在此情况下，历史的偶然事件对结果不会有影响，必然性占主导地位。模型的模拟结果如图 4-6 所示。

如果仅考虑偶然因素所起的作用，即每个新厂商选择某个区域不受以前厂商的影响，也不会影响以后厂商的选择，则模型推演的结果如图 4-7 所示。虽然随着厂商进入，每个区域的产业份额会趋于稳定，但每次演化所呈现的结果都是不同的。由此我们可以看到，偶然性对于产业集聚的影响力。

---

① Arthur, W. Brian. Inductive Reasoning and Bounded Rationality. American Economic Review, 1994, 84, 406.

② Arthur, W. Brian. Increasing Returns and Path Dependence in the Economy. The University of Michigan Press, 1994.

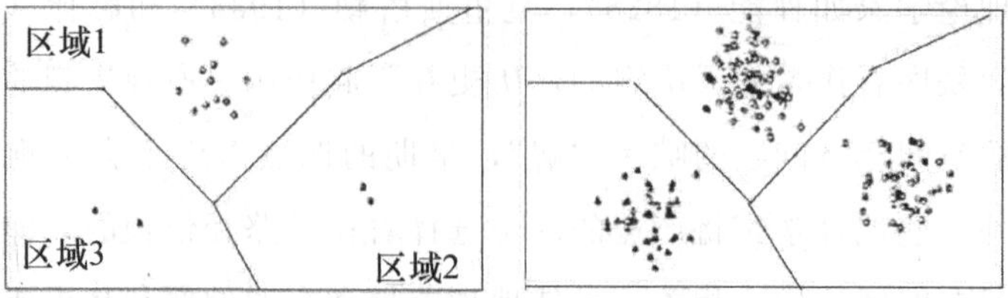

图 4-6　概率给定情况下厂商区位选择结果

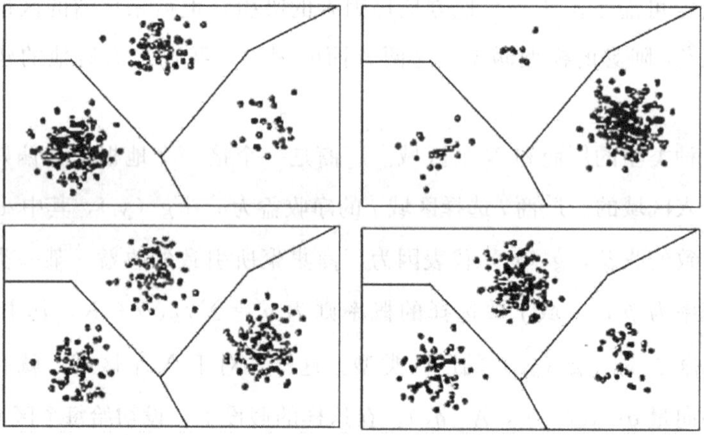

图 4-7　仅考虑偶然因素时厂商区位选择结果

在同时考虑偶然性与集聚经济的情形下，所得到的结果如图 4-8 所示。图左上显示了地理的偏好所起的作用。图右上和图左下显示了厂商集聚所起的作用。图右下显示了另一次模拟所推出的结果。在此情况下，无限的产业集聚过程一定会发生。也就是说，随着厂商的进入，某个区域的厂商会越来越多，最后居于压倒多数的地位。但我们事先又不知道哪个区域最终会胜出，所以历史的作用也相当重要。如果一个区域对多种类型的厂商都有地理的吸引力，则该区域最终更有可能发展成为厂商集聚的核心。

② 与新经济地理学模型的异同

两种区位选择模型的差异表现在：

A. 假设条件

新经济地理学首先假设经济主体的完全理性，这与主流经济学的传统一脉相承。消费者采用柯布-道格拉斯型的效用函数，这隐含了消费者的完全理性，即满足微观经济学关于消费者偏好的所有假设。另外，劳动者的迁移决策也是完全理性的，且只受区域间工资差异的影响。其实，在新经济地理的模型中，

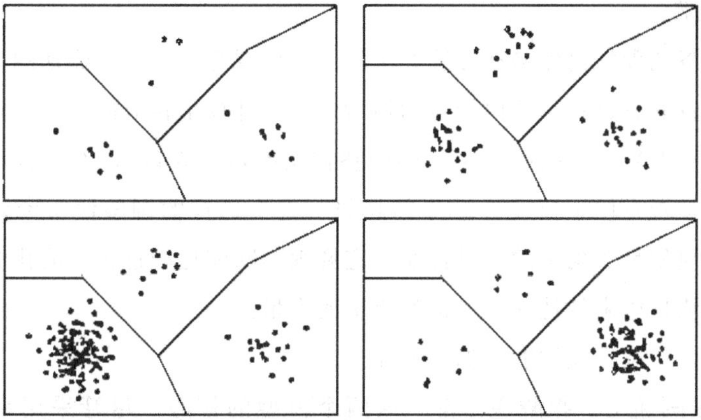

图 4-8　考虑偶然因素和集聚效应厂商区位选择结果

虽然有经济的参与者，但他们无差别，都具有同样的特征。决策过程体现在经济总量的变化上，而不存在事实上的微观决策主体。而且，劳动力跨区域流动的决策所依赖的经济变量也太过单一。

随机模型推演过程是“自下而上”的，每个厂商的区位选择都是厂商在考虑偏好和集聚所带来的收益后的结果，而整个区域形态的最终结果是由一个个单个厂商分散决策的总体结果。厂商的偏好以一种概率的形式出现，从而摒弃了经济主体完全理性的前提。阿瑟从认知科学的角度出发，详细地阐述了人类决策过程的有限理性。他认为，在复杂性存在的情况下，完美或演绎理性（Deductive Rationality）将不复存在。这是因为：我们的逻辑能力是有限的，同时复杂性的相互作用使我们不可能做出完全理性的决策。决策主体不能在预先假设其他主体完全理性的情况下做出决策，所以他不得不在决策之前猜测别人的行为，从而使决策行为建立在一环套一环的主观信念之上。这样，经济学建立在客观性之上的决策机制不复存在。阿瑟用“归纳推理”（Inductive Reasoning）来描述人类行为的有限理性[①]，即人类决策是动态的学习过程。

从另一方面来说，随机模型缺乏经济学基础。在我们惯常的经济学训练中，约束条件下的最大化或者最小化问题似乎是不变的真理，而对于随机模型的处理方法还有些不适应。或者我们可以认为，随机模型所处理的问题及方法与经济学毫不相关。

① Arthur, W. Brian. Inductive Reasoning and Bounded Rationality. American Economic Review, 1994, 84, 406.

B. 均衡

新经济地理学仍然恪守传统经济学的均衡观念。其人口流动的动态实际上是一种比较静态过程。即由给定的初始条件，计算出相应的真实工资。如果区域间工资有差异，则按照一定规则调整初始参数（人口），看调整后的参数所得的结果是否有使工资差异减小的趋势，直至这样的调整使工资差异为零为止。随机模型是非均衡的，是按照一定规则不断演化的过程。演化的结果纷繁多样，既依赖历史的选择，又依赖集聚的力量。

两种区位选择模型的相似之处在于：

A. 报酬递增。报酬递增都是这两个模型的核心。尽管采用报酬递增来解释经济现象的历史由来已久，但真正将其融入主流经济学的尝试并不多。新经济地理学之所以能够较为容易地为主流经济学所接受，其原因是他承袭了经济学的传统。其模型只不过是对主流经济学的稍微偏离，而在其偏离的方向上，也有前人为其作铺垫（如D-S垄断竞争模型、“冰山交易成本”、新贸易理论等）。阿瑟的思想则不然。阿瑟对于经济学的观点更像一场革命。希克斯（Hicks）曾警告说，承认报酬递增将使大多数经济学理论蒙难。不过，在阿瑟看来，报酬递增的理论并不会破坏标准的经济学理论，而是补充它①。

B. 推演结果都有路径依赖的特征。两个模型的结果中都包含了路径依赖的特征。新经济地理模型的结果显示，在多重均衡的情况下，哪个区域将发生制造业的集聚依赖于初始制造业的份额以及运输成本的大小。而一旦某个区域产生了集聚的力量，这种集聚力可能导致经济在此区域集聚。也就是说，一个区域处于经济的“核心”或是“边缘”可能与当初的初始状况相关。复杂科学模型的结果显示，模型每次演化的结果都是不同的，这与初始的随机性相关。一定的初始“偶然”再加上报酬递增，从而显示路径依赖的特征。

C. 事后决策或者调整。两个模型都忽略了预期的作用，即决策者只对过去和现在的信息感兴趣。早期的新经济地理学模型的人口迁移是针对当前的工资差异的，其人口流动不包含预期的作用，所以，其动态过程类似于进化博弈

---

① Arthur, W. Brian. Increasing Returns and the New World of Business. Harvard Business Review, July-Aug., 1996.

论中“模仿者动态”。当然，由于新经济地理学的决策过程是以经济总量的方式出现，我们看不到单个主体的决策过程，所以用进化博弈来解释这种人口的动态给人一种牵强或者似是而非的感觉。阿瑟的模型也是一个调整进化过程。厂商的决策与现有的厂商分布相关，所以是一种“现实的理性主义”（因为对未来没有完全的认识，所以是现实的有限理性）。

4.3　新经济地理学模型对地区差异的认识

新经济地理学模型在新贸易理论的基础上，允许劳动力跨区域流动，并通过劳动力流动来调节区域之间的工资差异。因此，新经济地理学模型可以用来考察劳动力流动与地区差异之间的相关关系。这里首先给出 1991 年克鲁格曼[①]建立的一个一般均衡模型。该模型的均衡结果之一是形成一个区域为产业集聚的核心而另一个区域为边缘的经济空间结构，所以被称为核心—边缘模型（Core-Periphery Model），该模型是新经济地理学的核心模型。另外，胡大鹏[②]就中国的区域差异与劳动力流动的现实背景建立了一个一般均衡模型，用来解释中国的区域差异以及未来区域差异的可能走向。我们这里拟通过剖析这两个模型的内在机理，来理解新经济地理学模型背后所体现的劳动力流动与地区差异的联系。

4.3.1　核心—边缘模型的劳动力流动与区域差异

如图 4-9 所示，模型有两个区域，以区域 1 和区域 2 来表示。模型有两个部门，制造业部门和农业部门。区域 1 的制造业部门有 N_1 个厂商，每个厂商都在报酬递增的技术下生产差别化产品，制造业厂商生产的产品的替代弹性为 ε。同理，区域 2 制造业部门有 N_2 个厂商。消费者将其收入的 $1-\delta$ 部分用来消费

---

① Krugman, Paul. Increasing Returns and Economic Geography. Journal of Political Economy, 1991, 99: 483—499.

② Hu Dapeng. Trade, Rural-urban Migration, and Regional Income Disparity in Developing Countries: a Spatial General Equilibrium Model Inspired by the Case of China. Regional Science and Urban Economics, 2002 (32): 311—338.

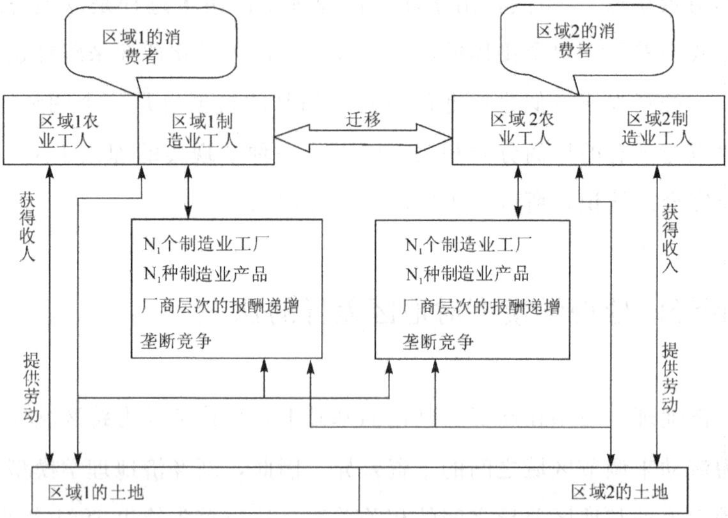

图 4-9　核心—边缘模型的内在关系

资料来源：Brakman，S. and Garretsen，H. and Marrewijk，Charles van. An Introduction to Geographical Economics-Trade，Location and Growth. New York：Cambridge University Press，2001. 63.

农产品，而将其收入的 δ 部分用来消费制造业产品。所消费的制造业产品可能来自于本区域，也可能来自于另外一个区域。如果消费来自另外一个区域的制造业产品，则需要支付运输成本。这样，消费异地的制造业产品需要支付运输成本，但因为消费者具有多样化偏好，消费者必定要消费一定量的异地制造业产品。农产品是无差别的，且运输不需要承担运输成本，所以两个区域的农产品价格是相同的。对于每一个制造业厂商，其生产的唯一要素是劳动力。其生产技术的报酬递增体现在线性的生产函数上。随着厂商规模的扩大，固定成本会分担到更多的产品上，从而使单位成本降低。

（1）模型的基本框架

消费者的效用函数为：

$$U = F^{1-\delta}M^{\delta}, 0 < \delta < 1 \tag{4-1}$$

预算约束为

$$F + I \cdot M = Y \tag{4-2}$$

将农产品的价格定为 1，则得到上述预算约束的表达式。制造业产品的消费量以一种综合的形式 M 出现，其价格 I 被称为制造业产品的价格指数。通

过简单的最大化过程我们可以得到

$$F = (1-\delta)Y \text{ 和 } IM = \delta Y \tag{4-3}$$

即消费者用其收入的 $1-\delta$ 部分消费农产品，而将其收入的 δ 部分消费制造业产品。

M 的表达式为：

$$M = \left(\sum_{i=1}^{N} c_i^{\rho}\right)^{1/\rho}, 0 < \rho < 1 \tag{4-4}$$

其中 c_i 代表某一制造业产品的消费量，ρ 为替代参数。

预算约束为：

$$\sum_{i=1}^{N} p_i c_i = \delta Y \tag{4-5}$$

其中，p_i 为第 i 种制造业产品的价格。通过最大化过程的一阶条件，我们可以得到如下方程：

$$c_j = p_j^{-\varepsilon}(I^{\varepsilon-1}\delta Y) \tag{4-6}$$

其中：

$$I = \left(\sum_{i=1}^{N} p_i^{1-\varepsilon}\right)^{1/(1-\varepsilon)}, j = 1, \Lambda, N, \varepsilon = \frac{1}{1-\rho} > 1 \tag{4-7}$$

这里，有必要对上述表达式进行讨论。根据表达式（4-6）我们可以看到，对某种制造业产品的需求由四个因素决定：第一，消费于制造业产品的收入份额 δY；第二，该种制造业产品的价格；第三，替代弹性 ε；第四，价格指数 I。制造业产品的价格对需求的影响是以一种负指数的方式出现的，这首先说明价格上升导致需求下降，其次说明这种反向的关系是非线性的，其关系与替代弹性 ε 相关。如果 ε 较大，说明制造业产品的差别化程度较小，容易替代。如果价格升高一点，需求会降低较多。如果 ε 较小，说明制造业产品的差别化程度较高，不易替代，因此价格的上升对需求的影响较小。在有很多种制造业产品的情况下，单一的制造业产品对价格指数的影响可以忽略，则我们可以将表达式（4-6）中的 $I^{\varepsilon-1}\delta Y$ 看作常数，可以通过图 4-10 直观地看出某一制造业产品价格与需求的关系。ε 被称为替代弹性，也就是制造业某一产品的需求弹性。需求弹性的定义是 $-(\partial c_i/\partial p_i)(p_i/c_i)$，将表达式（4-6）代入可以得出其值恰好是 ε。ε 的值大于 1，其越接近 1，说明需求弹性越小，即产品之间的差别化程度越高。

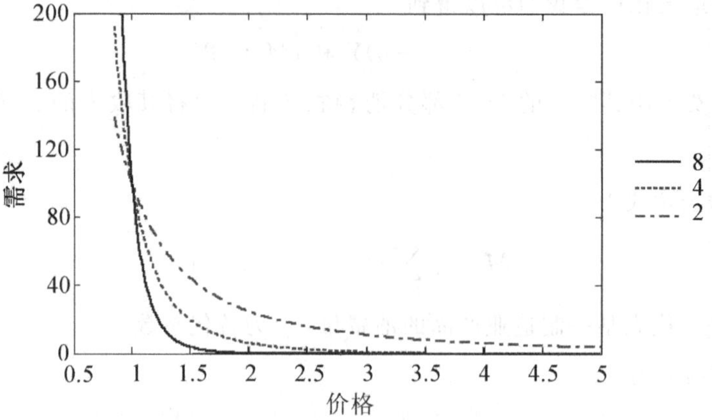

图 4-10　制造业产品价格与需求的关系

资料来源：Brakman，S. and Garretsen，H. and Marrewijk，Charles van. An Introduction to Geographical Economics-Trade，Location and Growth. New York：Cambridge University Press，2001. 72.

特别需要注意的是，核心边缘模型中将价格指数 I 看作常数。实际上，某一种产品价格的变化必然会对价格指数产生影响。只不过当产品种类足够多时，每一种产品的价格变化对价格指数的影响就可以忽略不计了。

对于农产品的生产，因为是在规模报酬不变的技术下生产农产品，所以可以通过适当选择单位使得

$$F = (1-\gamma)L \tag{4-8}$$

其中，$(1-\gamma)$ 表示某区域农业就业劳动力所占的份额，L 指的是某一区域总的劳动份额。前面已经提到，每一区域有 N_i 个制造业厂商，他们在报酬递增的技术下生产差别化产品。某一制造业厂商的生产函数为：

$$l_i = \alpha + \beta x_i \tag{4-9}$$

其中生产种类 c_j 的制造业产品量 x_j 所需要投入的劳动力。

利润的最大化过程可以用来决定产品的价格，利润函数为

$$\pi = px - W(\alpha + \beta x) \tag{4-10}$$

用表达式（4-6）中的 c_j 来替换表达式（4-10）中的 x，然后用利润最大化的一阶条件可以得到

$$p(1-1/\varepsilon) = \beta W \tag{4-11}$$

新经济地理学的市场结构是垄断竞争的，垄断的含义体现在每个厂商只生产一种产品，产品的差别化决定了该厂商具有一定的垄断力。然而，厂商可以

自由进出市场，这意味着每一厂商的利润为零。将利润为零条件代入表达式（4-10）可以得到：

$$0 = px - W(\alpha + \beta x) \tag{4-12}$$

结合表达式（4-11）可以得到每个厂商最优生产规模：

$$x = \frac{\alpha(\varepsilon - 1)}{\beta} \tag{4-13}$$

以及相应的劳动力投入量：

$$l = \alpha\varepsilon \tag{4-14}$$

如果现在该区域从事制造业劳动的劳动力总数为 γL，则该区域制造业厂商数（制造业产品种类数）为：

$$N = \gamma L / l = \gamma L / \alpha\varepsilon \tag{4-15}$$

由表达式（4-13）我们可以看到，一个厂商的最优生产规模与该厂商的生产技术相关，这由线性生产函数中的两个参数 α 和 β 来决定。α 越大，说明厂商生产的固定成本越高，对应的最优生产规模也就越大。相应的，边际成本 β 越低，最优生产规模也越大。另外，表示厂商产品之间的差异性的参数 ε 也是一个决定因素。如果厂商生产的产品之间的差异性较大，则 ε 较小，对应的最优生产规模就较小。厂商生产的产品的差异性较大意味着每个厂商具有更强的垄断力，则其不需要在很大规模下生产即能实现零利润条件。再看表达式（4-15），某地制造业厂商数与该地制造业劳动力总数成正比，说明有较大市场的地区就有更多的制造业厂商，就能生产更多种类的制造业产品。在分析的初始，两个区域的制造业劳动力如果相等，则不存在产品种类数的差异。然而，因为某种原因，如果模型实现了劳动力的迁移，则相应带动了制造业厂商的迁移，导致两个区域的制造业产品种类数存在差异。前面提到，消费者消费异地制造业产品需要支付运输成本，本地制造业产品种类越多，表明其需要支付的运输成本就较少，这对应着较低的价格指数。在名义工资相同的情况下，较低的价格指数对应着较高的真实工资，从而形成了劳动力跨区域流动的原动力。

前面提到，冰山交易技术是新经济地理学的核心技术手段之一。在处理模型的空间含义时，并非引入了一个运输部门，而是将运输成本隐含在了价格当中。比如，某种制造业产品在本地的价格为 p，则另外一个区域消费者要消费该种产品所需支付的产品价格为 pT，其中 $T>1$ 为运输成本率，它反映了两个地区产品交易的难易程度。运输成本率可以理解为在运输物质产品时所必须支付的运费，还可以包含产品跨区域流动可能包含的其他交易成本，比如关税及其他壁垒。将运输成本引入上述方程，就可以得到具有空间含义的垄断竞争模型方程。下面就是方程的推导过程。

为了得出更为一般的结论，这里我们首先给出多个区域的情形，两个区域的情形是多个区域情形的特殊情况。经济中的总劳动力为 L，其中 γ 份额的劳动力从事制造业工作，而每一区域从事制造业工作的劳动力是制造业总劳动力的 λ_s 份额，则根据表达式（4-15）区域 s 制造业的厂商数为：

$$\lambda_s \gamma L / \alpha\varepsilon \tag{4-16}$$

根据（4-11）区域 s 的消费者需承担的区域 r 的制造业产品价格为：

$$\frac{\beta}{\rho} W_s T_{rs} \tag{4-17}$$

其中 W_s 为区域 s 的制造业劳动力工资，T_{rs} 为区域 s 和区域 r 之间的运输成本率。将表达式（4-16）和表达式（4-17）代入价格指数的表达式（4-7）中，就可以得到含有运输成本的价格指数方程

$$I_r = \left[\sum_{s=1}^{R} \left(\frac{\lambda_s \gamma L}{\alpha\varepsilon}\right) \left(\frac{\beta}{\rho} W_s T_{rs}\right)^{1-\varepsilon} \right]^{1/(1-\varepsilon)}$$

$$= \left(\frac{\beta}{\rho}\right) \left(\frac{\gamma L}{\alpha\varepsilon}\right)^{1/(1-\varepsilon)} \left[\sum_{s=1}^{R} \lambda_s W_s^{1-\varepsilon} T_{rs}^{1-\varepsilon} \right]^{1/(1-\varepsilon)} \tag{4-18}$$

对于两区域情形，令（4-18）中的 $R=2$，$r=1$，则有：

$$I_1 = \left(\frac{\beta}{\rho}\right) \left(\frac{\gamma L}{\alpha\varepsilon}\right)^{1/(1-\varepsilon)} \left[\lambda_1 W_1^{1-\varepsilon} + \lambda_2 T^{1-\varepsilon} W_2^{1-\varepsilon}\right]^{1/(1-\varepsilon)} \tag{4-19}$$

$$I_2 = \left(\frac{\beta}{\rho}\right) \left(\frac{\gamma L}{\alpha\varepsilon}\right)^{1/(1-\varepsilon)} \left[\lambda_1 T^{1-\varepsilon} W_1^{1-\varepsilon} + \lambda_2 W_2^{1-\varepsilon}\right]^{1/(1-\varepsilon)} \tag{4-19a}$$

区域 1 的总收入包括制造业劳动力的收入和农业劳动力的收入。制造业劳动力共有 $\lambda_1 L$，则其总收入为 $\lambda_1 W_1 \gamma L$。区域 1 的农业劳动力总数为 φ_1（$1-\gamma$）L，假设农业劳动力工资为 1，所以区域 1 的总收入为：

$$Y_1 = \lambda_1 W_1 \gamma L + \phi_1 (1-\gamma) L \tag{4-20}$$

区域 1 的消费者对本地制造业产品的需求可以根据表达式（4-6）求得（$\delta\beta^{-\varepsilon}\rho^{\varepsilon}$）$Y_1 W_1^{-\varepsilon} I_1^{\varepsilon-1}$，区域 2 的消费者对区域 1 的制造业产品的需求为（$\delta\beta^{-\varepsilon}\rho^{\varepsilon}$）$Y_2 W_1^{-\varepsilon} T^{-\varepsilon} I_2^{\varepsilon-1}$。因此，对区域 1 制造业产品的总需求为上述两项之和，为：

$$x_1=(\delta\beta^{-\varepsilon}\rho^{\varepsilon})(Y_1W_1^{-\varepsilon}I_1^{\varepsilon-1}+Y_2W_1^{-\varepsilon}T^{-\varepsilon}I_2^{\varepsilon-1}) \tag{4-21}$$

将表达式（4-13）中的 x 代入上式中，经过整理可以得到如下方程：

$$W_1=\rho\beta^{-\rho}\left(\frac{\delta}{(\varepsilon-1)\alpha}\right)^{1/\varepsilon}(Y_1I_1^{\varepsilon-1}+Y_2T^{1-\varepsilon}I_2^{\varepsilon-1})^{1/\varepsilon} \tag{4-22}$$

对于区域 2，同样有上述方程。这样，由表达式（4-19）、表达式（4-20）和表达式（4-22）所决定的 6 个方程就可以确定经济中的各种变量。

这里我们处理较为简单的情形。我们假设两个区域农业劳动力的份额相等，即 $\phi_1=\phi_2=1/2$。并且令表达式（4-19）和表达式（4-22）右边的常数项为 1，令 $L=1$ 和 $\gamma=1$。这样方程（4-19）、（4-20）和（4-22）简化为：

$$Y_1=\lambda_1\delta W_1+(1/2)(1-\delta) \tag{4-23}$$

$$Y_2=\lambda_2\delta W_2+(1/2)(1-\delta) \tag{4-23a}$$

$$I_1=(\lambda_1W_1^{1-\varepsilon}+\lambda_2T^{1-\varepsilon}W_2^{1-\varepsilon})^{1/(1-\varepsilon)} \tag{4-24}$$

$$I_2=(\lambda_1T^{1-\varepsilon}W_1^{1-\varepsilon}+\lambda_2W_2^{1-\varepsilon})^{1/(1-\varepsilon)} \tag{4-24a}$$

$$W_1=(Y_1I_1^{\varepsilon-1}+Y_2T^{1-\varepsilon}I_2^{\varepsilon-1})^{1/\varepsilon} \tag{4-25}$$

$$W_2=(Y_1T^{1-\varepsilon}I_1^{\varepsilon-1}+Y_2I_2^{\varepsilon-1})^{1/\varepsilon} \tag{4-25a}$$

上述 6 个非线性方程有六个未知数，于是我们可以通过计算机模拟来求解。上述方程中，可以调整的参数有 T、ε 和 δ，可以通过数学模拟来观察这些参数的变化对经济均衡的影响。

方程（4-22）中的工资指的是名义工资，某区域制造业劳动者的实际工资与当地的价格指数相关，如果定义农产品的价格为 1，那么区域 1 的制造业劳动者的真实工资则为

$$w_1=W_1I_1^{-\delta} \tag{4-26}$$

通过方程可以决定区域 1 和区域 2 的制造业劳动者的真实工资。如果真实工资存在差异，则允许制造业劳动力在区域之间流动，这就是新经济地理学的劳动力调整过程。调整动态可以表达为

$$\frac{d\lambda_1}{\lambda_1}=\eta(w_1-\overline{w}) \tag{4-27}$$

其中 $\overline{w}=\lambda_1w_1+\lambda_2w_2$。$\overline{w}$ 为经济的平均工资。如果区域 1 的制造业劳动者的真实工资大于平均工资，则按照上述原则进行劳动力的调整，直到两个区域制造业劳动力真实工资均等化为止。

这里需要强调的是，新经济地理学的动态过程与我们通常理解的动态是不

一样的，其实质是比较静态过程。给定模型的初始劳动力分布和模型参数，通过模型运算可以得到两个区域劳动力的真实工资，劳动力向真实工资较高的区域流动。如果这种流动的最终结果导致两区域劳动力真实工资均等化，则调整过程结束，经济达到了长期均衡。在某些情况下，这样的调整过程可能永远无法消除区域间劳动力真实工资的差异，即使制造业劳动力完全集聚到一个区域也不会产生真实工资均等化的情形。这时我们就看到了一个自我加强的累积过程，由此产生的结果是形成了制造业在某一区域完全集聚的“核心—边缘”模式。

通过对工资方程（4-25）和价格指数方程（4-26）求全微分，可以得到如下的表达式

$$(1-\varepsilon)\ \frac{dI}{I}=\frac{\lambda}{\delta}\left(\frac{I}{W}\right)^{\varepsilon-1}\ (1-T^{1-\varepsilon})\left[\frac{d\lambda}{\lambda}+\ (1-\varepsilon)\ \frac{dW}{W}\right] \tag{4-28}$$

$$\varepsilon\frac{dW}{W}=\frac{Y}{W}\left(\frac{I}{W}\right)^{\varepsilon-1}\ (1-T^{1-\varepsilon})\ \left[\frac{dY}{Y}+\ (\varepsilon-1)\ \frac{dI}{I}\right] \tag{4-29}$$

由表达式（4-27）和表达式（4-28）并引入新变量 Z，我们得到表达式（4-30）：

$$\left[\frac{\varepsilon}{Z}+Z\ (1-\varepsilon)\right]\frac{dW}{W}+Z\frac{d\lambda}{\lambda}=\frac{dY}{Y}\ Z=\frac{1-T^{1-\varepsilon}}{1+T^{1-\varepsilon}} \tag{4-30}$$

Z 是运输成本的一种组合表达方式，其值在 0～1 之间。如果完全自由贸易，Z 为零；如果完全没有贸易的可能，Z 为 1。

根据表达式（4-28），我们来考察价格指数对制造业区位选择的影响。首先假设制造业劳动力的供给是完全弹性的，则有 $dw=0$。考虑到 $1-\varepsilon<0$ 和 $T>1$，方程（4-28）说明制造业劳动力的变化 $d\lambda/\lambda$ 会对价格指数 dI/I 产生负效应，我们把这种效应称为价格指数效应。这意味着具有较大制造业部门的区域具有较低的价格指数，其原因在于消费者消费的大部分制造业产品来自于本地，这不需要支付运输成本。

再来观察方程（4-30）。首先，仍然假设制造业劳动力的供给是完全弹性的，则有 $dw=0$。根据方程（4-30）我们可以看到，对制造业需求 dY/Y 的 1%的变化，可以导致 $1/Z$（>1）%的劳动力需求的变化。这说明，具有较大的本地市场的区域具有更大的制造业部门，因此成为制造业产品的出口方。这被称为本地市场效应。其次，如果没有制造业劳动力的供给是完全弹

性的假设，在劳动力供给曲线斜率向上的情况下，本地市场较大的益处可能要被更高的工资所抵消。也即对制造业具有更高需求的区域需要支付更高的名义工资。

这样，对于具有较大的本地市场的区域，其所支付的名义工资较高（本地市场效应），而相对应的价格指数较低（价格指数效应），从而使该区域所提供的制造业真实工资较高。较高的真实工资吸引劳动力流向该区域，从而实现制造业在此区域的累积集聚过程。[①]

（2）劳动力流动与地区差异

① 一体化与地区差异

随着运输成本由高到低的不断变化，将产生经济活动空间分布的不同模式。当运输成本较高即贸易自由度较低时，初始时的对称分布是稳定的，制造业劳动力在两个区域对称分布，即点 S；当运输成本较低即贸易自由度较高时，点 S 变为不稳定点，制造业劳动力在某一个区域集中，即点 A 或者点 B；在运输成本为中等时，会呈现出更为复杂的情况。除了对称均衡是稳定的以外，还有两个不稳定均衡点 U_1 和 U_2[②]。其情况如图 4-11 所示。整个制造业在两区域的分布随运输成本变化的关系如图 4-12 所示。图中实线表示稳定均衡，

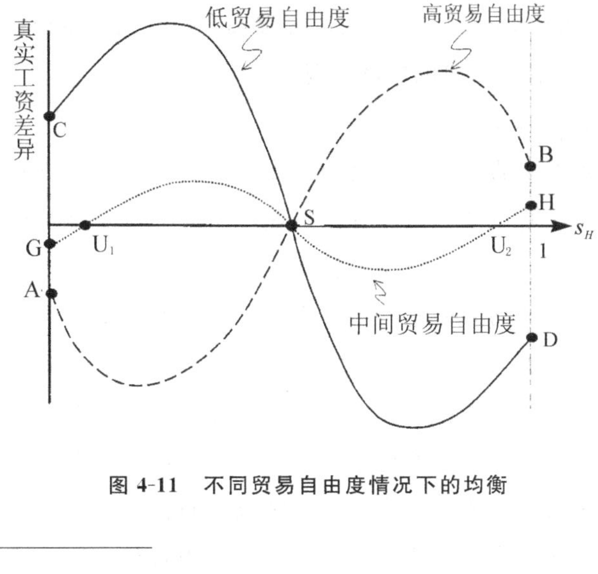

图 4-11　不同贸易自由度情况下的均衡

---

① Fujita, M., Krugman P. and A. Venables. The Spatial Economy: Cities, Regions, and International Trade. Cambridge: MIT Press, 1999.

② 稳定的均衡点指的是：在真实工资均衡点，一个小的扰动并不影响其均衡。

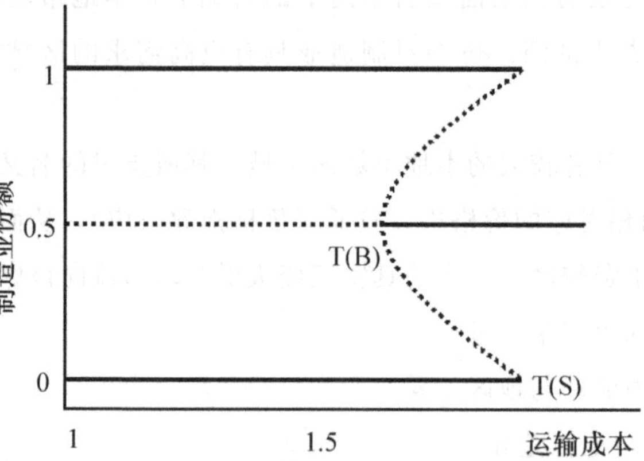

图 4-12 制造业集聚与运输成本的关系

资料来源：Brakman，S. and Garretsen，H. and Marrewijk，Charles van. An Introduction to Geographical Economics-Trade，Location and Growth. New York：Cambridge University Press，2001. 105.

虚线表示不稳定均衡。T（B）表示由对称均衡向集聚转化所对应的运输成本率，被称为破裂点（Break Point）。T（S）表示经济由集聚向对称均衡转化所对应的运输成本率。称为持续点（Sustain Point）。我们看到，持续点和破裂点并不重合，这也反映了新经济地理学的一个特征，即包含一定的滞后效应。当运输成本 $T(B)<T<T(S)$ 时，集聚和分散均衡都是稳定的，到底会稳定在哪个均衡，依赖初始时的经济状况。

② 替代弹性 ε 与地区差异

在其他参数固定的情况下，改变替代弹性 ε 相当于改变了制造业产品的差别化程度，对应着市场中每一种制造业产品的垄断能力的变化，如图 4-13 所示。当替代弹性较高时，对应着替代参数较高，如 $\rho=0.95$，如图中的实线。如果区域 1 的劳动力要素较少，此时区域 1 的劳动力要素的价格较高，则有更多的劳动力流向区域 1，此过程使区域 1 的劳动力价格降低，最终两个区域之间的劳动力数量相等时，价格也相等，均衡发生了。因此当替代弹性较高时，制造业在空间均衡分布。当 $\rho=0.6$ 时，如果区域 1 的劳动力要素较少，这时区域 1 的劳动力价格低于区域 2 的劳动力价格，劳动力继续向区域 2 流动，最终造成制造业在区域 2 集聚。当替代参数 ρ 较低时，相应的替代弹性也较低，对应于制造业产品之间难以替代，这造成了市场中制造业生产厂商垄断能力的加强，从而吸引新的制造业生产厂商的进入，最终使得制造业在空间集聚。因此，替代弹性的减小倾向于使制造业在某一区域的集聚。在图中，曲线斜率为负时，对称分布是稳定均衡点。当曲线斜率为正时，集聚成为稳定的均衡点。

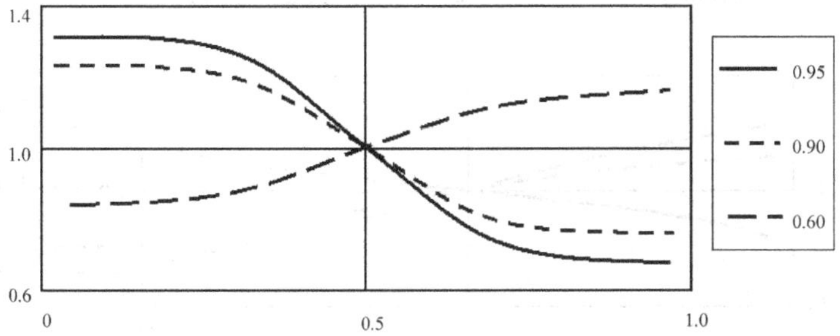

图 4-13　替代参数的变化对制造业空间分布产生的影响

资料来源：Brakman, S. and Garretsen, H. and Marrewijk, Charles van. An Introduction to Geographical Economics-Trade, Location and Growth. New York: Cambridge University Press, 2001, 107.

综上所述，当制造业产品的差别化程度越高时，制造业有向某一区域集聚的趋势，与此同时，区域差异将不可避免。因此，替代弹性与区域差异的关系可以以图 4-14 表示。

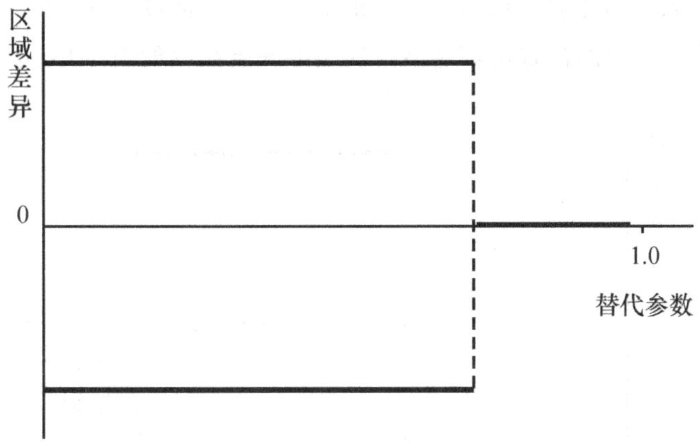

图 4-14　替代参数与区域差异

③ 消费者消费倾向与地区差异

δ 的上升，意味着劳动者支出中消费在制造业产品上的份额提高，这反映了随着收入水平的提高消费者对制造业产品的消费倾向。这说明农业产品部门的价格对劳动力工资的影响更小，经济中集聚的力量更为显著，因此制造业生产部门在空间的集聚成为可能的结果（如图 4-15 所示）。该图的集聚与分散分析与上图类似。该结果说明，随着消费者收入水平的提高，消费者花费在制造业产品上的支出增加，最终的结果是导致制造业在空间的集聚。

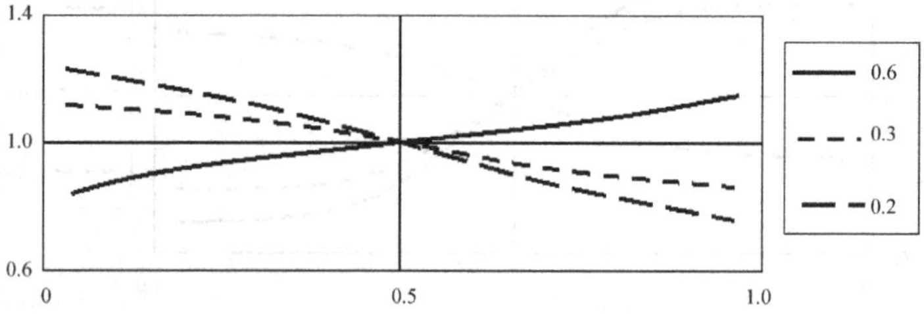

图 4-15　制造业产品消费份额 δ 对集聚的影响

资料来源：Brakman，S. and Garretsen，H. and Marrewijk，Charles van. An Introduction to Geographical Economics-Trade，Location and Growth. New York：Cambridge University Press，2001，107.

随着人们收入水平的提高，他们在农产品和其他生活必需品上的支出份额减少，即恩格尔系数与收入水平正相关。对制造业产品的需求增加相当于扩大了制造业产品的市场。市场的扩大有利于规模报酬递增的企业获得更高的收益，从而形成了制造业集聚的源泉。集聚必然导致区域差异。因此，随着消费者在制造业产品上的消费份额越高，区域差异越高（如图 4-16 所示）。

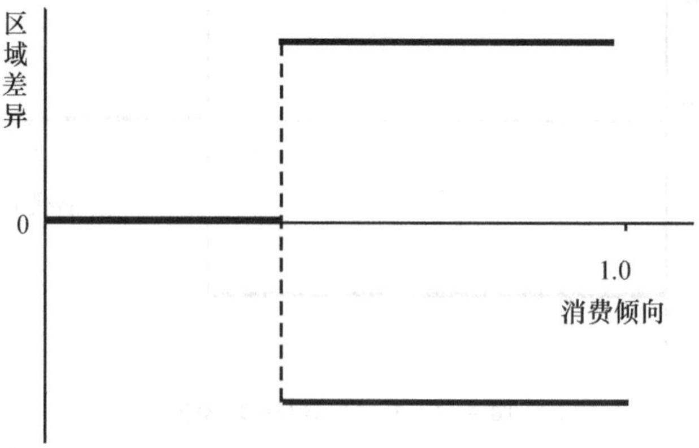

图 4-16　消费倾向与区域差异

4.3.2　胡大鹏模型的劳动力流动与地区差异

胡大鹏[①]在研究了中国的经济特征之后，在其模型中创造性地引入了农村非正式工业部门（乡镇企业），试图解释中国经济中的一些特殊情况。模型的市场结构可分为农村和城市。农村有两个部门：农产品部门和农村非正式工业部门；城市有两个部门：制造业部门和中间产品部门。农村非正式工业部门在规模报酬不变的情况下使用低技术劳动力生产 R 产品。中间产品部门使用高技术劳动力在规模报酬递增的情况下生产中间产品。而制造业部门使用低技术劳动力、R 产品和中间产品作为投入品在报酬不变的情况下生产制造业产品。

在胡大鹏的模型中，生产要素包括技术劳动力、非技术劳动力和可耕种的土地。农业部门使用非技术劳动力和土地来生产农产品。制造业部门也使用非技术劳动力，农业部门和制造业部门都是规模报酬不变的，只有中间产品部门才在规模报酬递增的情况下使用技术劳动力生产中间产品。不过，尽管制造业部门的技术是规模报酬不变的，但因为中间产品的引入，其仍然隐含了规模报酬递增的特性，该特性与中间产品的种类数相关。制造业的生产函数如下：

$$M_1 = L_{M_1}^{1-\alpha-\beta}\left\{\left[\sum_{n} S_j^{(\phi-1)\phi}\right]^{\phi(\phi-1}\right\}^{\alpha} R_1^{\beta}$$

如果每种中间产品的投入量都相等，则有：

$$M_1 = n^{\frac{\phi\alpha}{\phi-1}} L_{M_1}^{1-\alpha-\beta} S_j^{\alpha} R_1^{\beta}$$

如果每种投入品都增加一倍，则产出变为原来的 $2n^{\frac{\phi\alpha}{\phi-1}}$，很显然大于 2，这种制造业所呈现的报酬递增来源于中间产品部门的规模报酬递增。中间产品种类数 n 越大，报酬递增的程度越高。

胡大鹏的模型将经济的空间结构处理成为两个本国区域和一个国外区域，本国区域分为沿海与内地，沿海与内地的差异体现在它们与外国的贸易成本的

---

① Hu Dapeng. Trade, Rural-urban Migration, and Regional Income Disparity in Developing Countries: a Spatial General Equilibrium Model Inspired by the Case of China. Regional Science and Urban Economics, 2002 (32): 311—338.

差异。国外为本国的两个区域提供中间产品，并从本国的两个区域进口制造业产品。本国的两个区域都包含农村和城市，但该模型也如一般的新经济地理学模型一样，没有给出更为细致的空间结构。该模型说明了各部门各区域是如何生产的，却没有说明生产在空间上是如何分布的，它只是简单地说明，农业产品和非正式工业产品都是在农村生产的，中间产品和制造业产品都是在城市生产的。

在胡大鹏的模型中，随着贸易成本的降低，制造业有向沿海集聚的趋势，这说明全球化进程促使沿海与内地区域差异的扩张。并且沿海与内地的运输成本越高，制造业向沿海集聚的趋势越明显。该过程如图 4-17 所示。在其模型中，最为特别的发现是，当贸易成本很高时，高的运输成本对应着低的集聚水平。运输成本的存在对内地是不利的，因而如果运输成本越高越对内地不利，集聚的水平应当越高。然而，在图 4-18 中，当 $1/\tau<0.45$ 时，$t=2.0$ 的曲线事实上在 $t=3.0$ 的曲线之上，此现象被称为“运输成本的反效应”。当本地可接近性（$1/t$）从 0.1 增加到 0.45 时，内地在国际贸易中的不利地位下降，这使得曲线向下倾斜。然而，当运输成本继续下降时，两个区域的商品价格的差异减小，这使得分散力减弱，所以制造业向沿海集聚的程度更为强烈。在此情

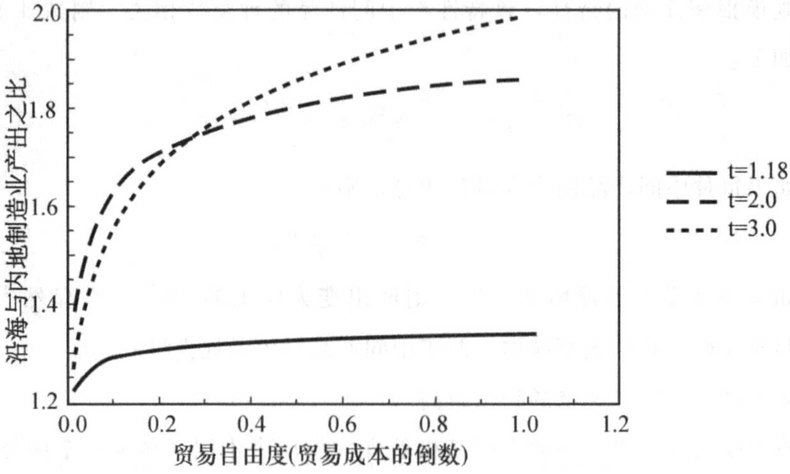

图 4-17 贸易可接近性与制造业的集聚

资料来源：Hu Dapeng. Trade, Rural-urban Migration, and Regional Income Disparity in Developing Countries: a Spatial General Equilibrium Model Inspired by the Case of China. Regional Science and Urban Economics, 2002 (32): 324.

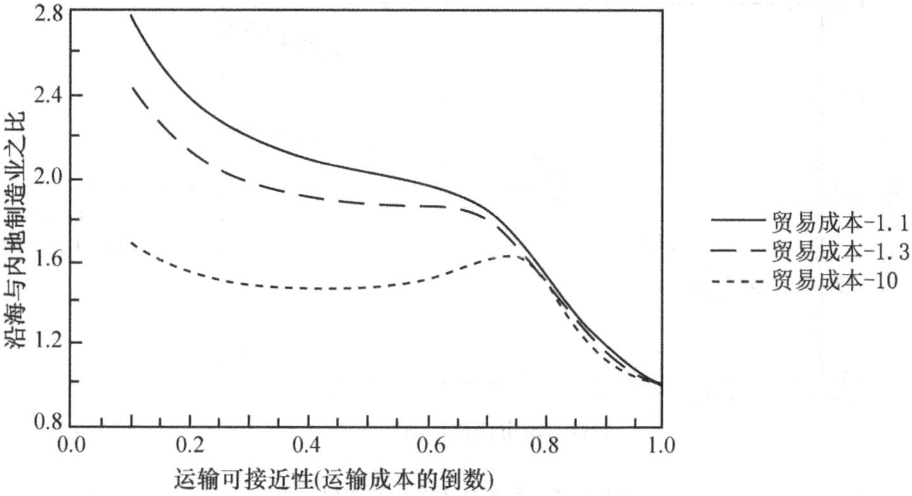

图 4-18　国内贸易条件与区域差异

资料来源：Hu Dapeng. Trade，Rural-urban Migration，and Regional Income Disparity in Developing Countries：a Spatial General Equilibrium Model Inspired by the Case of China. Regional Science and Urban Economics，2002 (32)：327.

况下，运输成本的进一步降低对内地是不利的，保持较高的运输成本事实上保护了内地的制造业。这说明在经济发展的某一时段地方保护主义具有一定的合理性。而当运输成本继续降低时，大量的高技术劳动力向沿海聚集，大量的低技术劳动力向城市迁移，这使得沿海的拥挤效应足够强，从而降低了沿海的真实收入并抬高了制造业产品的价格，这使得集聚水平呈下降趋势。总之，运输成本降低的长期趋势是有利于区域差异的减小的。

另外，胡的模型还考察了低技术劳动力从农村向城市迁移对区域差异的影响。由于这种人口的迁移受政府政策的限制（户口制度）只有一部分能够实现迁移。其中 M1/M2 代表沿海与内地制造业产出比。PCI1/PCI2 代表沿海与内地劳动力工资比，RPCI1/RPCI2 代表沿海与内地劳动力真实工资比。从图 4-19我们可以看到，随着迁移自由度的变大，劳动力向沿海集聚的程度在不断加大。这意味着减小劳动力从农村向城市迁移的限制能够使制造业向沿海的集聚程度加强。当制造业扩张时，对劳动力的需求会增加。如果劳动力从农村向城市流动的限制较强，劳动力供给的弹性较小，这样会导致制造业工人的工资升高。工资成本的增加不利于制造业向沿海集聚。反之，如果劳动力从农

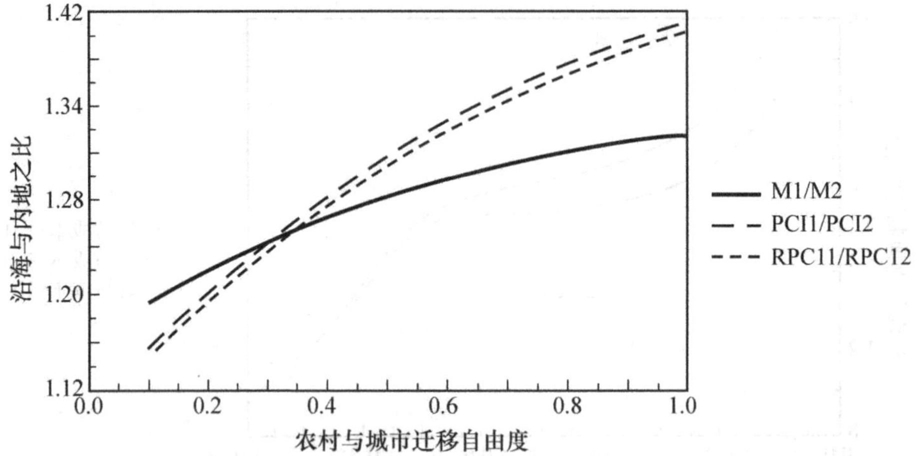

图 4-19 劳动力迁移与制造业集聚

资料来源：Hu Dapeng. Trade，Rural-urban Migration，and Regional Income Disparity in Developing Countries：a Spatial General Equilibrium Model Inspired by the Case of China. Regional Science and Urban Economics，2002（32）：329.

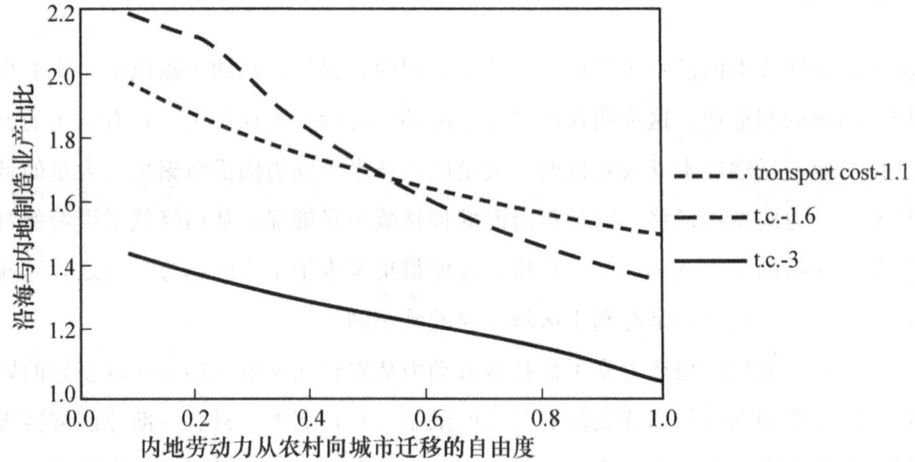

图 4-20 内地迁移限制系数的变化与沿海内地工资之比

资料来源：Hu Dapeng. Trade，Rural-urban Migration，and Regional Income Disparity in Developing Countries：a Spatial General Equilibrium Model Inspired by the Case of China. Regional Science and Urban Economics，2002（32）：330.

村向城市流动的限制较小，则对应的劳动力供给弹性就较高，这使得制造业工人的工资增长不是太快，从而有利于制造业向沿海的集聚。制造业较低的工资率对内地是一个潜在的优势。然而，农村向城市迁移的限制使得这种优势难以发挥。所以，缩减内地人口迁移的限制能够使其制造业更具竞争力。如图 4-20所示。该图表示当沿海地区的迁移系数为 0.75 时，随着内地劳动力从农村向城市迁移限制的减弱，沿海与内地制造业产出比呈减小趋势。这说明内地迁移政策的放松有利于缩小区域差异。该模型对“西部大开发”的政策含义是，如果不能在全国范围内减弱对人口流动的限制，不妨在内地率先放开人口的流动管制，从而使内地制造业建立起工资成本的优势，为西部的发展提供动力。

第5章 劳动力有限流动下的区域与城乡差异模型

5.1 “空间理性”概念的引出

5.1.1 “有限理性”的概念

（1）西蒙的“有限理性”与“管理人”

理性决策模式的哲学思想来源于传统的“经济人”假设。“经济人”是在对理性的处理中，新古典经济学和其他社会科学是不同的。在经济学中，理性根据它产生的选择而加以考虑；在其他社会科学中理性根据它产生的过程加以考虑。经济学的理性是实质理性，而心理学的理性是过程理性。[①] 新古典经济学最为经典的表达是“经济人”。“经济人”指遵循经济的理性，而不受其他因素影响其行为的人。经济学将现实中的决策者抽象成了全知全能的“经济人”，这种“经济人”具有如下基本特征：第一，他具有单一的、明确的、绝对的决策目标，即追求利润最大化是其经济活动的唯一目标；第二，他是个绝对理性人，在决策前有可供选择的全部备选措施和方案，能了解每一可供抉择所导致的全部复杂后果或至少确切知道方案后果的概率分布，具有一套“完全一贯”的偏好体系，这些“超级能力”使他总能做出最优的选择；第三，他在制定决策时不考虑时间和其他耗费的限制，即交易费用为零。新古典经济学在“经济

---

① 赫伯特．西蒙著，黄涛译．西蒙选集［M］．北京：首都经济贸易大学出版社，2002。

人”假设前提下发展成了一套丰富而优雅的理论体系。[①]

这种理想的理性决策模式在 1940 年代末遭到了以诺贝尔经济学奖得主赫伯特·西蒙为首的一些学者的质疑。包括西蒙在内的许多学者都指出“经济人”假设的几个缺陷：第一、决策者的目标不是单一的、明确的和绝对的。首先决策者的目标往往是多元的。其次，决策目标大多在客观上是模糊的并非完全明确的。而且目标也不是绝对的，从目标级系统来看，目标和手段之间是相互转换的，而且组织目标也是随着参加者利益的改变而改变的。从决策目标这三方面的性质来看，实际决策中很难找到作为绝对最优解的目标，因而现实中极少存在绝对最优解。第二，决策者并不是绝对的理性人，他掌握的信息和处理信息的能力都是有限的。第一，决策者不能找到全部备选方案。现代认知心理学对于产生各种备选方案过程的研究，很快就显示了在大多数情况下，要想找到全部备选方案是不合理的。实践表明人们只能寻找到满意的解决方案。第二，决策者并不能完全了解备选方案的所有后果。知识和任务，就是要从整整一大堆可能的结果当中，挑出与某一策略相关联的一小批结果，或者理想化地挑选出唯一的结果。然而作为行为主体的人当然不能直接知道其行为将会导致什么后果。事实上，人们所做的，无非是预料未来，而这种预料，又是以已知的经验和有关的现实状况的信息为依据的。另外，人们的注意力常常随着偏好体系的变化而变化，从一种价值要素转移到另一种价值要素上去，从而使人们的头脑无法在某一瞬间抓住所有后果的整体。同时，社会系统还是一个不确定性很大的随机系统，是很难测试准确的，而且由人参与的反馈性也导致预测不准。第三，决策者并没有一套明确的、完全一贯的偏好体系。实际决策中，由于价值问题的复杂性，决策者有时难以明确表达其价值偏好，甚至出现前后不一贯的矛盾现象，如有违于偏好的传递性。这不仅在现实生活中常常遇到，而且已为心理实验所证实。在人的生活中，固然偏好会决定行为的取向与选择，但偏好并不都是先验的，它本身的变化与明确程度又是行动的结果。第四，决策制定总是要受到时间、空间、精力或其他成本的制约。决策不仅要求具有合理性，而且要求有时效性。比如营销决策中，市场调研规模越大、越细越有利于决策，但人们决不会因此而不计成本地去作尽可能大规模的调查。从另一个

① 张义祯．西蒙的“有限理性”理论 [J]．中共福建省委党校学报．2000 (8)：27—30。

角度来说，时间、精力的投入也限制着方案的选择。

基于“经济人”假设的上述缺陷，西蒙提出了有限知识与有限能力的“管理人”概念。人在主观上有趋向理性的愿望，而在现实中其理性却是有限的。因而管理组织人的行为是寻求“满意”价值而非最大化价值。西蒙认为“管理人”的决策行为[①]是：

① 在多个备择方案中，管理者企图寻求一个令人满意或“足够好”的结果。这一满意标准可能遵循多种价值判断而不是单一目标的最大化过程。现实中的管理者确实是这样决策的。

② 管理人所认知的世界并非真实世界，而是真实世界的简化。而管理人也满意这种简单化的世界。简化的世界才能够使管理人在有限时间和有限分析能力的基础上迅速进行决策。

③ 由于管理人采用的是满意的标准，而非最大利益，因此他们在作选择时，不是搜寻所有可能的结果和途径。满意隐含着管理人的主观判断和偏好。

④ 管理人通常采用十分简单的规则及手段，或者习惯来从事决策。这些技术并不十分要求思考的能力。因此，经验或直觉常常用来解释管理人的这种简化的决策过程。

总之，“有限理性”和“满意准则”这两个决策理论的基本命题是西蒙对经济学、管理学所做的最主要的贡献。

（2）复杂科学对“有限理性”的认识

圣塔菲研究所是20世纪80年代由几个诺贝尔奖获得者发起成立的一个松散的研究机构，其主旨是试图突破几个世纪以来的科学传统——还原论和分析的范式，将不同学科整合起来，从而形成对世界的全新认识。布莱恩·阿瑟（W. Brian Arthur）是其中的代表人物之一。其主要的研究领域在于经济中的正反馈现象和路径依赖。阿瑟从认知科学出发，对主流经济学的“经济人”假设以质疑。他认为，在复杂性存在的情况下，完美或演绎理性（Deductive Rationality）将不复存在。这是因为人类的逻辑能力是有限的，同时逻辑能力有限的人的相互作用使人类的决策过程更为不确定。决策主体在决策时首先假设其他主体并非完全理性，所以他不得不在决策之前猜测别人的行为，从而使决

---

① 刘凤英，许锐．有限理性的奠基人——西蒙评传［M］．太原：山西经济出版社，1999。

策行为建立在相互联系和影响的主观信念之上。这样，经济学建立在客观性之上的决策机制便不存在了。阿瑟用“归纳推理”（Inductive Reasoning）来描述人类行为的有限理性，并在技术上将这样一个过程模型化，即“酒吧问题”(The Bar Problem)[①]。

假设 100 个人独自决定在一周的某个夜晚去酒吧娱乐。但是酒吧如果在少于 60 人的情况下才不至于太拥挤，每个人都可以玩得很尽兴。所以每个人如果预期到酒吧的人数大于 60 人，他就不会前往，只有他认为酒吧的人数少于 60 时他才会去。不存在共谋或者交换信息的情况。每个人的信息仅仅是上周的拥挤程度。假设每个人都有自身的几个备选策略，而其决策的依据随着上周的情形而更新。在这样的假设前提下，由计算机模拟出很有趣的结果。酒吧每周人数的均值收敛到 60（如图 5-1 所示）。这种由个人基于学习过程的有限理性却涌现出一个我们预先不了解的结果，恰好体现了复杂性的真髓：主体行为的有限理性、简单的学习规则、相互作用所产生的复杂图景。

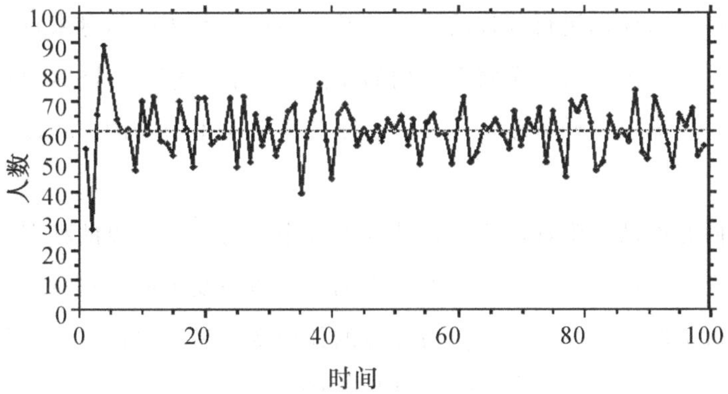

图 5-1　酒吧问题的模拟结果

资料来源：Arthur，W. Brian. Inductive Reasoning and Bounded Rationality. American Economic Review，1994，84：406—411.

(3)“有限理性”与进化博弈论

进化博弈论最早起源于生物学，自迈纳德等[②]提出进化稳定策略（Evolutionarily Stable Strategy，ESS）这一基本概念以后，该理论逐渐被广泛地应

---

① Arthur，W. Brian. Inductive Reasoning and Bounded Rationality，. American Economic Review，1994，84：406—411.

② Maynard，Smith J.，G. R. Price. The Logic of Animal Conflicts. Nature 246，1973.

用于生态学、社会学、经济学等领域。与经典的博弈理论不同，进化博弈理论并不要求经济主体是完全理性的，也不要求经济主体的行为满足预期一致性原则。这些假设更为符合经济主体的特征，因此进化博弈理论比经典博弈理论能更准确地预测经济主体的行为。

进化博弈理论以达尔文的生物进化论和拉马克的遗传基因理论为基本思想。在生物进化过程中，只有那些在竞争中能够获得较高支付（繁殖成活率）的物种才能幸存下来；获得较低支付的物种在竞争中被淘汰，即优胜劣汰。利用进化博弈理论研究参与人群体行为时，只要求参与人知道什么是成功的行为及什么是不成功的行为，而不必知道为什么是成功与不成功行为。该理论对参与人的理性要求较少因而与现实更接近，由此得出的结论可能对人类的群体行为做出更好的预测。

进化博弈理论的关键假定是：参与人群体并不是行为最优化者而是幼稚的，参与人不相信他们现在的行为会对对手未来的选择产生影响；参与人也不关心对手是否与他们进行同样的行为调整。他所能利用的信息来自以往博弈的历史，这种历史传达着对手将会如何做出选择的有关信息，同时通过对历史的观察使参与人知道哪些策略是成功的、哪些策略是不成功的，并以此作为决策的依据[①]。

进化博弈论从有限理性出发，认为经济中参与人对世界的状态并非完全了解，参与人也不可能知道各种状态出现的客观概率及不同状态对自己支付的意义。在多数情况下参与人并不能对环境的任何变化做出最优反应，其决策是基于某种路径而非理性的计算结果，这种路径一般来自于博弈的历史。

新经济地理学模型的决策主体是完全理性的，劳动者对当前与未来的真实工资具有完全的知识。如果在模型中引入不确定性和不完全信息，将可能给出更为有用的模型。强调有限理性的演化经济学（Evolutionary economics）可以提供很好的借鉴意义。其实，新经济地学模型的动态过程类似于演化经济学中的动态过程。藤田等[②]在其著作中就提到：新经济地理学模型的动态过程类

① 张良桥，冯从文．理性与有限理性：论经典博弈理论与进化博弈理论之关系［J］．世界经济，2001（8）：74—78。

② Fujita，M.，Krugman P. and A. Venables. The Spatial Economy：Cities，Regions，and International Trade. Cambridge：MIT Press，1999.

似于演化博弈论中的“模仿者动态”。正如藤田等所说：“确实，如果你喜欢，你可以将我们的模型看作是演化博弈”。在本书的第六章所给出的模型即是通过对劳动力区域迁移的有限理性来建模以展现中国区域差异的特征的。

5.1.2　有限理性的“区域人”与“空间理性”

(1)“空间理性”概念的引出

因为很难将空间变量引入模型，所以主流经济学通常对空间的因素避而不谈。经济地理学所研究的区位决策主体，是具有地理属性的主体，即每个决策主体首先要占据一定的空间，而其区位选择、经济活动都与地理空间以及由地理空间产生的交易成本发生联系。新经济地理学劳动力要素的流动通常被假定为：区域内经济的参与者是完全理性的，其消费行为遵循一定预算约束下的最大化，其迁移行为从不考虑信息获取、迁移成本以及其他因素的影响，劳动者被较高的工资所吸引而发生迁移行为，直到他们的迁移使得区域间劳动力要素的真实工资均等化为止。新经济地理学在考察经济主体的迁移行为时，仅仅考虑到经济主体的迁移决策受经济因素的影响，而没有考虑其他因素。

在现实中，存在于区域空间的行为主体的迁移决策行为并非完全理性。首先，因为空间的阻隔，作为区域的人可能并不能获得区域间劳动力工资差异的完全信息；其次，人们迁往某地的收益并不能单单以工资来衡量，文化、环境、社会等影响因素不可忽略；第三，人们的迁移是有迁移成本的，这包括放弃目前工作机会的机会成本以及迁往目的地的交通成本、寻找工作的成本以及失业的风险等，这些因素将影响迁移决策；最后，迁移行为往往伴随着整个家庭的迁移，家庭成员对迁移的决策也会产生影响。因此，作为存在于区域空间的决策主体，其迁移决策并不是单单考虑工资差异的完全理性的决策过程。由此我们引出“空间理性”的概念：由于所处的地理空间位置的不同而形成经济主体迁移决策行为的有限理性，它由地理空间所产生的各种差异性和不完全信息所致。行为受“空间理性”所约束的经济主体被我们称作“区域人”。“空间理性”既是因地理空间产生的经济主体迁移行为的“有限理性”。需要强调的是，这里引入“空间理性”的概念并不是要挑战微观经济学的“经济人”的理论体系，而只是针对经济主体在地理空间迁移的过程中，因诸多因素而导致迁移不完全而提出的一种理论解释。在后面对其应用的过程当中，也仅仅将其融入了迁移行为当中，而没能将此概念引入消费者行为中。

(2)“空间理性”的来源

第一，有限信息。“区域人”有限理性的来源之一是“区域人”对于空间经济变量的有限信息。“区域人”的跨区域迁移决策因为受空间的阻隔，不可能获得完全的信息，从而削弱了决策的准确性；同时，获得这些信息需要付出时间成本和其他成本，从而使“区域人”的决策过程更为复杂。我们可以认为，空间信息的获取量与区域之间的空间距离成反向关系，与区域的经济实力成正向关系，这符合空间相互作用理论的模式。

第二，有限能力。即便“区域人”能够获得其决策所需的所有信息，但其处理信息的能力也是有限的。面对经济变量的大量空间信息，作为现实的、逻辑能力有限的、时间有限的“区域人”是一筹莫展的。作为有限能力的“区域人”，通过其对区域间信息的分析所得出的主观判断与理想状况具有一定的偏差。

第三，多种影响因素。“区域人”的决策过程不但受经济因素的影响，还受其他非经济因素的影响，如国家边界、文化差异、国家贸易政策、区域政策等的限制，其决策行为表现为多目标、多价值取向的特征，这些都对其理性的决策行为产生影响。比如国与国之间人口流动的限制、我国的户籍管理制度等都表明政策因素对人口迁移决策的影响作用。

第四，有限理性的相互作用。“区域人”的决策行为与其他相类似的空间决策者的行为是交织在一起的。各主体的有限理性决策行为的交互作用，为我们呈现出一幅有限理性的网络，从而使决策结果更为不确定。“区域人”是社会网络中的一个个节点，节点之间有各种各样信息的交流，且各节点间交流信息的强弱也有所不同，由此形成了信息交流的网络。每个环节的有限理性使得这样的交互过程的结果与理性的决策结果偏差更远。

第五，人力资本。我们知道，具有较高学历的人的空间流动性更大，这说明受教育程度与人的迁移决策过程相关。实证研究显示[①]，在欧盟，技术劳动力相对于非技术劳动力的流动性更高。这是因为，首先，教育产生的人力资本

① Shields, G. M., Shields, M. P. The Emergence of Migration Theory and a Suggested New Direction. Journal of Economic Surveys 3, 1989, 277—304.

使得高技术劳动力容易找到工作、容易适应社会环境；其次，区域间高技术劳动力的工资差异更大[①]。

（3）“空间理性”的特征

根据以上对“空间理性”来源的分析，作为有限理性的“区域人”，假设其决策行为的特征是：

① 因搜集空间信息有成本，且需要耗费时间，故“区域人”只在一定范围（距离和时间）内搜索信息；

② “区域人”在做迁移决策时，不考虑别人的决策对其迁移行为的影响；

③ “区域人”迁移的可能性与空间距离呈反向的非线性关系；这是因为空间距离影响其获取信息的数量和质量，增加了其迁移决策的不确定性；

④ “区域人”的决策行为不但受经济变量的影响，还受区域间的政策差异、文化差异等因素的影响。

5.1.3　“空间理性”在新经济地理学的应用

（1）低技术劳动力的“有限理性”

在胡大鹏的模型中，他针对我国的区域差异状况建立了一个新经济地理的空间集聚模型，并相应地给出了几个政策含义。在其基本的假设中，对劳动力进行了细分，将劳动力分为低技术劳动力和高技术劳动力。低技术劳动力被制造业的高工资所吸引向城市迁移，但只能在区域内从农村向城市流动。高技术劳动力可以在区域间任意流动。低技术劳动力的迁移受户籍制度的制约，只有其中的一部分可以实现迁移。这样的假设部分劳动力流动的现实。胡在其文中也提到，农村人口向城市的迁移与信息获取的难易、技能培训、交通成本、寻找工作的成本相关，而其中起关键作用的是政府的户籍制度和与之相应的佣工规定及社会福利。笔者认为，可以将高技术劳动力和低技术劳动力的有限迁移全部纳入到“空间理性”这个概念里，而不仅仅是政府迁移限制的结果，这样使得模型有更好的解释能力。

（2）高技术劳动力的“有限理性”

---

① Ottaviano, Gianmarco I. P. and Thisse, Jacques-Francois. Integration, Agglomeration and the Political Economics of Factor Mobility. Journal of Public Economics, 2002, 83: 429—456.

在胡的文章中，高技术劳动力在区域间是可以任意流动的，其迁移决策的唯一规则是工资差异。也就是说，高技术劳动力的迁移决策是完全理性的。这对应着区域间高技术劳动力工资的均等化。为了更为接近中国的现实状况，本研究假定高技术劳动力的跨区域流动也是不完全的。虽然一个有知识的人可以获得更多的空间信息，也更容易找到工作，但其迁移决策通常面临着更高的机会成本。作为有限理性的"区域人"，他不可能完全了解迁往某个目的地的成本和收益，并在净收益为正的情况下决定迁移。所以，笔者将在后面的模型中对这方面进行修正，将高技术劳动力的流动纳入到"空间理性"的框架下。在这样的假设下，流动的不完全导致区域间高技术劳动力的工资存在差异，这也更为符合现实情况。而对中国地区间劳动力的工资差异有一个更为全面的模拟与解释。

5.2 劳动力有限流动下的区域与城乡差异模型

5.2.1 假设条件

(1) 空间结构

为了显示全球化过程对我国的沿海与内地的经济对比情况的影响，本模型在空间上有三个区域，沿海地区 C（Coast），内陆地区 I（Inland），以及除去前两者以外的区域 R（Rest of the World）。模型的空间结构如图 5-2 所示。沿海区域 C 有 2 个城市，内地区域 I 有 2 个城市。每个区域内有两个城市的目的是为了体现区域内的一体化进程。沿海区域 C 与内地区域 I 城市之间产品的运输费用率为 γ，区域 C 与外国区域 R 之间产品的贸易成本率为 t_1，区域 I 与区域 R 之间产品的贸易成本率为 t_2，规定 $1<\gamma<t_1<t_2$，即贸易成本（运输成本+关税）大于国内区域之间的运输成本。沿海因为距离外国区域 R 更近，具有先天的地理区位优势，故其贸易成本低于内地的贸易成本。设 γ 为沿海与内地的空间交易费用率，它既包含运输成本率，也包含由于沿海与内地的市场分割造成的空间交易障碍。t_1、t_2 不仅包括空间交易费用率，还包括关税等贸易障碍。沿海两城市之间产品的运输存在运输费用率 $\xi_1>1$，内地两城市之间产品的运输存在运输费用率 $\xi_2>1$。

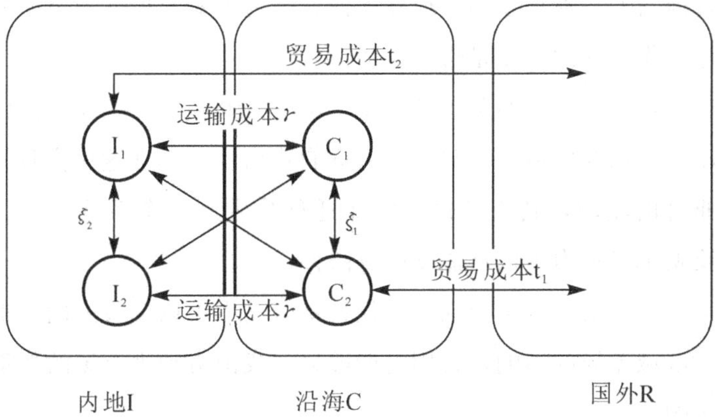

图 5-2　模型的空间结构

建立这样的空间结构的目的是：第一，由于设置了国外区域，这样就可以调整国内与国外之间贸易成本的变化，来考察沿海与内地的劳动力流动和区域差异。这样设置的实质是考察全球化进程对我国区域差异的影响；我们知道，我国二十多年来的快速发展与对外开放政策密切相关。对外贸易与外商投资不但是促进我国整体经济发展的第一力量，也是区域差异和城乡差异的原因。因此设置国外区域是必要的。第二，沿海与内地的划分是为了体现国内交易条件的改善对区域差异的影响，即体现区域一体化对区域差异的影响；第三，沿海与内地各有两个城市的设置，是为了考察区域内部交易条件的改善对区域差异的作用效果，这在现实中对应着大都市圈或者城市群的形成对区域差异的作用。在胡大鹏（2002）的模型中，沿海与内地各有一个城市，因此其模型不能够揭示区域内交易条件的改善对经济集聚的影响。

（2）生产要素

与胡大鹏（2002）的模型一样，本模型的生产要素也为可耕种的土地和劳动力。劳动力分为高技术劳动力和低技术劳动力。高技术劳动力可以在区域 C 和区域 I 之间流动，但其流动受“空间理性”的约束，即只有其中的一部分能够实现流动；假设低技术劳动力不能在区域间流动，只能在一个区域内从农业部门流向制造业部门，且流动受政策限制（户籍制度）和劳动力市场不完备影响，只有其中的一部分可以实现流动。没有劳动力的国际流动，即不能流向区域 R。与大多数新经济地理学模型一样，模型的生产要素较为单一，特别是没有将资本要素引入模型，这可能限制了模型对中国区域经济差异的解释能力。然而，就目前新经济地理学的建模技术而言，为了避免模型的过于复杂化并突出模型目标，作这样的简化是恰当的。

在生产要素上本模型与胡大鹏（2002）模型的差别在于，在他的模型中，高技术劳动力可以在区域 C 和区域 I 之间自由流动，而在这里高技术劳动力在区域间并非自由流动，其流动量是潜在迁移量乘以一个系数——空间理性系数，以此反映术劳动力跨区域流动的有限性。

将劳动力细分为高技术劳动力和低技术劳动力可以反映不同要素在空间的流动以及对区域差异的影响，特别是能够显示我国劳动力市场的严重分割对区域差异的影响。

（3）生产部门

本模型有三个部门，农业部门、制造业部门和中间产品部门。农业部门使用土地和低技术劳动力在规模报酬不变、完全竞争的生产条件下生产无差别的农业产品；中间产品部门使用高技术劳动力在规模报酬递增的技术下生产有差别的中间产品；制造业部门在报酬不变的技术下使用低技术劳动力和中间产品作为投入品生产制造业产品。区域 R 生产和出口中间产品，进口制造业产品。区域 C 和区域 I 都从区域 R 进口中间产品，并向区域 R 出口制造业产品，不存在要素的国际流动。对于各部门，有的假设其报酬不变，有的假设其报酬递增，其依据主要来自于新经济地理学惯常的处理方式。我们知道，农业部门实际上是报酬递减的部门，这里采用报酬不变的假设也是为了处理问题的方便。

与胡大鹏（2002）模型不同的是，其模型有四个部门，除了上述三个部门以外，还有农村非正式部门，在现实中它代表乡镇企业。农村非正式部门使用低技术劳动力在规模报酬不变的生产条件下生产 R 产品。而对于制造业部门，其生产所用的投入品还包括 R 产品。对于本模型，没有考虑农村非正式部门是因为，我们模型的集聚力主要来自于中间产品部门的报酬递增以及中间产品部门与制造业部门的前后向联系，引入规模报酬不变的农村非正式部门对区域差异和劳动力流动的解释能力并没有提高，却增加了模型的复杂程度。因此，本模型没有引入农村非正式部门。

（4）禀赋

区域 C 有两个城市，分别有 H_{C_i} 个高技术劳动力，L_{MC_i} 个制造业工人，

L_{AC_i} 个农业工人，土地 G_{C_i}；区域 I 有两个城市，分别有 H_{I_i} 个高技术劳动力，制造业工人 L_{MI_i}，农业工人 L_{AI_i}，土地 G_{I_i}，$i=1$，2。在后面的模拟计算时，各城市的禀赋条件的取值没有完全按照现实的情况代入，而是按照一定的比例关系引入模型当中。这是因为，本模型不是计量经济学模型，现实的数据与模型的初始参数以及结果难以做到一一对应。因此，模型所给出的价格、工资等指标的绝对大小并没有实际的意义，有意义的是指标的相对大小（如沿海制造业劳动力与内地制造业劳动力的工资比）以及它们的变动情况。所以，在后面所给出的计算结果中，多是给出相同变量的比值。

5.2.2　消费者行为

（1）效用函数

消费者消费一定量的农产品和制造业产品，这些产品可能在本地生产，也可能在外地生产，但消费者消费外地生产的产品需承担运输成本。不同城市生产的农产品和制造业产品是有差别的，它们之间的替代弹性分别为 δ 和 σ。通常来说，制造业产品的替代弹性小于农产品的替代弹性 $\sigma>\delta$，也即制造业产品的差别化程度更高。消费者的需求弹性为 v。消费者的效用函数为：

$$u_i=\left[A_{C_1i}^{(\delta-1)/\delta}+A_{C_2i}^{(\delta-1)/\delta}+A_{1_1i}^{(\delta-1)/\delta}+A_{1_2i}^{(\delta-1)/\delta}\right]^{(1-\nu)\delta/(\delta-1)}\left[M_{C_1i}^{(\sigma-1))/\sigma}+M_{C_2i}^{(\sigma-1))/\sigma}\right.$$
$$\left.M_{I_1i}^{(\sigma-1)/\sigma}+M_{I_2i}^{(\sigma-1)/\sigma}\right]^{\nu\sigma/(\sigma-1)},\ i=C_1,\ C_2,\ I_2,\ I_2 \tag{5-1}$$

其中，u_i 为各城市消费者的效用水平，δ、σ 分别为农业产品和制造业产品的替代弹性，A_{C_1i}为在 i 地消费、在 C_1 生产的农产品，以此类推。M_{C_1i}为在 i 地消费、在 C_1 生产的制造业产品，以此类推。v 为消费者对制造业产品的消费偏好。

（2）消费者的预算约束

城市 C_1 的消费者的预算约束：

$$P_{AC_1}A_{C_1C_1}+P_{AC_1}\xi_1A_{C_2C_1}+P_{AI_1}\gamma A_{I_1C_1}+P_{AI_2}\gamma A_{I_2C_1}+$$
$$P_{MC_1}M_{C_1C_1}+P_{MC_2}\xi_1M_{C_2C_1}+P_{MI_1}\gamma M_{I_1C_1}+P_{MI_2}\gamma M_{I_2C_1}=E_{C_1} \tag{5-2}$$

城市 C_2 的消费者的预算约束：

$$P_{AC_1}\xi_1A_{C_1C_2}+P_{AC_1}A_{C_2C_2}+P_{AI_1}\gamma A_{I_1C_2}+P_{AI_2}\gamma A_{I_2C_2}+$$
$$P_{MC_1}\xi_1M_{C_1C_2}+P_{MC_2}M_{C_1C_2}+P_{MI_1}\gamma M_{I_1C_2}+P_{MI_2}\gamma M_{I_2C_2}=E_{C_2} \tag{5-2a}$$

城市 I_1 的消费者的预算约束：

$$P_{AC_1}\gamma A_{C_1I_1}+P_{AC_1}\gamma A_{C_2I_1}+P_{AI_1}A_{I_1I_1}+P_{AI_2}\xi_2A_{I_2I_1}+$$
$$P_{MC_1}\gamma M_{C_1I_1}+P_{MC_2}\gamma M_{C_2C_1}+P_{MI_1}M_{I_1I_1}+P_{MI_2}\xi_2M_{I_2I_1}=E_{I_1} \quad (5\text{-}3)$$

城市 I_2 的消费者的预算约束：

$$P_{AC_1}\gamma A_{C_1I_2}+P_{AC_1}\gamma A_{C_2I_2}+P_{AI_1}\xi_2A_{I_1I_2}+P_{AI_2}A_{I_2I_2}+$$
$$P_{MC_1}\gamma M_{C_1I_2}+P_{MC_2}\gamma M_{C_2I_2}+P_{MI_1}\xi_2M_{I_1I_2}+P_{MI_2}M_{I_2I_2}=E_{I_2} \quad (5\text{-}3a)$$

上式中，P_{AC_1}、P_{AC_2}、P_{MC_1}、P_{MC_2} 分别为城市 C_1 的农产品价格、城市 C_2 的农产品价格、城市 C_1 的制造业产品价格、城市 C_2 的制造业产品价格，P_{AI_1}、P_{AI_2}、P_{MI_1}、P_{MI_2} 分别为城市 I_1 的农产品价格、城市 I_2 的农产品价格、城市 I_1 的制造业产品价格、城市 I_2 的制造业产品价格。

5.2.3 生产者行为

（1）农业部门

农业部门使用一般的低技术劳动力和土地作为投入品，在规模报酬不变的生产技术下生产农产品。生产函数为：

$$A_i=L_{A_i}^{1-\rho}G_i^{\rho}, \quad i=C_1,\ C_2,\ I_1,\ I_2$$

其中 L_{Ai} 为区域 $i=C_1$，C_2，I_1，I_2 农业的低技术劳动力，G_i 为城市 i 土地的投入量。新经济地理学模型中通常都包含了这样一个规模报酬不变的农业部门，实际上它也可以代表所有规模报酬不变的其他产业。

（2）制造业部门

制造业部门使用一般的低技术劳动力和中间产品作为投入品，在规模报酬不变的生产技术下生产制造业产品。

$$M_i=L_{Mi}^{1-\alpha}\left\{\left[\sum_N S_j^{(\phi-1)\phi}\right]^{\phi/(\phi-1)}\right\}^{\alpha},i=C_1,C_2,I_1,I_2$$

L_{M^i} 为城市制造业部门所使用的低技术劳动力数量。N 为从区域 $i=C_1$，C_2，I_1，I_2 所获得的中间产品种类数，$\phi>1$ 为中间产品之间的替代弹性，S_j 为某种中间产品。由于中间产品差别化程度比制造业产品和农产品都高，因此替代弹性 $1<\phi<\sigma<\delta$，这将在后面的数学模拟中予以体现。

（3）中间产品部门

中间产品部门的生产要素为高技术劳动力，在规模报酬递增的生产条件下生产中间产品。为体现报酬递增，这里通常采用线性的生产函数：

$$S_i=\frac{1}{b}h_i-\frac{a}{b}$$

a 为固定投入品，b 为边际投入品，h_i 为厂商雇佣的高技术劳动力数量，S_i 为城市 i 某一代表性厂商的中间产品产量。

上述生产函数形式的采用，与一般的新经济地理学模型相同。

5.2.4　劳动力流动

如果在没有政府政策限制的情况下，低技术劳动力均衡时（一个城市内农业劳动力的真实工资等于制造业劳动力的真实工资）从本区域农业部门到城市制造业部门的迁移量为 ΔL_{Mi}，$i=C_1$，C_2，I_1，I_2。在政府政策限制的作用下，只有其中的 $\mu_L\in[0,1]$ 的部分允许迁移，μ_L 称为迁移限制系数，则低技术劳动力的实际迁移量为 $\mu_L\cdot\Delta L_{Mi}$。

对于高技术劳动力，如果他们在区域间可以自由流动，则在均衡时从区域 I 迁往区域 C 的高技术劳动力为 ΔH。在考虑到空间理性的情况下，实际只有 $\mu_H\in[0,1]$ 的部分发生迁移，μ_H 被称为空间理性系数，高技术劳动力的实际迁移量为 $\mu_H\cdot\Delta H$。

对于低技术劳动力，实际的情况是，他们的流动既受到政府政策限制的作用，还受到空间理性的作用，因此其流动比例相对较小，所以有 $\mu_L\leqslant\mu_H$，这会在后面的数学模拟中得以体现。

5.2.5　模型方程

上述模型的推导流程如图 5-3 所示。

（1）城市 C_1 的消费者行为

首先解城市 1 的消费者对各种产品的需求函数，其效用函数为：

$$u_{C_1}=[A_{C_1C_1}^{(\delta-1)/\delta}+A_{C_2C_1}^{(\delta-1)/\delta}+A_{I_1C_1}^{(\delta-1)/\delta}+A_{I_2C_1}^{(\delta-1)/\delta}]^{(1-\nu)\delta/(\delta-1)}\ [M_{C_1C_1}^{(\sigma-1)/\sigma}+M_{C_2C_1}^{(\sigma-1)/\sigma}+M_{I_1C_1}^{(\sigma-1)/\sigma}+M_{I_2C_1}^{(\sigma-1)/\sigma}]^{\nu\sigma/(\sigma-1)} \quad (1)$$

预算约束为：

$$P_{AC_1}A_{C_1C_1}+P_{AC_1}\xi_1A_{C_2C_1}+P_{AI_1}\gamma A_{I_1C_1}+P_{AI_2}\gamma A_{I_2C_1}+P_{MC_1}M_{C_1C_1}+P_{MC_2}\xi_1M_{C_2C_1}+$$

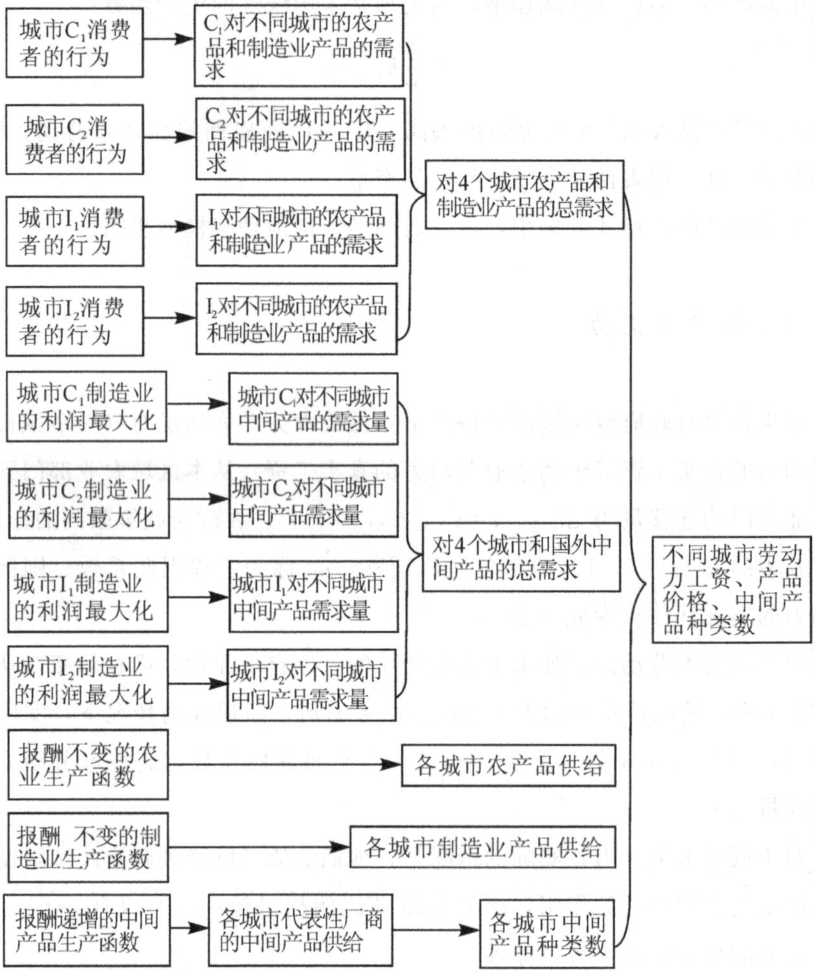

图 5-3 模型方程的推导过程

$$P_{MI_1}\gamma M_{I_1C_1}+P_{MI_2}\gamma M_{I_2C_1}=E_{C_1} \tag{2}$$

对于上述最大化过程，它等价于下述两组最大化过程：

$$\max\ u_{C_1}^{A}=[A_{C_1C_1}^{(\delta-1)/\delta}+A_{C_2C_1}^{(\delta-1)/\delta}+A_{I_1C_1}^{(\delta-1)/\delta}+A_{I_2C_1}^{(\delta-1)/\delta}]^{(1-\nu)\delta/(\delta-1)}$$

$$s.t.\quad P_{AC_1}A_{C_1C_1}+P_{AC_1}\xi_1A_{C_2C_1}+P_{AI_1}\gamma A_{I_1C_1}+P_{AI_1}\gamma A_{I_2C_1}=(1-\nu)E_{C_1} \tag{3}$$

和

$$\max\ u_{C_1}^{M}=[M_{C_1C_1}^{(\sigma-1)/\sigma}+M_{C_2C_1}^{(\sigma-1)/\sigma}+M_{I_1C_1}^{(\sigma-1)/\sigma}+M_{I_2C_1}^{(\sigma-1)/\sigma}]^{\nu\sigma/(\sigma-1)}$$

$$s.t.\quad P_{MC_1}M_{C_1C_1}+P_{MC_2}\xi_1M_{C_2C_1}+P_{MI_1}\gamma M_{I_1C_1}+P_{MI_2}\gamma M_{I_2C_1}=\nu E_{C_1} \tag{4}$$

由方程（3）可以得到：

$$_{C_1C_1}=P_{AC_1}^{-\delta}\ (1-\nu)\ E_{C_1}/\ [P_{AC_1}^{1-\delta}+\ (P_{AC_1}\xi_1)^{1-\delta}+\ (P_{AI_1}\gamma)^{1-\delta}$$

$$+\ (P_{AI_2}\gamma)^{1-\delta}]\ =\ (1-\nu)\ P_{AC_1}^{-\delta}E_{C_1}Q_{AC_1}^{\delta-1} \tag{5}$$

其中

$$Q_{AC_1}^{1-\delta}+P_{AC_1}^{1-\delta}+\ (P_{AC}\xi_1)^{1-\delta}+\ (P_{AI_1}\gamma)^{1-\delta}+\ (P_{AI_2}\gamma)^{1-\delta} \tag{5'}$$

$$A_{C_2C_1}=\ (P_{AC_2}\xi_1)^{-\delta}\ (1-\nu)\ E_{C_1}/\ [P_{AC_1}^{1-\delta}+\ (P_{AC_2}\xi_1)^{1-\delta}$$

$$+\ (P_{AI_1}\gamma)^{1-\delta}+\ (P_{AI_2}\gamma)^{1-\delta}]$$

$$=\ (1-\nu)\ (P_{AC_2}\xi_1)^{-\delta}E_{C_1}Q_{AC_1}^{\delta-1} \tag{6}$$

$$A_{I_1C_1}=\ (P_{AI_1}\gamma)^{-\delta}\ (1-\nu)\ E_{C_1}/\ [P_{AC_1}^{1-\delta}+\ (P_{AC_2}\xi_1)^{1-\delta}$$

$$+\ (P_{AI_1}\gamma)^{1-\delta}+\ (P_{AI_2}\gamma)^{1-\delta}]$$

$$=\ (1-\nu)\ (P_{AI_1}\gamma)^{-\delta}E_{C_1}Q_{AC_1}^{\delta-1} \tag{7}$$

$$A_{I_2C_1}=\ (P_{AI_2}\gamma)^{-\delta}\ (1-\nu)\ E_{C_1}/\ [P_{AC_1}^{1-\delta}+\ (P_{AC_2}\xi_1)^{1-\delta}$$

$$+\ (P_{AI_1}\gamma)^{1-\delta}+\ (P_{AI_2}\gamma)^{1-\delta}]$$

$$=\ (1-\nu)\ (P_{AI_2}\gamma)^{-\delta}E_{C_1}Q_{AC_1}^{\delta-1} \tag{8}$$

由方程（4）可以得到：

$$M_{C_1C_1}=P_{MC_1}^{-\sigma}\nu E_{C_1}/\ [P_{MC_1}^{1-\sigma}+\ (P_{MC_2}\xi_1)^{1-\sigma}+\ (P_{MI_1}\gamma)^{1-\sigma}$$

$$+\ (P_{MI_2}\gamma)^{1-\sigma}]$$

$$=P_{MC_1}^{-\sigma}Q_{MC_1}^{\sigma-1}\nu E_{C_1} \tag{9}$$

其中：

$$Q_{MC_1}^{1-\sigma}=P_{MC_1}^{1-\sigma}+\ (P_{MC_2}\xi_1)^{1-\sigma}+\ (P_{MI_1}\gamma)^{1-\sigma}+\ (P_{MI_2}\gamma)^{1-\sigma} \tag{9^1}$$

$$M_{C_2C_1}=\ (P_{MC_2}\xi_1)^{-\sigma}\nu E_{C_1}/\ [P_{MC_1}^{1-\sigma}+\ (P_{MC2}\xi_1)^{1-\sigma}+\ (P_{MI_1}\gamma)^{1-\sigma}$$

$$+\ (P_{MI_2}\gamma)^{1-\sigma}]$$

$$=\ (P_{MC_2}\xi_1)^{-\sigma}Q_{MC_1}^{\sigma-1}\nu E_{C_1} \tag{10}$$

同理得：

$$M_{I_1C_1}=\ (P_{MI_1}\gamma)^{-\sigma}Q_{MC_1}^{\sigma-1}\nu E_{C_1} \tag{11}$$

$$\mathrm{M}_{\mathrm{I}_2\mathrm{C}_1}=\ (\mathrm{P}_{\mathrm{MI}_2}\gamma)^{-\sigma}\mathrm{Q}_{\mathrm{MC}_1}^{\sigma-1}\nu\mathrm{E}_{\mathrm{C}_1} \tag{12}$$

（2）城市 C_2 的消费者行为

首先解城市 C_2 的消费者对各种产品的需求函数，其效用函数为：

$$u_{C_2}=\ [A_{C_1C_2}^{(\delta-1)/\delta}+A_{C_2C_2}^{(\delta-1)/\delta}+A_{I_1C_2}^{(\delta-1)/\delta}+A_{I_2C_2}^{(\delta-1)/\delta}]^{(1-\nu)\delta/_{(\delta-1)}}$$

$$[M_{C_1C_2}^{(\sigma-1)/\sigma}+M_{C_2C_2}^{(\sigma-1)/\sigma}+M_{I_1C_2}^{(\sigma-1)/\sigma}+M_{I_2C_2}^{(\sigma-1)/\sigma}]^{\nu\sigma/(\sigma-1)} \quad (13)$$

预算约束为：

$$P_{AC_1}\xi_1 A_{C_1C_2}+P_{AC_1}A_{C_2C_2}+P_{AI_1}\gamma A_{I_1C_2}+P_{AI_2}\gamma A_{I_2C_2}+P_{MC_1}\xi_1 M_{C_1C_2}$$
$$+P_{MC_2}M_{C_2C_2}+P_{MI_1}\gamma M_{I_1C_2}+P_{MI_2}\gamma M_{I_2C_2}=E_{C_2} \quad (14)$$

对于上述最大化过程，它等价于下述两组最大化过程：

$$\max \ u_{C_2}^A=[A_{C_1C_2}^{(\delta-1)/\delta}+A_{C_2C_2}^{(\delta-1)/\delta}+A_{I_1C_2}^{(\delta-1)/\delta}+A_{I_2C_2}^{(\delta-1)/\delta}]^{(1-\nu)\delta/(\delta-1)}$$
$$s.t. \quad P_{AC_1}A_{C_1C_2}+P_{AC_1}\xi_1 A_{C_2C_2}+P_{AI_1}\gamma A_{I_1C_2}+P_{AI_2}\gamma A_{I_2C_2}$$
$$=(1-\nu)\ E_{C_2} \quad (15)$$

$$\max \ u_{C_2}^M=[M_{C_1C_2}^{(\sigma-1)/\sigma}+M_{C_2C_2}^{(\sigma-1)/\sigma}+M_{I_1C_2}^{(\sigma-1)/\sigma}+M_{I_2C_2}^{(\sigma-1)/\sigma}]^{\nu\sigma/(\sigma-1)}$$
$$s.t. \quad P_{MC_1}M_{C_1C_2}+P_{MC_2}\xi_1 M_{C_2C_2}+P_{MI_1}\gamma M_{I_1C_2}+P_{MI_2}\gamma M_{I_2C_2}$$
$$=\nu E_{C_2} \quad (16)$$

由最大化问题（15）可以得到：

$$A_{C_1C_2}=(P_{AC_1}\xi_1)^{-\delta}\ (1-\nu)\ E_{C_2}/\ [\ (P_{AC_1}\xi_1)^{1-\delta}+P_{AC_2}^{1-\delta}$$
$$+\ (P_{AI_1}\gamma)^{1-\delta}+\ (P_{AI_2}\gamma)^{1-\delta}]$$
$$=(1-\nu)\ (P_{AC_1}\xi_1)^{-\delta}E_{C_2}Q_{AC_2}^{\delta-1} \quad (17)$$

其中 $Q_{AC_2}^{1-\delta}=P_{AC_2}^{1-\delta}+\ (P_{AC_1}\xi_1)^{1-\delta}+\ (P_{AI_1}\gamma)^{1-\delta}+\ (P_{AI_2}\gamma)^{1-\delta}$ (17¹)

同理可得：

$$A_{C_2C_2}=(1-\nu)P_{AC_2}{}^{-\delta}E_{C2}Q_{AC_2}^{\delta-1} \quad (18)$$

$$A_{I_1C_2}=(1-\nu)(P_{AI_2}\gamma)^{-\delta}E_{C_2}Q_{AC_2}^{\delta-1} \quad (19)$$

$$A_{I_2C_2}=(1-\nu)(P_{AI_2}\gamma)^{-\delta}E_{C_2}Q_{AC_2}^{\delta-1} \quad (20)$$

由最大化问题（16）可以得到：

$$M_{C_1C_2}=(P_{MC_1}\xi_1)^{-\sigma}\nu E_{C_2}/\ [P_{MC_2}^{1-\sigma}+\ (P_{MC_1}\xi_1)^{1-\sigma}+\ (P_{MI_1}\gamma)^{1-\sigma}$$
$$+\ (P_{MI_2}\gamma)^{1-\sigma}]$$
$$=(P_{MC_1}\xi_1)^{-\sigma}Q_{MC_2}^{\sigma-1}\nu E_{C_2} \quad (21)$$

其中 $Q_{MC_2}^{1-\sigma}=P_{MC_2}^{1-\sigma}+(P_{MC_1}\xi_1)^{1-\sigma}+(P_{MI_2}\gamma)^{1-\sigma}+(P_{MI_2}\gamma)^{1-\sigma}$ (21¹)

同理可得：

$$M_{C_2C_2}=P_{MC_2}^{-\sigma}Q_{MC_2}^{\sigma-1}\nu E_{C_2} \quad (22)$$

$$M_{I_1C_2}=(P_{MI_1}\gamma)^{-\sigma}Q_{MC_2}^{\sigma-1}\nu E_{C_2} \quad (23)$$

$$M_{I_2C_2}=(P_{MI_2}\gamma)^{-\sigma}Q_{MC_2}^{\sigma-1}\nu E_{C_2} \quad (24)$$

（3）城市 I_1 的消费者行为

首先解城市 I_1 的消费者对各种产品的需求函数，其效用函数为：

$$u_{I_1}=[A_{C_1I_1}^{(\delta-1)/\delta}+A_{C_2I_1}^{(\delta-1)/\delta}+A_{I_1I_1}^{(\delta-1)/\delta}+A_{I_2I_1}^{(\delta-1)/\delta}]^{(1-\nu)\delta/(\delta-1)}$$
$$[M_{C_1I_1}^{(\sigma-1)/\sigma}+M_{C_2I_1}^{(\sigma-1)/\sigma}+M_{I_1I_1}^{(\sigma-1)/\sigma}+M_{I_2I_1}^{(\sigma-1)/\sigma}]^{\nu\sigma/(\sigma-1)} \quad (25)$$

$$P_{AC_1}\gamma A_{C_1I_1}+P_{AC_1}\gamma A_{C_2I_1}+P_{AI_1}A_{I_1I_1}+P_{AI_2}\xi_2 A_{I_2I_1}+P_{MC_1}\gamma M_{C_1I_1}$$
$$+P_{MC_2}\gamma M_{C_2I_1}+P_{MI_1}M_{I_1I_1}+P_{MI_2}\xi_2 M_{I_2I_1}=E_{I_1} \quad (26)$$

对于上述最大化过程，它等价于下述两组最大化过程：

$$\max \quad u_{I_1}^A=[A_{C_1I_1}^{(\delta-1)/\delta}+A_{C_2I_1}^{(\delta-1)/\delta}+A_{I_1I_1}^{(\delta-1)/\delta}+A_{I_2I_1}^{(\delta-1)/\delta}]^{(1-\nu)\delta/(\delta-1)}$$
$$s.t. \quad P_{AC_1}\gamma A_{C_1I_1}+P_{AC_1}\gamma A_{C_2I_1}+P_{AI_1}A_{I_1I_1}+P_{AI_2}\xi_2 A_{I_2I_1}$$
$$=(1-\nu)E_{I_1} \quad (27)$$

$$max \quad \mathrm{u}_{\mathrm{I}_1}^{\mathrm{M}}=[\mathrm{M}_{\mathrm{C}_1\mathrm{I}_1}^{(\sigma-1)/\sigma}+\mathrm{M}_{\mathrm{C}_2\mathrm{I}_1}^{(\sigma-1)/\sigma}+\mathrm{M}_{\mathrm{I}_1\mathrm{I}_1}^{(\sigma-1)/\sigma}+\mathrm{M}_{\mathrm{I}_2\mathrm{I}^1}^{(\sigma-1)/\sigma}]\ \nu\sigma/_{(\sigma-1)}$$
$$\mathrm{s.t.} \quad \mathrm{P}_{\mathrm{MC}_1}\gamma\mathrm{M}_{\mathrm{C}_1\mathrm{I}_1}+\mathrm{P}_{\mathrm{MC}_2}\gamma\mathrm{M}_{\mathrm{C}_2\mathrm{I}_1}+\mathrm{P}_{\mathrm{MI}_1}\mathrm{M}_{\mathrm{I}_1\mathrm{I}_1}+\mathrm{P}_{\mathrm{MI}_2}\xi_2\mathrm{M}_{\mathrm{I}_2\mathrm{I}_1}$$
$$=\nu\mathrm{E}_{\mathrm{I}_1} \quad (28)$$

由最大化问题（27）可以得到：

$$A_{C_1I_1}=(P_{AC_1}\gamma)^{-\delta}(1-\nu)E_{I_1}/[(P_{AC_1}\gamma)^{1-\delta}+(P_{AC_2}\gamma)^{1-\delta}+P_{AI_1}^{1-\delta}$$
$$+(P_{AI_2}\xi_2)^{1-\delta}]$$
$$=(1-\nu)(P_{AC_1}\gamma)^{-\delta}E_{I_1}Q_{AI_1}^{\delta-1} \quad (29)$$

其中 $Q_{AI_1}^{1-\delta}=(P_{AC_1}\gamma)^{1-\delta}+(P_{AC_2}\gamma)^{1-\delta}+P_{AI_1}^{1-\delta}+(P_{AI_2}\xi_2)^{1-\delta}$　（29[1]）

同理可得：

$$A_{C_2I_1}=(1-\nu)(P_{AC_2}\gamma)^{-\delta}E_{I_1}Q_{AI_1}^{\delta-1} \quad (30)$$

$$A_{I_1I_1}=(1-\nu)P_{AI_1}{}^{-\delta}E_{I_1}Q_{AI_1}^{\delta-1} \quad (31)$$

$$A_{I_2I_1}=(1-\nu)(P_{AI_1}\xi_2)^{-\delta}E_{I_1}Q_{AI_1}^{\delta-1} \quad (32)$$

由最大化问题（28）可以得到：

$$M_{C_1I_1}=(P_{MC_1}\gamma)^{-\sigma}\nu E_{I_1}/[(P_{MC_1}\gamma)^{1-\delta}+(P_{MC_2}\gamma)^{1-\sigma}+P_{MI_1}^{1-\sigma}$$
$$+(P_{MI_2}\xi_2)^{1-\sigma}]$$
$$=(P_{MC_1}\gamma)^{-\sigma}Q_{MI_1}^{\sigma-1}\nu E_{I_1} \quad (33)$$

其中：

$$Q_{MI_1}^{\sigma-1}=(P_{MC_1}\gamma)^{1-\sigma}(P_{MC_2}\gamma)^{1-\sigma}+P_{MI_1}^{1-\sigma}+(P_{MI_2}\xi_2)^{1-\sigma} \quad (33^1)$$

同理可得：

$$M_{C_2I_1}=(P_{MC_2}\gamma)^{-\sigma}Q_{MI_1}^{\sigma-1}\nu E_{I_1} \quad (34)$$

$$M_{I_1 I_1} = P_{MI_1}{}^{-\sigma} Q_{MI_1}^{\sigma-1} \nu E_{I_1} \tag{35}$$

$$M_{I_2 I_1} = (P_{MI_2} \xi_2)^{-\sigma} Q_{MI_1}^{\sigma-1} \nu E_{I_1} \tag{36}$$

(4) 城市 I_2 的消费者行为

首先解城市 I_2 的消费者对各种产品的需求函数，其效用函数为：

$$u_{I_2} = [A_{C_1 I_2}^{(\delta-1)/\delta} + A_{C_2 I_2}^{(\delta-1)/\delta} + A_{I_1 I_2}^{(\delta-1)/\delta} + A_{I_2 I_2}^{(\delta-1)/\delta}]^{(1-\nu)\delta/_1(\delta-1)}$$
$$[M_{C_1 I_2}^{(\sigma-1)/\sigma} + M_{C_2 I_2}^{(\sigma-1)/\sigma} + M_{I_1 I_2}^{(\sigma-1)/\sigma} + M_{I_2 I_2}^{(\sigma-1)/\sigma}]^{\nu\sigma/(\sigma-1)} \tag{37}$$

$$P_{AC_1} \gamma A_{C_1 I_2} + P_{AC_1} \gamma A_{C_2 I_2} + P_{AI_1} \xi_2 A_{I_1 I_2} + P_{AI_2} A_{I_2 I_2} + P_{MC_1} \gamma M_{C_1 I_2}$$
$$+ P_{MC_2} \gamma M_{C_2 I_2} + P_{MI_1} \xi_2 M_{I_1 I_2} + P_{MI_2} M_{I_2 I_2} = E_{I_2} \tag{38}$$

对于上述最大化过程，它等价于下述两组最大化过程：

$$\max \quad u_{I_2}^{A} = [A_{C_1 I_2}^{(\delta-1)/\delta} + A_{C_2 I_2}^{(\delta-1)/\delta} + A_{I_1 I_2}^{(\delta-1)/\delta} + A_{I_2 I_2}^{(\delta-1)/\delta}]^{(1-\nu)\delta/(\delta-1)}$$
$$s.t. \quad P_{AC_1} \gamma A_{C_1 I_2} + P_{AC_1} \gamma A_{C_2 I_2} + P_{AI_1} \xi_2 A_{I_1 I_2} + P_{AI_2} A_{I_2 I_2}$$
$$= (1-\nu) E_{I_2} \tag{39}$$

$$\max \quad u_{I_2}^{M} = [M_{C_1 I_2}^{(\sigma-1)/\sigma} + M_{C_2 I_2}^{(\sigma-1)/\sigma} + M_{I_1 I_2}^{(\sigma-1)/\sigma} + M_{I_2 I_2}^{(\sigma-1)/\sigma}]^{\nu\sigma/(\sigma-1)}$$
$$s.t. \quad P_{MC_1} \gamma M_{C_1 I_2} + P_{MC_2} \gamma M_{C_2 I_2} + P_{MI_1} \xi_2 M_{I_1 I_2} + P_{MI_2} M_{I_2 I_2}$$
$$= \nu E_{I_2} \tag{40}$$

由最大化问题（39）可以得到：

$$A_{C_1 I_2} = (P_{AC_1} \gamma)^{-\delta} (1-\nu) E_{I_2} / [(P_{AC_1} \gamma)^{1-\delta} + (P_{AC_2} \gamma)^{1-\delta} + P_{AI_2}^{1-\delta}$$
$$+ (P_{AI_1} \xi_2)^{1-\delta}]$$
$$= (1-\nu)(P_{AC_1} \gamma)^{-\delta} E_{I_2} Q_{AI_2}^{\delta-1} \tag{41}$$

其中：

$$Q_{AI_2}^{1-\delta} = (P_{AC_1} \gamma)^{1-\delta} + (P_{AC_2} \gamma)^{1-\delta} + P_{AI_2}^{1-\delta} + (P_{AI_1} \xi_2)^{1-\delta} \tag{41^1}$$

同理可得：

$$A_{C_2 I_2} = (1-\nu)(P_{AC_2} \gamma)^{-\delta} E_{I_2} Q_{AI_2}^{\delta-1} \tag{42}$$

$$A_{I_1 I_2} = (1-\nu)(P_{AI_2} \xi_2)^{-\delta} E_{I_2} Q_{AI_2}^{\delta-1} \tag{43}$$

$$A_{I_2 I_2} = (1-\nu) P_{AI_1}^{-\delta} E_{I_2} Q_{AI_2}^{\delta-1} \tag{44}$$

由最大化问题（40）可以得到：

$$M_{C_1 I_2} = (P_{MC_1} \gamma)^{-\sigma} \nu E_{I_1} / [(P_{MC_1} \gamma)^{1-\sigma} + (P_{MC_2} \gamma)^{1-\sigma} + P_{MI_2}^{1-\sigma}$$
$$+ (P_{AM_1} \xi_2)^{1-\sigma}]$$
$$= (P_{MC_1} \gamma)^{-\sigma} Q_{MI_2}^{\sigma-1} \nu E_{I_2} \tag{45}$$

其中：

$$Q_{MI_2}^{\sigma-1}=(P_{MC_1}\gamma)^{1-\sigma}+(P_{MC_2}\gamma)^{1-\sigma}+P_{MI_2}^{1-\sigma}+(P_{MI_1}\xi_2)^{1-\sigma} \tag{45'}$$

同理可得：

$$M_{C_2I_2}=(P_{MC_2}\gamma)^{-\sigma}Q_{MI_2}^{\sigma-1}\nu E_{I_2} \tag{46}$$

$$M_{I_1I_2}=(P_{MI_1}\xi_2)^{-\sigma}Q_{MI_2}^{\sigma-1}\nu E_{I_2} \tag{47}$$

$$M_{I_2I_2}=P_{MI_2}{}^{-\sigma}Q_{MI_2}^{\sigma-1}\nu E_{I_2} \tag{48}$$

(5) 国外的消费者行为

国外仅仅被看作进出口市场，其生产与出口S产品，进口制造业产品。故其典型的消费者的效用函数为：

$$\begin{aligned}\max\quad u^*=&\left[M_{C_1R}^{(\sigma-1)/\sigma}+M_{C_2R}^{(\sigma-1)/\sigma}+M_{I_1R}^{(\sigma-1)/\sigma}+M_{I_2R}^{(\sigma-1)/\sigma}\right]^{\sigma/(\sigma-1)}\\ s.t.\quad &(P_{MC_1}t_1)M_{C_1R}+(R_{MC_2}t_1)M_{C_2R}+(P_{MI_1}t_2)M_{I_1R}\\ &+(P_{MI_2}t_2)M_{I_2R}=E_R\end{aligned} \tag{49}$$

其中 t_1 为沿海地区与外国之间的贸易成本率，t_2 为内陆地区与国外之间的贸易成本率，规定 t_3。解此最大化问题可以得到：

$$\begin{aligned}M_{C_1R}=&(P_{MC_1}t_1)^{-\sigma}E_R/\left[(P_{MC_1}t_1)^{1-\sigma}+(P_{MC_2}t_1)^{1-\sigma}+(P_{MI_1}t_2)^{1-\sigma}\right.\\ &\left.+(P_{MI_2}t_2)^{1-\sigma}\right]=(P_{MC_1}t_1)^{-\sigma}Q_{MR}^{\sigma-1}E_R\end{aligned} \tag{50}$$

其中：

$$Q_{MR}^{1-\sigma}=(P_{MC_1}t_1)^{1-\sigma}+(P_{MC_2}t_1)^{1-\sigma}+(P_{MI_1}t_2)^{1-\sigma}+(P_{MI_2}t_2)^{1-\sigma} \tag{50'}$$

$$M_{C_1R}=(P_{MC_1}t_1)^{1-\sigma}Q_{MR}^{\sigma-1}E_R \tag{51}$$

$$M_{C_2R}=(R_{MC_2}t_1)^{-\sigma}Q_{MR}^{\sigma-1}E_R \tag{52}$$

$$M_{I_1R}=(R_{MI_1}t_2)^{-\sigma}Q_{MR}^{\sigma-1}E_R \tag{53}$$

$$M_{I_2R}=(P_{MI_2}t_2)^{-\sigma}Q_{MR}^{\sigma-1}E_R \tag{54}$$

(6) 对制造业产品和农产品的总需求

对城市 C_1 生产的制造业产品的需求包括：本地需求、城市 C_2 的需求、城市 I_1 的需求、城市 I_2 的需求和国外的需求，汇总 (9)、(21)、(33) 和 (45)，得：

$$\begin{aligned}M_{C_1}=&M_{C_1C_1}+M_{C_1C_2}+M_{C_1I_1}+M_{C_1I_2}+M_{C_1R}\\ =&P_{MC_1}^{-\sigma}Q_{MC_1}^{\sigma-1}\nu E_{C_1}+(P_{MC_1}\xi_1)^{-\sigma}Q_{MC_2}^{\sigma-1}\nu E_{C_2}\\ &+(P_{MC_1}\gamma)^{-\sigma}Q_{MI_1}^{\sigma-1}\nu E_{I_1}+(P_{MC_1}\gamma)^{-\sigma}Q_{MI_2}^{\sigma-1}\nu E_{I_2}\end{aligned}$$

$$+(P_{MC_1}t_1)^{-\sigma}Q_{MR}^{\sigma-1}E_R \tag{55}$$

对城市 1 的农产品的需求包括：本地需求、城市 I_1 的需求与城市 I_2 的需求，即：

$$\begin{aligned}A_{C_1}=&(1-\nu)[P_{AC_1}^{-\delta}Q_{AC_1}^{\delta-1}E_{C_1}+(P_{AC_1}\xi_1)^{-\delta}Q_{AC_2}^{\delta-1}E_{C_2}\\&+(P_{AC_1}\gamma)^{-\delta}Q_{AI_1}^{\delta-1}E_{I_1}+(P_{AC_1}\gamma)^{-\delta}Q_{AI_2}^{\delta-1}E_{I_2}]\end{aligned} \tag{56}$$

对城市 C_2 生产的制造业产品的需求量包括：本地需求、城市 C_1 的需求、城市 I_1 的需求、城市 I_2 的需求和国外的需求，即：

$$\begin{aligned}M_{C_2}=&MC_2C_1+M_{C_2C_2}+M_{C_2I_1}+M_{C_2I_2}+M_{C_2R}\\=&(P_{MC_2}\xi_1)^{-\sigma}Q_{MC_1}^{\sigma-1}\nu E_{C_1}+P_{MC_2}^{-\sigma}Q_{MC_2}^{\sigma-1}\nu E_{C_2}\\&+(P_{MC_2}\gamma)^{-\sigma}Q_{MI_1}^{\sigma-1}\nu E_{I_1}+(P_{MC_2}\gamma)^{-\sigma}Q_{MI_2}^{\sigma-1}\nu E_{I_2}\\&+(P_{MC_2}t_1)^{-\sigma}Q_{MR}^{\sigma-1}E_R\end{aligned} \tag{57}$$

对城市 C_2 的农产品的需求包括：本地需求、城市 I_1 的需求与城市 I_2 的需求，即：

$$\begin{aligned}A_{C_2}=&(1-\nu)[(P_{AC_2}\xi_1)^{-\delta}Q_{AC_1}^{\delta-1}E_{C_1}+P_{AC_2}^{-\delta}Q_{AC_2}^{\delta-1}E_{C_2}\\&+(P_{AC_2}\gamma)^{-\delta}Q_{AI_1}^{\delta-1}E_{I_1}+(P_{AC_2}\gamma)^{-\delta}Q_{AI_2}^{\delta-1}E_{I_2}]\end{aligned} \tag{58}$$

对城市 I_1 的制造业产品的需求量包括：本地需求、沿海城市 C_1 的需求、沿海城市 C_2 需求、城市 I_2 的需求和国外的需求，即：

$$\begin{aligned}M_{I_1}=&(P_{MI_1}\gamma)^{-\sigma}Q_{MC_1}^{\sigma-1}\nu E_{C_1}+(P_{MI_1}\gamma)^{-\sigma}Q_{MC_2}^{\sigma-1}\nu E_{C_2}\\&+P_{MI_1}^{-\sigma}Q_{MI_1}^{\sigma-1}\nu E_{I_1}+(P_{MI_1}\xi_2)^{-\sigma}Q_{MI_2}^{\sigma-1}\nu E_{I_2}\\&+(P_{MI_1}t_2)^{-\sigma}Q_{MR}^{\sigma-1}E_R\end{aligned} \tag{59}$$

对城市 I_1 的农产品的需求包括：本地需求沿海城市 C_1 的需求、沿海城市 C_2 需求和城市 I_2 的需求，即：

$$\begin{aligned}A_{I_1}=&(1-\nu)[(P_{AI_1}\gamma)^{-\delta}Q_{AC_1}^{\delta-1}E_{C_1}+(P_{AI_1}\gamma)^{-\delta}Q_{AC_2}^{\delta-1}E_{C_2}\\&+P_{AI_1}^{-\delta}Q_{AI_1}^{\delta-1}E_{I_1}+(P_{AI_1}\xi_2)^{-\delta}Q_{AI_2}^{\delta-1}E_{I_2})]\end{aligned} \tag{60}$$

对城市 I_2 的制造业产品的需求包括：本地需求、沿海城市 C_1 的需求、沿海城市 C_2 需求、城市 I_2 的需求和国外的需求，即：

$$\begin{aligned}M_{I_2}=&(P_{MI_2}\gamma)^{-\sigma}Q_{MC_1}^{\sigma-1}\nu E_{C_1}+(P_{MI_2}\gamma)^{-\sigma}Q_{MC_2}^{\sigma-1}\nu E_{C_2}\\&+(P_{MI_2}\xi_2)^{-\sigma}Q_{MI_1}^{\sigma-1}\nu E_{I_1}+P_{MI_2}^{-\sigma}Q_{MI_2}^{\sigma-1}\nu E_{I_2}\\&+(P_{MI_2}t_2)^{-\sigma}Q_{MR}^{\sigma-1}E_R\end{aligned} \tag{61}$$

对城市 I_2 的农产品的需求包括：本地需求沿海城市 C_1 的需求、沿海城市

C_2 需求和城市 I_2 的需求，即：

$$A_{I_2} = (1-\nu)\left[(P_{AI_2}\gamma)^{-\delta}Q_{AC_1}^{\delta-1}E_{C_1} + (P_{AI_2}\gamma)^{-\delta}Q_{AC_2}^{\delta-1}E_{C_2} + (P_{AI_2}\xi_2)^{-\delta}Q_{AI_1}^{\delta-1}E_{I_1} + P_{AI_2}^{-\delta}Q_{AI_2}^{\delta-1}E_{I_2}\right] \tag{62}$$

上述方程中：

$$E_i = w_{Ai}L_{Ai} + w_{Mi}L_{Mi} + W_{Hi}H_i \quad i = C_1, C_2, I_1, I_2 \tag{63}$$

$$E_R = w_{HR}H_R \tag{64}$$

（7）对 S 产品的需求和制造业劳动力的需求

城市 C_1 的制造业的生产函数为：

$$\begin{aligned} M_{C_1} &= L_{AC_1}^{1-\alpha}\left\{\left[\sum_1^N S_j^{(\phi-1)/\phi}\right]^{\phi(\phi-1)}\right\}^{\alpha} \\ &= L_{MC_1}^{1-\alpha}\left\{\left[n_{C_1}S_{C_1C_1}^{(\phi-1)/\phi} + n_{C_2}S_{C_2C_1}^{(\phi-1)/\phi} + n_{I_1}S_{I_1C_1}^{(\phi-1)/\phi} + n_{I_2}S_{I_2C_1}^{(\phi-1)/\phi} + n_R S_{RC_1}^{(\phi-1)/\phi}\right]^{\phi/(\phi-1)}\right\}^{\alpha} \end{aligned} \tag{65}$$

利润：

$$\pi_{MC_1} = P_{MC_1}M_{C_1} - w_{MC_1}L_{MC_1} - \left[P_{SC_1}n_{C_1}S_{C_1C_1} + P_{SC_2}\xi_1 n_{C_2}S_{C_2C_1} + (P_{SI_1}\gamma)n_{I_1}S_{I_1C_1} + (P_{SI_2}\gamma)n_{I_2}S_{I_2C_1} + (P_{SR}t_1)n_R S_{RC_1}\right] \tag{66}$$

一阶条件和零利润条件可以得到：

$$\begin{aligned} S_{C_1C_1} &= \alpha P_{MC_1}M_{C_1}P_{SC_1}^{-\phi} / \left[n_{C1}P_{SC_1}^{1-\phi} + n_{C_2}(P_{SC_2}\xi_1)^{1-\phi} + n_{I_1}(P_{SI_1}\gamma)^{1-\phi} + n_{I_2}(P_{SI_2}\gamma)^{1-\phi} + n_R(P_{SR}t_1)^{1-\phi}\right] \\ &= \alpha P_{MC_1}M_{C1}P_{SC_1}^{-\phi}Q_{SC_1}^{\phi-1} \end{aligned} \tag{67}$$

$$Q_{SC_1}^{1-\phi} = n_{C_1}P_{SC_1}^{1-\phi} + n_{C_2}(P_{SC_2}\xi_1)^{1-\phi} + n_{I_1}(P_{SI_1}\gamma)^{1-\phi} + n_{I_2}(P_{SI_2}\gamma)^{1-\phi} + n_R(P_{SR}t_1)^{1-\phi} \tag{67'}$$

$$S_{C_2C_1} = \alpha P_{MC_1}M_{C_1}(P_{SC_2}\xi_1)^{-\phi}Q_{SC_1}^{\phi-1} \tag{68}$$

$$S_{I_1C_1} = \alpha P_{MC_1}M_{C_1}(P_{SI_1}\gamma)^{-\phi}Q_{SC_1}^{\phi-1} \tag{69}$$

$$S_{I_2C_1} = \alpha P_{MC_1}M_{C_1}(P_{SI_2}\gamma)^{-\phi}Q_{SC_1}^{\phi-1} \tag{70}$$

$$S_{RC_1} = \alpha P_{MC_1}M_{C_1}(P_{SR}t_1)Q_{SC_1}^{\phi-1} \tag{71}$$

$$L_{MC_1} = \left[(1-\alpha)\frac{P_{MC_1}}{w_{MC_1}}\right]^{1/\alpha}\alpha P_{MC_1}M_{C1}Q_{SC_1}^{-1} \tag{72}$$

城市 C_2 的制造业的生产函数为：

$$\begin{aligned} M_{C_2} &= L_{MC_2}^{1-\alpha}\left\{\left[\sum_1^N S_j^{(\phi-1)/\phi}\right]^{\phi/(\phi-2)}\right\}^{\alpha} \\ &= L_{MC_2}^{1-\alpha}\left\{\left[n_{C1}S_{C_1C_2}^{(\phi-1)/\phi} + n_{C_2}S_{C_2C_2}^{(\phi-1)/\phi} + n_{I_1}S_{I_1C_2}^{(\phi-1)/\phi}\right.\right. \end{aligned}$$

$$+n_{I_2}S_{I_2C_2}^{(\phi-1)/\phi}+n_RS_{RC_2}^{(\phi-1)/\phi}]^{\phi/(\phi-1)}\}^{\alpha} \tag{73}$$

利润为：

$$\pi_{MC_2}=P_{MC_2}M_{C_2}-w_{MC_2}L_{MC_2}-[P_{SC_1}\xi_1 n_{C_1}S_{C_1C_2}+P_{SC_2}n_{C_2}S_{C_2C_2}+(P_{SI_1}\gamma)n_{I_1}S_{I_1C_2}+(P_{SI_2}\gamma)n_{I_2}S_{I_1C_2}+(P_{SR}t_1)n_RS_{RC_2}] \tag{74}$$

一阶条件和零利润条件可以得到：

$$S_{C_1C_2}=\alpha P_{MC_2}M_{C_2}(P_{SC_1}\xi_1)^{-\phi}/[n_{C_1}(P_{SC_1}\xi_1)^{1-\phi}+n_{C_2}P_{SC_2}^{1-\phi}+n_{I_1}(P_{SI_1}\gamma)^{1-\phi}+n_{I_2}(P_{SI_2}\gamma)^{1-\phi}+n_R(R_{SR}t_1)^{1-\phi}]=\alpha P_{MC_1}M_{C_1}(P_{SC_1}\xi_1)^{-\phi}Q_{SC_2}^{\phi-1} \tag{75}$$

其中：

$$Q_{SC_2}^{1-\phi}=n_{C_1}(P_{SC_1}\xi_1)^{1-\phi}+n_{C_2}P_{SC_2}^{1-\phi}+n_{I_1}(P_{SI_1}\gamma)^{1-\phi}+n_{I_2}(P_{SI_2}\gamma)^{1-\phi}+n_R(P_{SR}t_1)^{1-\phi} \tag{76}$$

$$S_{C_2C_2}=\alpha P_{MC_2}M_{C_2}P_{SC_2}^{1-\phi}Q_{SC_2}^{\phi-1} \tag{77}$$

$$S_{I_1C_2}=\alpha P_{MC_2}M_{C_2}(P_{SI_1}\gamma)^{-\phi}Q_{SC_2}^{\phi-1} \tag{78}$$

$$S_{I_2C_2}=\alpha P_{MC_2}M_{C_2}(P_{SI_2}\gamma)^{-\phi}Q_{SC_2}^{\phi-1} \tag{79}$$

$$S_{RC_2}=\alpha R_{MC_2}M_{C_2}(P_{SR}t_1)^{-\phi}Q_{SC_2}^{\phi-1} \tag{80}$$

$$L_{MC_2}=\left[(1-\alpha)\frac{P_{MC_2}}{W_{MC_2}}\right]^{1/\alpha}\alpha P_{MC_2}M_{C_2}Q_{SC_2}^{-1} \tag{81}$$

城市 I_1 的制造业的生产函数为：

$$M_{I_1}=L_{MC_1}^{1-\alpha}\left\{\left[\sum_1^N S_j^{(\phi-1)/\phi}\right]^{\phi/(\phi-1)}\right\}^{\alpha}=L_{MI_1}^{1-\alpha}\{[n_{C_1}S_{C_1I_1}^{(\phi-1)/\phi}+n_{C_2}S_{C_2I_1}^{(\phi-1)/\phi}+n_{I_1}S_{I_1I_1}^{(\phi-1)/\phi}+n_{I_2}S_{I_2I_1}^{(\phi-1)/\phi}+n_RS_{RI_1}^{(\phi-1)/\phi}]^{\phi/(\phi-1)}\}^{\alpha} \tag{82}$$

利润：

$$\pi_{MI_1}=P_{MI_1}M_{I_1}-w_{MI_1}L_{MI_1}-[P_{SC_1}\gamma n_{C_1}S_{C_1I_1}+P_{SC_2}\gamma n_{C_2}S_{C_2I_1}+P_{SI_1}n_{I_1}S_{I_1I_1}+(P_{SI_2}\xi_2)n_{I_2}S_{I_2I_1}+(P_{SR}t_1)n_RS_{RI_1}] \tag{83}$$

一阶条件和零利润条件可以得到：

$$S_{C_1I_1}=\alpha P_{MI_1}M_{I_1}(P_{SC_1}\gamma)^{-\phi}/[n_{C_1}(P_{SC_1}\gamma)^{1-\phi}+n_{C_2}(P_{SC_2}\gamma)^{1-\phi}+n_{I_1}P_{SI_1}^{1-\phi}+n_{I_2}(P_{SI_2}\xi_2)^{1-\phi}+n_R(P_{SR}t_1)^{1-\phi}]=\alpha P_{MI_1}M_{I_1}(P_{SC_1}\gamma)^{-\phi}Q_{SI_1}^{\phi-1} \tag{84}$$

$$Q_{SI_1}^{1-\phi}=n_{C_1}(P_{SC_1}\gamma)^{1-\phi}+n_{C_2}(P_{SC_2}\gamma)^{1-\phi}+n_{I_1}P_{SI_1}^{1-\phi}$$

$$+n_{I_2}\ (P_{SI_2}\xi_2)^{1-\phi}+n_R\ (P_{SR}t_1)^{1-\phi} \tag{85}$$

$$S_{C_2I_1}=\alpha P_{MI_1}M_{I_1}(P_{SC_2}\gamma)^{-\phi}Q_{SI_1}^{\phi-1} \tag{86}$$

$$S_{I_1I_1}=\alpha P_{MI_1}M_{I_1}P_{SI_1}^{-\phi}Q_{SI_1}^{\phi-1} \tag{87}$$

$$S_{I_2I_1}=\alpha R_{MI_1}M_{I_1}(P_{SI_2}\xi_2)^{-\phi}Q_{SI_1}^{\phi-1} \tag{88}$$

$$S_{RI_1}=\alpha P_{MI_1}M_{I_1}(P_{SR}t_2)^{-\phi}Q_{SI_1}^{\phi-1} \tag{89}$$

$$L_{MI_1}=\left[(1-\alpha)\frac{P_{MI_1}}{w_{MI_1}}\right]^{1/\alpha}\alpha P_{MI_1}M_{I_1}Q_{SI_1}^{-1} \tag{90}$$

城市 I_2 的制造业的生产函数为：

$$\begin{aligned}M_{I_2}&=L_{MI_2}^{1-\alpha}\left\{\left[\sum_1^N S_j^{(\phi-1)/\phi}\right]^{\phi/(\phi-1)}\right\}^{\alpha}\\&=L_{MI_2}^{1-\alpha}\ \{\ [n_{C_1}S_{C_1I_2}^{(\phi-1)/\phi}+n_{C_2}S_{C_2I_2}^{(\phi-1)/\phi}+n_{I_1}S_{I_1I_2}^{(\phi-1)/\phi}\\&\quad+n_{I_2}S_{I_2I_2}^{(\phi-1)/\phi}+n_RS_{RI_2}^{(\phi-1)/\phi}]^{\phi/(\phi-1)}\}^{\alpha}\end{aligned} \tag{91}$$

利润：

$$\begin{aligned}\pi_{MI_2}=&P_{MI_2}M_{I_2}-w_{MI_2}L_{MI_2}-[P_{SC_1}\gamma n_{C_1}S_{C_1I_2}+P_{SC_2}\gamma n_{C^2}S_{C_2I_2}\\&+(P_{SI_1}\xi_2)n_{I_1}S_{I_1I_2}+P_{SI_2}n_{I_2}S_{I_2I_2}+(P_{SR}t_2)n_RS_{RI_2}]\end{aligned} \tag{92}$$

一阶条件和零利润条件可以得到：

$$\begin{aligned}S_{C_1I_2}=&\alpha P_{MI_2}M_{I_2}\ (P_{SC_1}\gamma)^{-\phi}/\ [n_{C_1}\ (P_{SC_1}\gamma)^{1-\phi}+n_{C_2}\ (P_{SC_2}\gamma)^{1-\phi}\\&+n_{I_1}\ (P_{SI_1}\xi_2)^{1-\phi}+n_{I_2}P_{SI_2}^{1-\phi}+n_R\ (P_{SR}t_2)^{1-\phi}]\\=&\alpha P_{MI_2}M_{I_2}\ (P_{SC_1}\gamma)^{-\phi}Q_{SI_2}^{\phi-1}\end{aligned} \tag{93}$$

其中：

$$\begin{aligned}Q_{SI_2}^{1-\phi}=&n_{C_1}\ (P_{SC_1}\gamma)^{1-\phi}+n_{C_2}\ (P_{SC_2}\gamma)^{1-\phi}+n_{I_1}\ (P_{SI_1}\xi_2)^{1-\phi}\\&+n_{I_2}P_{SI_2}^{1-\phi}+n_R\ (P_{SR}t_2)^{1-\phi}\end{aligned} \tag{94}$$

$$S_{C_2I_2}=\alpha P_{MI_2}M_{I_2}(P_{SC_2}\gamma)^{-\phi}Q_{SI_2}^{\phi-1} \tag{95}$$

$$S_{I_1I_2}=\alpha P_{MI_2}M_{I_2}(P_{SI_1}\xi_2)^{-\phi}Q_{SI_2}^{\phi-1} \tag{96}$$

$$S_{I_2I_2}=\alpha P_{MI_2}M_{I_2}P_{SI_2}^{-\phi}Q_{SI_2}^{\phi-1} \tag{97}$$

$$S_{RI_2}=\alpha R_{MI_2}M_{I_2}(P_{SR}t_2)^{-\phi}Q_{SI_2}^{\phi-1} \tag{98}$$

$$L_{MI_2}=\left[(1-\alpha)\frac{P_{MI_2}}{w_{MI_2}}\right]^{1/\alpha}\alpha P_{MI_2}M_{I_2}Q_{SI_2}^{-1} \tag{99}$$

因此，制造业对城市 $i=C_1$，C_2，I_1，I_2，R 的 S 产品的总需求为：

$$S_{C_1}=\alpha P_{MC_1}M_{C_1}P_{SC_1}^{-\phi}Q_{SC_1}^{\phi-1}+\alpha P_{MC_2}M_{C_2}\ (P_{SC_1}\xi_1)^{-\phi}Q_{SC_2}^{\phi-1}$$

$$+\alpha P_{MI_1}M_{I_1}\ (P_{SC_1}\gamma)^{-\phi}Q_{SI_1}^{\phi-1}+\alpha P_{MI_2}M_{I_2}\ (P_{SC_1}\gamma)^{-\phi}Q_{SI_2}^{\phi-1} \quad (100)$$

$$S_{C_2}=\alpha P_{MC_1}M_{C_1}\ (P_{SC_2}\xi_1)^{-\phi}Q_{SC_1}^{\phi-1}+\alpha P_{MC_2}M_{C_2}P_{SC_2}^{-\phi}Q_{SC_2}^{\phi-1}$$

$$+\alpha P_{MI_1}M_{I_1}\ (P_{SC_2}\gamma)^{-\phi}Q_{SI_1}^{\phi-1}+\alpha P_{MI_2}M_{I_2}\ (P_{SC_2}\gamma)^{-\phi}Q_{SI_2}^{\phi-1} \quad (101)$$

$$S_{I_1}=\alpha P_{MC_1}M_{C_1}\ (P_{SI_1}\gamma)^{-\phi}Q_{SC_1}^{\phi-1}+\alpha P_{MC_2}M_{C_2}\ (P_{SI_2}\gamma)^{-\phi}Q_{SC_2}^{\phi-1}$$

$$+\alpha P_{MI_1}M_{I_1}P_{SI_1}^{-\phi}Q_{SI_1}^{\phi-1}+\alpha P_{MI_2}M_{I_2}\ (P_{SI_1}\xi_2)^{-\phi}Q_{SI_2}^{\phi-1} \quad (102)$$

$$S_{I_2}=\alpha P_{MC_1}M_{C_1}\ (P_{SI_2}\gamma)^{-\phi}Q_{SC_1}^{\phi-1}+\alpha P_{MC_2}M_{C_2}\ (P_{SI_2}\gamma)^{-\phi}Q_{SC_2}^{\phi-1}$$

$$+\alpha P_{MI_1}M_{I_1}\ (P_{SI_2}\xi_2)^{-\phi}Q_{SI_1}^{\phi-1}+\alpha P_{MI_2}M_{I_2}P_{SI_2}^{-\phi}Q_{SI_2}^{\phi-1} \quad (103)$$

$$S_R=\alpha P_{MC_1}M_{C_1}\ (P_{SR}t_1)^{-\phi}Q_{SC_1}^{\phi-1}+\alpha P_{MC_2}M_{C_2}\ (P_{SR}t_1)^{-\phi}Q_{SC_2}^{\phi-1}$$

$$+\alpha P_{MI_1}M_{I_1}\ (P_{SR}t_2)^{-\phi}Q_{SI_1}^{\phi-1}+\alpha P_{MI_2}M_{I_2}\ (P_{SR})t_2)^{-\phi}Q_{SI_2}^{\phi-1} \quad (104)$$

$$w_{Mi}L_{Mi}=(1-\alpha)P_{Mi}M_i,i=C,I_1,I_2 \quad (105)$$

在城市 C_1，有代表性的 S 厂商的利润函数为：

$$\pi_{SC_1}=P_{SC_1}S_{C_1}-w_{hC_1}h_{C_1}$$

将 S_{C_1} 和 h_{C_1} 的表达式代入利润函数得：

$$\begin{aligned}\pi_{SC_1}&=P_{SC_1}S_{C_1}-w_{hC_1}h_{C_1}\\&=P_{SC_1}S_{C_1}-w_{hC_1}\ (S_{C_1}b+a)\\&=S_{C_1}\ (P_{SC_1}-w_{hC_1}b)\ -w_{hC_1}a\\&=\ [\alpha P_{MC_1}M_{C_1}P_{SC_1}^{-\phi}Q_{SC_1}^{\phi-1}+\alpha P_{MC_2}M_{C_2}\ (P_{SC_1}\xi_1)^{-\phi}Q_{SC_2}^{\phi-1}\\&\quad+\alpha P_{MI_1}M_{I_1}\ (P_{SC_1}\gamma)^{-\phi}Q_{SI_1}^{\phi-1}+\alpha P_{MI_2}M_{I_2}\ (P_{SC_1}\gamma)^{-\phi}Q_{SI_2}^{\phi-1}]\\&\quad(P_{SC_1}-w_{hC_1}b)\ -w_{hC_1}a\end{aligned} \quad (106)$$

上式对 P_{SC_1} 求导得：

$$(-\phi)S_{C_1}(P_{SC_1}-w_{hC_1}b)/P_{SC_1}+S_{C_1}=0$$

$$P_{SC_1}(1-1/\phi)=W_{hC_1}b \quad (107)$$

由农业生产函数可以得到农业雇佣的工人数为：

$$L_{Ai}=(A_i/G_i^{\rho})^{1/(1-\rho)},i=C_1,C_2,I_1,I_2 \quad (108)$$

工资率为：

$$w_{Ai}L_{Ai}=P_{Ai}A_i,i=C_1,C_2,I_1,I_2 \quad (109)$$

(8) 中间产品种类数的决定

$$P_{Si}(1-1/\phi)=w_{hi}b,i=C_1,C_2,I_1,I_2,R \quad (110)$$

$$P_{Si}S_i=w_{hi}h_i,i=C_1,C_2,I_1,I_2,R \quad (111)$$

根据生产函数得到：

$$h_i = a + bS_i, i = C_1, C_2, I_1, I_2, R \tag{112}$$

根据禀赋条件可得：

$$n_{si} = H_i / h_i \quad i = C_1, C_2, I_1, I_2, R \tag{113}$$

同理，(22) — (25) 对城市 C_2、I_1、I_2 和 R 也有类似的方程。

方程 (55)、(56)、(57)、(58)、(59)、(60)、(61)、(62)、(63)、(64)、(72)、(81)、(90)、(99)、(100)、(101)、(102)、(103)、(104)、(105)、(108)、(109)、(110)、(111)、(112)、(113) 共有 54 个方程。未知数包括总收入 E_i、中间产品需求量 S_i、高技术劳动力工资 w_{Hi}、中间产品价格 P_{Si}、中间产品厂商雇佣高技术劳动力数量 h_i、中间产品种类数 n_i，以上所有指标 $i=C_1$，C_2，I_1，I_2，R。还包括制造业产品价格 P_{Mi}、农产品价格 P_{Ai}、制造业工人工资 w_{Mi}、农业劳动力工资 w_{Ai}、制造业产量 M_i、农业产量 A_i，以上指标 $i=C_1$，C_2，I_1，I_2，这样共有 54 个未知数。54 个方程，54 个未知数，且每个方程是独立的，因而构成了一个非线性方程组的定解问题。方程解的存在性由后面数学模拟的结果得到证实。

在以上方程中的中间变量——价格指数的表达式为：

$$Q_{AC_2}^{1-\delta} = P_{AC_2}^{1-\delta} + (P_{AC_1}\xi_1)^{1-\delta} + (P_{AI_1}\gamma)^{1-\delta} + (P_{AI_2}\gamma)^{1-\delta}$$

$$Q_{MC_2}^{1-\sigma} = P_{MC_2}^{1-\sigma} + (P_{MC_1}\xi_1)^{1-\sigma} + (P_{MI_1}\gamma)^{1-\sigma} + (P_{MI_2}\gamma)^{1-\sigma}$$

$$Q_{AC_1}^{1-\delta} = P_{AC_1}^{1-\delta} + (P_{AC_2}\xi_1)^{1-\delta} + (P_{AI_1}\gamma)^{1-\delta} + (P_{AI_2}\gamma)^{1-\delta}$$

$$Q_{MC_1}^{1-\sigma} = P_{MC_1}^{1-\sigma} + (P_{MC_2}\xi_1)^{1-\sigma} + (P_{MI_1}\gamma)^{1-\sigma} + (P_{MI_2}\gamma)^{1-\sigma}$$

$$Q_{AI_1}^{1-\delta} = (P_{AC_1}\gamma)^{1-\delta} + (P_{AC_2}\gamma)^{1-\delta} + P_{AI_1}^{1-\delta} + (P_{AI_2}\xi_2)^{1-\delta}$$

$$Q_{MI_1}^{\sigma-1} = (P_{MC_1}\gamma)^{1-\sigma} + (P_{MC_2}\gamma)^{1-\sigma} + P_{MI_1}^{1-\sigma} + (P_{MI_2}\xi_2)^{1-\sigma}$$

$$Q_{AI_2}^{1-\delta} = (P_{AC_1}\gamma)^{1-\delta} + (P_{AC_2}\gamma)^{1-\delta} + P_{AI_2}^{1-\delta} + (P_{AI_1}\xi_2)^{1-\delta}$$

$$Q_{MI_2}^{\sigma-1} = (P_{MC_1}\gamma)^{1-\sigma} + (P_{MC_2}\gamma)^{1-\sigma} + P_{MI_2}^{1-\sigma} + (P_{MI_1}\xi_2)^{1-\sigma}$$

$$Q_{SC_1}^{1-\phi} = n_{C_1} P_{SC_1}^{1-\phi} + n_{C_2}(P_{SC_2}\xi_1)^{1-\phi} + n_{I_1}(P_{SI_1}\gamma)^{1-\phi} + n_{I_2}(P_{SI_2}\gamma)^{1-\phi} + n_R(P_{SR}t_1)^{1-\phi}$$

$$Q_{SI_1}^{1-\phi} = n_{C_1}(P_{SC_1}\gamma)^{1-\phi} + n_{C_2}(P_{SC_2}\gamma)^{1-\phi} + n_{I_1} P_{SI_1}^{1-\phi} + n_{I_2}(P_{SI_2}\xi_2)^{1-\phi} + n_R(P_{SR}t_1)^{1-\phi}$$

$$Q_{SC_2}^{1-\phi} = n_{C_1}(P_{SC_1}\xi_1)^{1-\phi} + n_{C_2} P_{SC_2}^{1-\phi} + n_{I_1}(P_{SI_1}\gamma)^{1-\phi} + n_{I_2}(P_{SI_2}\gamma)^{1-\phi} + n_R(P_{SR}t_1)^{1-\phi}$$

$$Q_{SI_2}^{1-\phi} = n_{C_1}(P_{SC_1}\gamma)^{1-\phi} + n_{C_2}(P_{SC_2}\gamma)^{1-\phi} + n_{I_1}(P_{SI_1}\xi_2)^{1-\phi}$$

$$+n_{I_2}P_{SI_2}^{1-\phi}+n_R\ (P_{SR}t_2)^{1-\phi}$$

$$Q_{MR}^{1-\phi}=(P_{MC_1}t_1)^{1-\sigma}+\ (P_{MC_2}t_1)^{1-\sigma}+\ (P_{MI_1}t_2)^{1-\sigma}$$
$$+\ (P_{MI_2}t_2)^{1-\sigma}$$

5.2.6 模型的简化：区域内两城市对称情形

为了简化问题，假设城市 C_1 和城市 C_2 的禀赋条件及各变量都是相等的，城市 I_1 和城市 I_2 的禀赋条件和各变量也是相等的，则对 5.2.5 的方程进行整理得到：

$$W_{MC}L_{MC}=(1-\alpha)\ P_{MC}^{1-\sigma}\ [\ (1+\xi_1^{-\sigma})\ Q_{MC}^{\sigma-1}vE_C+2\gamma^{-\sigma}Q_{MI}^{\sigma-1}vE_1$$
$$+t_1^{-\sigma}Q_{MR}^{\sigma-1}E_R]$$

$$W_{MI}L_{MI}=(1-\alpha)\ P_{MI}^{1-\sigma}\ [2\gamma^{-\sigma}Q_{MC}^{\sigma-1}vE_C+\ (1+\xi_2^{-\sigma})\ Q_{MI}^{\sigma-1}vE_I$$
$$+t_2^{-\sigma}Q_{MR}^{\sigma-1}E_R]$$

$$L_{MC}^{1-\rho}G_{MC}^{\rho}=\ (1-v)\ P_{AC}^{-\delta}\ [\ (1+\xi_1^{-\delta})\ Q_{AC}^{\delta-1}E_C+2\gamma^{-\delta}Q_{AI}^{\delta-1}E_I]$$

$$L_{MI}^{1-\rho}G_{MI}^{\rho}=\ (1-v)\ P_{AI}^{-\delta}\ [2\gamma^{-\delta}Q_{AC}^{\delta-1}E_C+\ (1+\xi_2^{-\delta})\ Q_{AI}^{\delta-1}E_I]$$

$$L_{Mi}=\left[(1+\alpha)\ \frac{P_{Mi}}{w_{Mi}}\right]^{1/\alpha}\alpha P_{Mi_1}M_iQ_{Si}^{-1},\qquad i=C,\ I$$

$$(H_C/n_{SC}-a)\ /b=\alpha P_{SC}^{-\phi}\ [\ (1+\xi_1^{-\delta})\ P_{MC}M_CQ_{SC}^{\phi-1}$$
$$+2P_{MI}M_I\gamma^{-\phi}Q_{SI}^{\phi-1}]$$

$$(H_I/n_{SI}-a)\ /b=\alpha P_{SI}^{-\phi}\ [2P_{MC}M_C\gamma^{-\phi}Q_{SC}^{\phi-1}$$
$$+\ (1+\xi_2^{-\phi})\ P_{MI}M_IQ_{SI}^{\phi-1}]$$

$$(H_R/n_{SR}-a)\ /b=\alpha P_{SR}^{-\phi}\ (2P_{MC}M_Ct_1^{-\phi}Q_{SC}^{\phi-1}$$
$$+2P_{MI}M_1t_2^{-\phi}Q_{SI}^{\phi-1})$$

$$W_{Mi}L_{Mi}=\ (1-\alpha)\ P_{Mi}M_i,\qquad i=C,\ I$$

$$W_{Ai}L_{Ai}=P_{Ai}A_i,\qquad i=C,\ I$$

$$P_{Si}\ (1-1/\phi)\ =W_{hi}b,\qquad i=C,\ I,\ R$$

$$(P_{Si}-bw_{Hi})\ H_i/n_i=P_{Si}a,\qquad i=C,\ I,\ R$$

方程共有 19 个。未知数包括 w_{Hi}、P_{Si}、n_i，其中 $i=C$，I，P，和 P_{Mi}、P_{Ai}、w_{Mi}、w_{Ai}、M_i，其中 $i=C$，I，共有 19 个未知数，且每个方程都是独立的，故方程可解。

上述方程中的中间变量的表达式如下：

$$Q_{AC}^{1-\delta}=(1+\xi_1)^{1-\delta}P_{AC}^{1-\delta}+2(P_{AI}\gamma)^{1-\delta}$$

$$Q_{MC}^{1-\sigma}=(1+\xi_1)^{1-\sigma}P_{MC}^{1-\sigma}+2(P_{MI}\gamma)^{1-\sigma}$$

$$Q_{AI}^{1-\delta}=2(P_{AC}\gamma)^{1-\delta}+(1+\xi_2)^{1-\delta}P_{AI}^{1-\delta}$$

$$Q_{MI}^{\sigma-1}=2(P_{MC}\gamma)^{1-\sigma}+(1+\xi_2)^{1-\sigma}P_{MI}^{1-\sigma}$$

$$Q_{SC}^{1-\phi}=(1+\xi_2)^{1-\phi}n_C P_{SC}^{1-\phi}+2n_1(P_{SI}\gamma)^{1-\phi}+n_R(P_{SR}t_1)^{1-\phi}$$

$$Q_{SI}^{1-\phi}=2n_C(P_{SC}\gamma)^{1-\phi}+(1+\xi_2)^{1-\phi}n_1 P_{SI}^{1-\phi}+n_R(P_{SR}t_1)^{1-\phi}$$

$$Q_{MR}^{1-\sigma}=2(P_{MC}t_1)^{1-\sigma}+2(P_{MI}t_2)^{1-\sigma}$$

$$E_i=w_{Ai}L_{Ai}+w_{Mi}L_{Mi}+w_{Hi}H_i \quad i=C,I$$

$$E_R=w_{HR}H_R$$

5.3　模型模拟结果

上述方程组是包含 19 个未知数、19 个方程的非线性方程组。由于方程组的非线性，解析解不能获得，我们只有采取数值方法获得数值解。本模型的数学模拟过程可以用图 5-4 来表示。

下面给出数学模拟的参数数值设定（参数的设定参照胡大鹏模型的模型参数）：

禀赋：土地 $G_{C_1}=G_{C_2}=200$，$G_{I_1}=G_{I_2}=400$；这样的设定表明内地城市的土地资源更为丰富，这与现实状况相一致。沿海城市农业低技术劳动力 $L_{AC_1}=L_{AC_2}=400$，制造业低技术劳动力 $L_{MC_1}=L_{MC_2}=200$；内地城市农业低技术劳动力 $L_{AI_1}=L_{AI_2}=800$，制造业低技术劳动力 $L_{MI_1}=L_{MI_2}=200$；这样的设定表明单位土地上沿海与内地农业低技术劳动力相等，单位土地上制造业低技术劳动力沿海比内地高 1 倍。沿海高技术劳动力 $H_{C_1}=H_{C_2}=100$，内地高技术劳动力 $H_{I_1}=H_{I_2}=60$，国外高技术劳动力为 $H_r=320$。这样的假设表明单位土地上沿海的高技术劳动力比内地的高技术劳动力高 2.33 倍。前面已经述及，各城市的禀赋条件不可能按照目前我国的现实状况一一对应，只是符合一定的相对关系，因此后面计算结果的各指标的大小就没有现实意义，各指标的相对大小以及变化趋势才是我们要着重关注的。

参数：沿海与内地之间的运输成本率 $\gamma=1.6$，沿海城市之间的运输成本

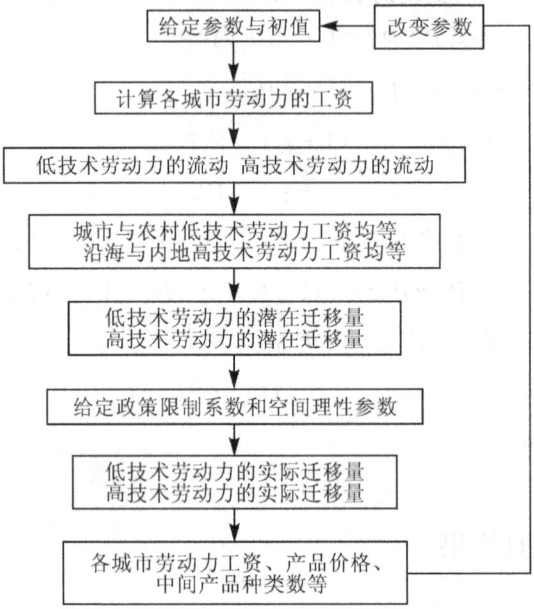

图 5-4 模型的数学运行过程

率 $\xi_1=1.2$，内地城市之间的运输成本率 $\xi_2=1.4$。这样的假设表明区域间的交易成本大于区域内的交易成本，并且内地各城市间的交易成本大与沿海各城市间的交易成本。沿海与国外贸易的贸易成本率为 $t_1=2$，内地与国外贸易的贸易成本率为 $t_2=2.5$。这表明沿海由于地理位置离世界经济中心较近，所以具有的对外贸易的区位优势。

农产品的替代弹性为 $\delta=5.0$，制造业产品的替代弹性为 $\sigma=3$；不同种类中间产品的替代弹性为 $\phi=1.68$。制造业产品的替代弹性小于农产品的替代弹性，这表明制造业产品的差别化程度更高，更不易被替代。而中间产品的替代弹性最高，这表明了中间产品不可替代程度的加深。

消费者的需求弹性为 $v=0.5$，制造业对中间产品的需求弹性为 $\alpha=0.5$，农产品生产对土地的需求弹性为 $\rho=0.4$；中间产品生产的固定成本 $a=0.8$，中间产品生产的边际成本 $b=0.4$。低技术劳动力流动的政策限制参数 $\mu_L=0.5$，高技术劳动力的空间理性参数为 $\mu_H=0.7$。这也就是说，在政府对劳动力流动限制的情况下，只有潜在的迁移人数的50%实现了迁移。同时，对于高技术劳动力，由于“空间理性”的作用，其中只有潜在迁移量的70%实现了迁移。在不考虑政府对低技术劳动力流动的限制时，则有 $\mu_L=\mu_H=0.7$。即在没有政策限制时，低技术劳动力的流动只受空间理性的限制，故高技术劳动力和低技术劳动力的空间理性参数都相同。

对于本模型，可以调整的参数有：第一，两区域与国外的贸易成本率 t_1 和 t_2。在其他参数不变的情况下，将它们从 1 调整到很大，考察全球化进程对沿海与内地经济对比的变动情况；第二，沿海与内地的运输成本率 γ。同样地，在其他参数不变的情况下，考察沿海与内地一体化进程中制造业集聚及劳动力流动的变动情况；第三，低技术劳动力流动的政策限制参数 μ_L。它的变化对应着政府对劳动力流动限制的强度发生变化，我们可以借以观察到政府政策强度对区域人口流动以及制造业集聚的影响；第四，城市之间的运输成本率 ξ_1 和 ξ_2 的变化。其含义是，当二者都为 1 时，对应于区域内两城市间的自由贸易，相当于形成了联系紧密的城市网络，我们可以借以观察到城市网络的形成对沿海与内地产业的集聚及人口迁移的影响。

5.3.1　全球化进程对区域差异的影响（贸易成本率的变化）

首先我们考察随着沿海与内地对外贸易成本的变化，我国沿海与内地的经济差异是如何变化的。调整贸易成本的大小，计算在不同贸易成本的情况下均衡后的各变量的值。由于地理位置的因素，在计算中假设内地与国外贸易的贸易成本率比沿海与国外贸易的贸易成本率高 0.5。

（1）沿海与内地劳动力工资的差异，如图 5-5 所示。从图中我们可以观察到，随着我国开放程度的加深（贸易成本减小），首先，沿海与内地各种劳动力的工资比都大于 1，这说明沿海劳动力工资较高；其次，沿海与内地制造业劳动力工资比和农业劳动力的工资比都呈现上升的趋势，而高技术劳动力的工资比显著下降，这说明全球化进程拉大了区域间低技术劳动力的工资差异，却减小了区域间高技术劳动力工资的差异。

（2）区域内劳动力工资的差异，如图 5-6 所示。在区域内，随着全球化进程的进一步加深，沿海和内地制造业劳动力的工资与农业劳动力工资之比也呈上升趋势。可见，全球化趋势使得低技术劳动力的工资差异无论在区域间还是区域内都变大了。

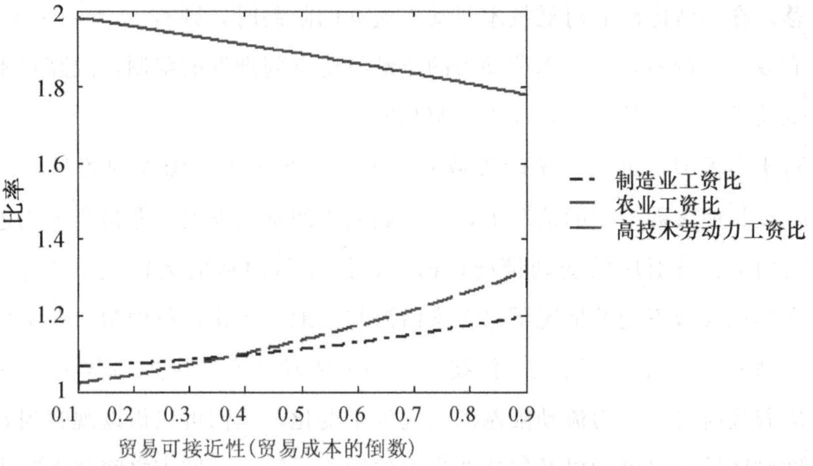

图 5-5　贸易可接近性变化时区域间劳动力工资比

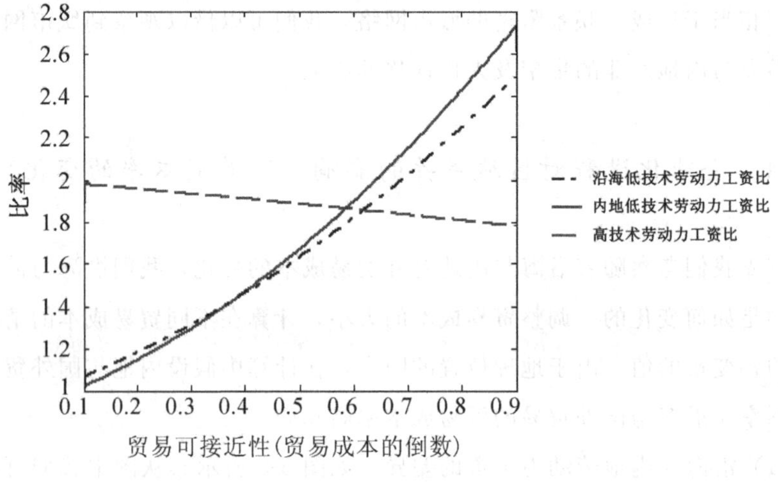

图 5-6　贸易可接近性变化时区域内劳动力工资比

(3) 制造业的集聚。因为没有低技术劳动力跨区域的流动，所以制造业的集聚只能用制造业人均产出来表示。我们将人均产出比大于 1 并有进一步增大的趋势的情形称为制造业集聚。

沿海制造业人均产出为

$$AM_C = M_C / L_{MC}$$

内地制造业人均产出为

$$AM_I = M_I / L_{MI}$$

则制造业人均产出比为

$$RM = AM_C / AM_1$$

沿海劳动力人均工资为

$$Aw_C=(w_{MC}L_{MC}+w_{AC}L_{AC}+w_{HC}H_C)/(L_{MC}+L_{AC}+H_C)$$

内地劳动力人均工资

$$Aw_1=(w_{MI}L_{MI}+w_{AI}L_{AI}+w_{HI}H_1)/(L_{MI}+L_{AI}+H_I)$$

沿海劳动力真实人均工资为

$$Rw_C=Aw_CQ_{MI}^{-\nu}Q_{AC}^{1-\nu}$$

内地劳动力真实人均工资为

$$Rw_I=Aw_IQ_{MI}^{-\nu}Q_{AI}^{1-\nu}$$

其中，Q_{MC}、Q_{AC}、Q_{MI}、Q_{AI} 分别为制造业产品在沿海城市的价格指数、农产品在沿海城市的价格指数、制造业产品在内地城市的价格指数、农产品在内地城市的价格指数。那么，人均真实工资比则为 $RPCI=Rw_C/Rw_I$。根据以上表达式，计算结果如图 5-7 所示。首先，人均产出比和人均工资比都大于 1，这说明制造业在沿海集聚；其次，随着贸易可接近性的增大，两个区域的人均制造业产出比和人均工资比都呈现上升的趋势。这说明全球化进程使制造业在沿海更为集聚；第三，当人口自由流动时，两个区域的人均工资之比相对较小。这说明人口的自由流动能够在全球化进程中在一定程度上减小区域间劳动力工资的差异。

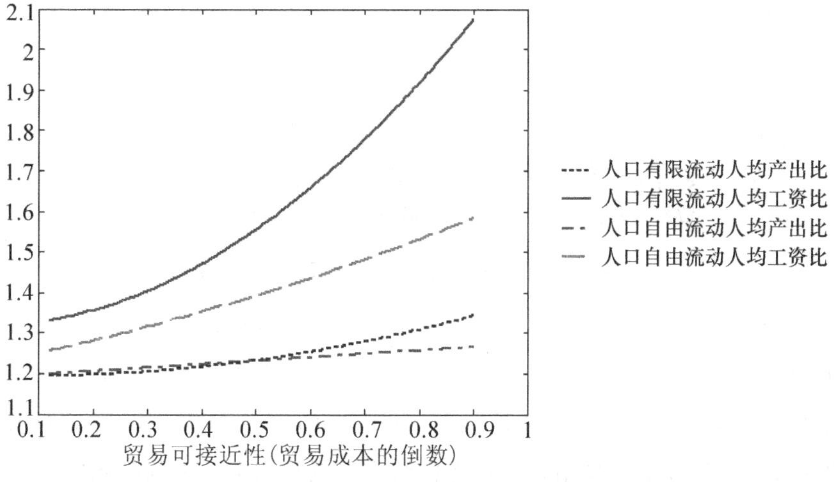

图 5-7　人均产出比与工资不在不同情况下的比较

(4) 劳动力的迁移和城市化的进程，如图 5-8 所示。首先，随着我国对外开放程度的加剧，沿海劳动力和内地劳动力从农村向城市的迁移都呈现上升的

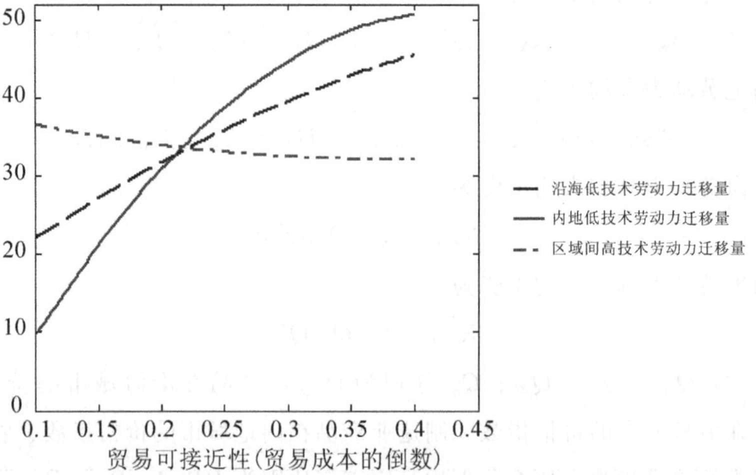

图 5-8 不同贸易可接近性时的各种劳动力的迁移量

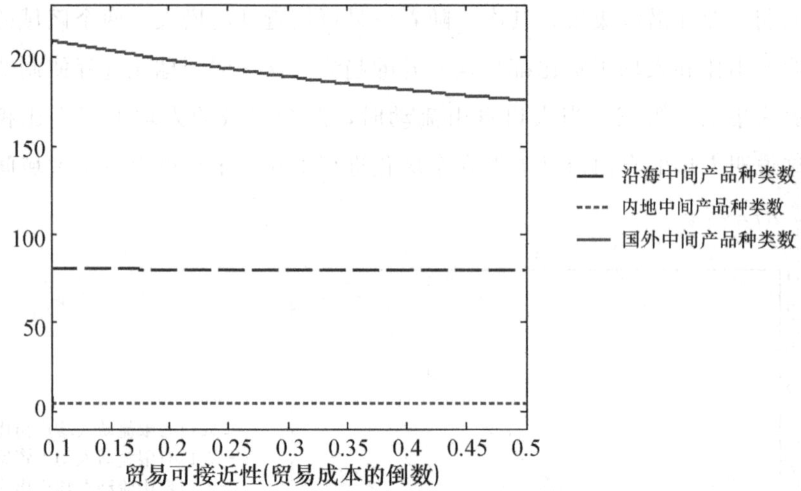

图 5-9 贸易可接近性变化时中间产品种类数

趋势，这说明全球化进程有助于推动我国的城市化进程；其次，高技术劳动力从内地向沿海的迁移量随着对外开放程度的加深而呈现减小的趋势，这说明全球化进程有助于避免内地高技术劳动力向沿海的流失。根据图 5-10 所示，随着我国对外开放程度的加剧，在不考虑政府对低技术劳动力的限制时，沿海与内地的城市化率都比有政策限制时更高，这说明政府对劳动力的限制延缓了沿海与内地的城市化进程。

（5）中间产品种类数，如图 5-9 所示。首先，沿海的中间产品种类数远高

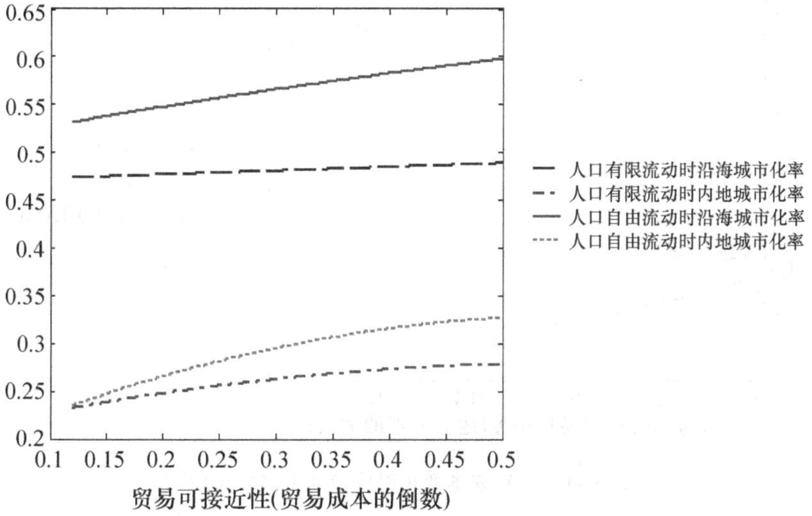

图 5-10　贸易可接近性变化时的城市化率

于内地中间产品种类数，这也是制造业在沿海集聚之源；其次，随着我国对外开放程度的加剧，沿海与内地的中间产品种类数都变化不大，而国外的中间产品种类数呈下降趋势。

5.3.2　沿海与内地贸易壁垒对区域差异的影响（运输成本率的变化）

(1) 劳动力工资的区域差异，如图 5-11 所示。第一，随着沿海与内地贸易壁垒的减弱，沿海与内地制造业工资比、农业工资比都呈现下降趋势。这表明，区域间贸易壁垒的逐渐消除有助于减小区域间低技术劳动力的工资差异；第二，随着区域间交流的更为通畅，高技术劳动力工资比呈现上升趋势。

(2) 劳动力工资的区域内差异，如图 5-12 所示。第一，随着区域间贸易壁垒的减小，沿海与内地的制造业劳动力工资与农业劳动力工资之比呈现下降趋势，说明沿海与内地交易条件的改善有利于缩小各区域内的城乡差距；第二，沿海制造业劳动力工资与农业劳动力工资之比低于内地制造业劳动力工资与农业劳动力工资之比，说明沿海的城乡差距低于内地的城乡差距。

(3) 人均产出比与人均工资比，如图 5-13 所示。第一，在沿海与内地之间交易成本下降的过程中，人均产出比与人均工资比都有下降的趋势，这说明

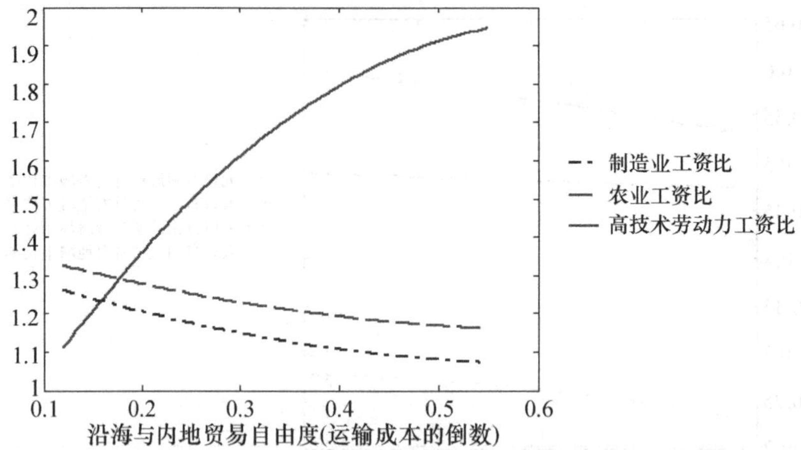

图 5-11　运输成本变化时区域间劳动力工资比

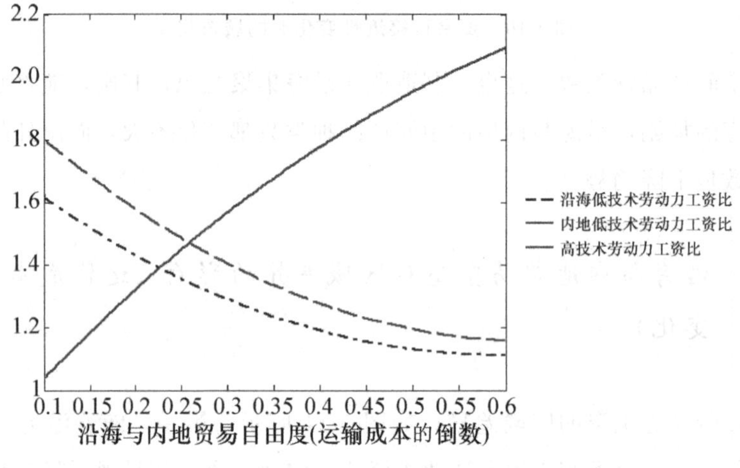

图 5-12　运输成本变化时区域内劳动力工资比

随着沿海与内地交流条件的改善，沿海与内地的差距将减小。第二，人均产出比比人均工资比减小得更快，说明工人的工资差异有一定的惯性，工资的调整滞后于产业的调整。

(4) 劳动力的流动，如图 5-14 和图 5-15 所示。第一，沿海低技术劳动力向城市的流动趋势比较明显，而内地低技术劳动力向城市的流动呈减少趋势。高技术劳动力由内地向沿海的流动呈缓慢增长的态势。第二，沿海城市化率缓慢升高，而内地城市化率缓慢将低。这是因为，内地农业劳动力向城市流动有减少趋势，同时内地高技术劳动力还有向沿海城市流动的趋势，致使内地城市化率下降。

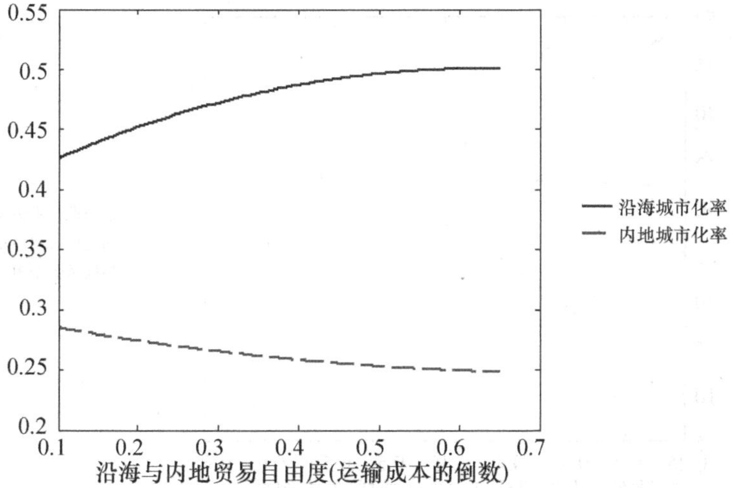

图 5-13 沿海与内地城市化率

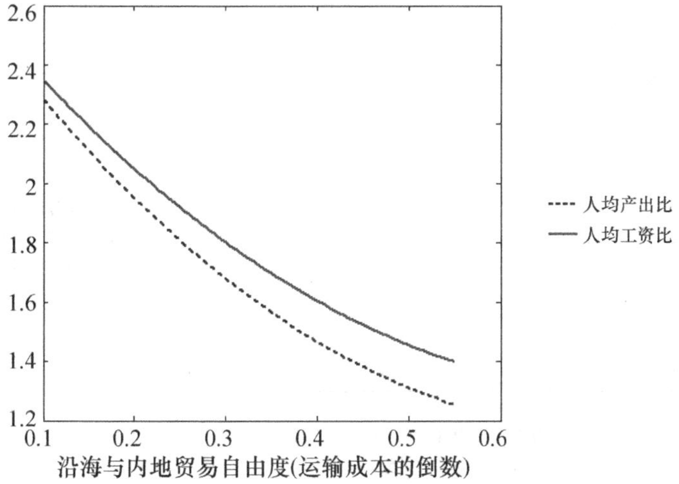

图 5-14 沿海和内地人均产出比与人均工资比

5.3.3 政策限制劳动力流动与区域差异（迁移限制系数的变化）

（1）区域间劳动力工资的差异，如图 5-16 所示。第一，随着政府对劳动力流动限制的减弱，制造业与农业劳动力工资的比率变化不甚明显；第二，沿海与内地高技术劳动力的工资比首先有下降趋势，在政策限制进一步放开以后，高技术劳动力的工资差异又呈上升趋势。

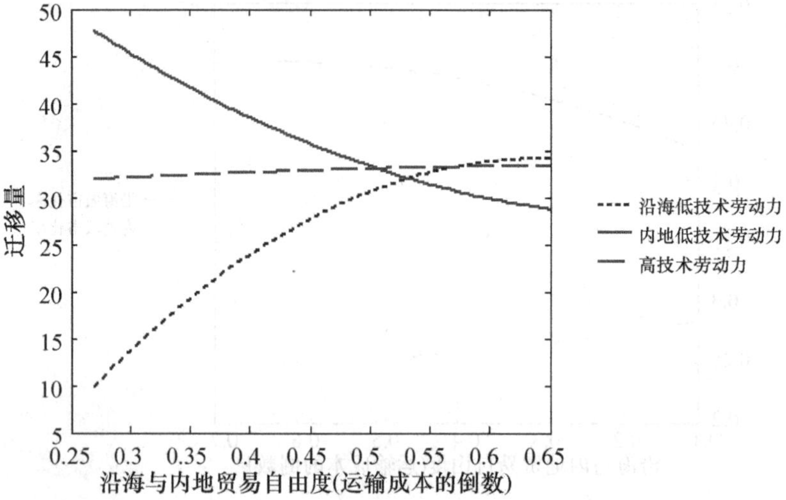

图 5-15 运输成本变化时劳动力迁移量

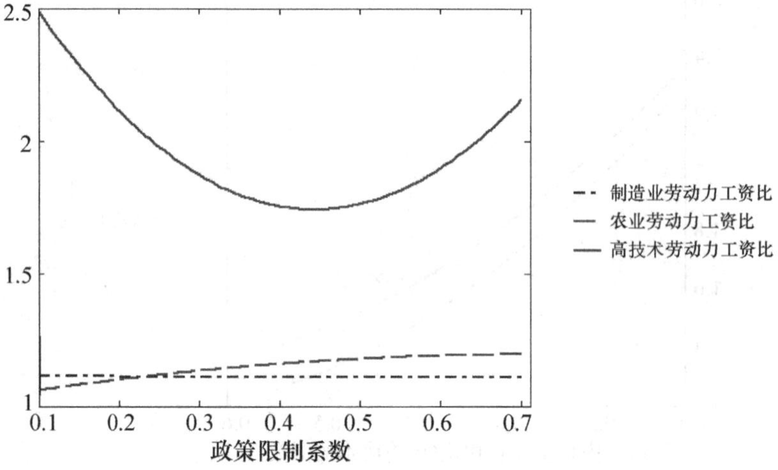

图 5-16 迁移限制系数变化时的劳动力工资比

(2) 人均产出比和人均工资比，如图 5-17 所示。第一，随着政府对劳动力迁移限制的减弱，沿海与内地的人均产出比的变化不甚明显。第二，人均工资比呈现先增大后变小的倒“U”形变化过程。

(3) 区域内劳动力的工资差异，如图 5-18 所示。区域内低技术劳动力工资的差异也随着迁移限制系数的增大而呈现倒“U”形的变化过程。

(4) 劳动力的迁移量，如图 5-19 所示。随着政府对劳动力流动限制的放宽，低技术劳动力从农村向城市迁移量不断增加。

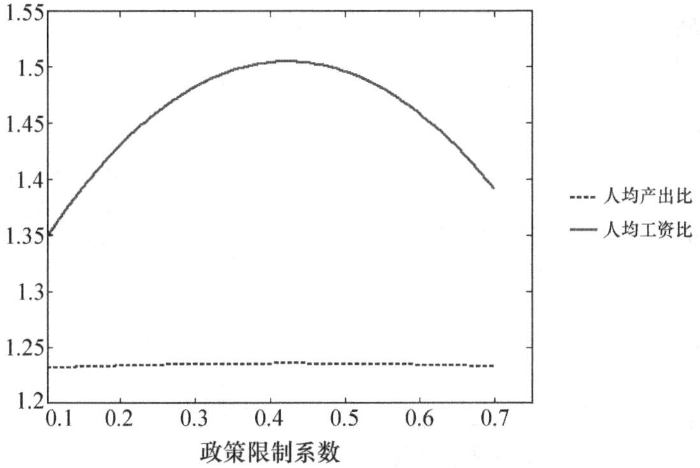

图 5-17　迁移限制系数变化时的人均产出比和人均工资比

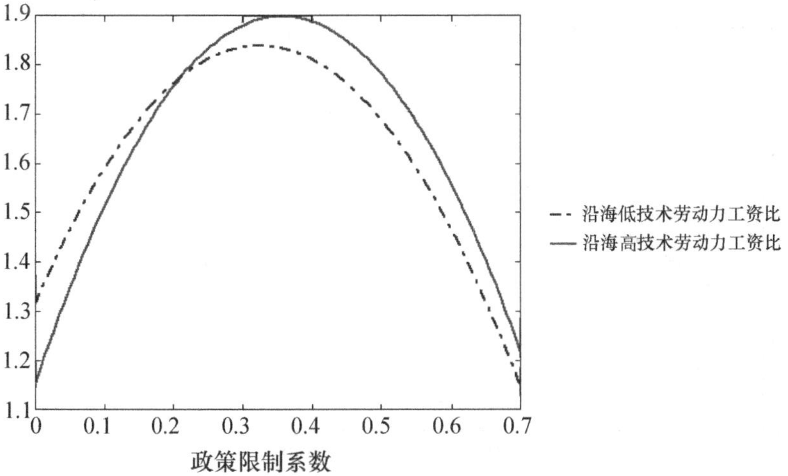

图 5-18　迁移限制系数变化时的区域内劳动力工资比

5.3.4　区域内自由贸易

区域内自由贸易，指的是沿海的两个城市间地贸易成本率 ξ_1 为 1，内地两城市间的贸易成本率 ξ_2 也为 1，即区域内贸易无贸易成本。

（1）高技术劳动力工资比，如图 5-20 所示。我们对照城市间有贸易成本和无贸易成本的情形。可以看到，随着贸易可接近性的不断增加，沿海与内地的高技术劳动力工资比都有上升的趋势，而城市间无贸易成本时，沿海与内地高技术劳动力工资比上升的幅度更快。

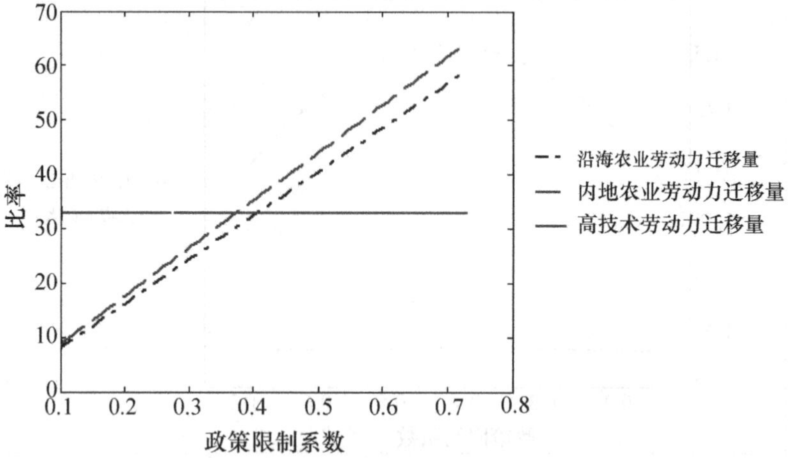

图 5-19　迁移限制系数变化时的劳动力的迁移

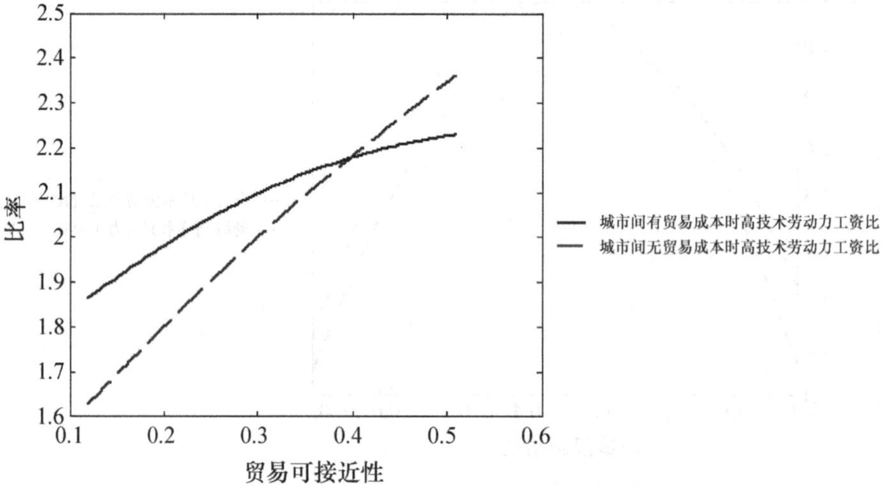

图 5-20　高技术劳动力工资比的比较

(2) 城市化率，如图 5-21 所示。首先，沿海的城市化率在两种情况下都高于内地的城市化率。其次，城市间有贸易成本时，沿海的城市化率比城市间无贸易成本时更高，内地在两种情况下差别不显著。

(3) 低技术劳动力工资比，如图 5-22 所示。第一，区域内城市自由贸易时沿海低技术劳动力工资比高于区域内非自由贸易时的情形，这表明区域内自由贸易拉大了城乡差距。第二，区域内自由贸易时内地的城乡差距大于沿海的城乡差距；当区域内非自由贸易时，二者的差距不明显。

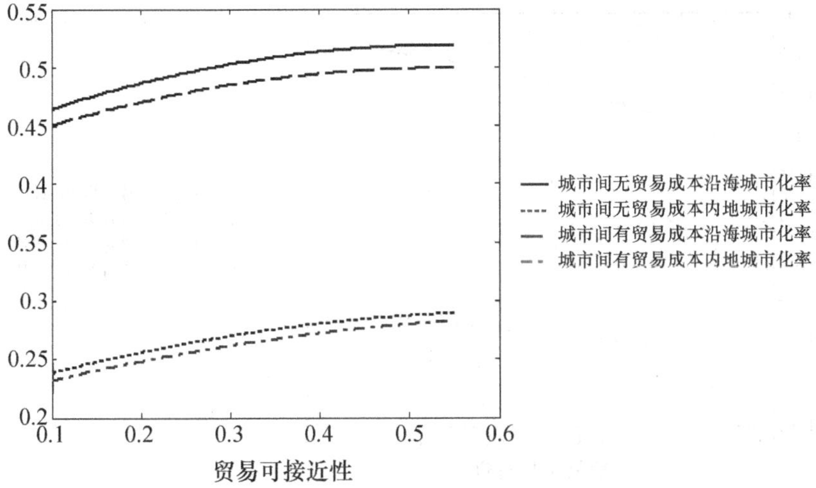

图 5-21　城市化率的比较

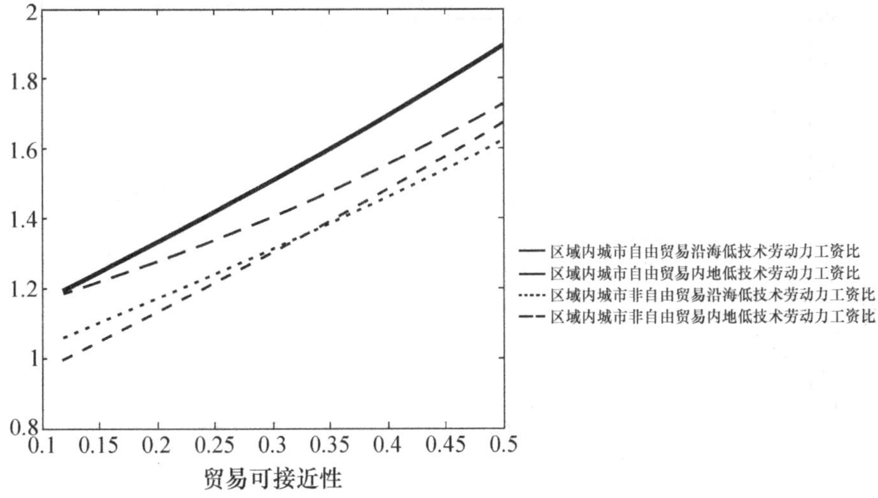

图 5-22　区域内低技术劳动力工资比的比较

（4）人均产出比与人均工资比，如图 5-23 所示。第一，区域内城市间自由贸易时，沿海与内地的人均产出比更高，这表明制造业向沿海集聚的趋势更明显。第二，区域内城市间自由贸易时，沿海与内地的人均工资比也更高，这表明城市间的自由贸易拉大了沿海与内地劳动力工资的差异。

（5）劳动力的迁移，如图 5-24 所示。第一，我们可以看到，沿海与内地低技术劳动力向城市的迁移都随贸易可接近性的提高而提高，而内地增长的幅度更大。第二，高技术劳动力的迁移基本上没有变化。

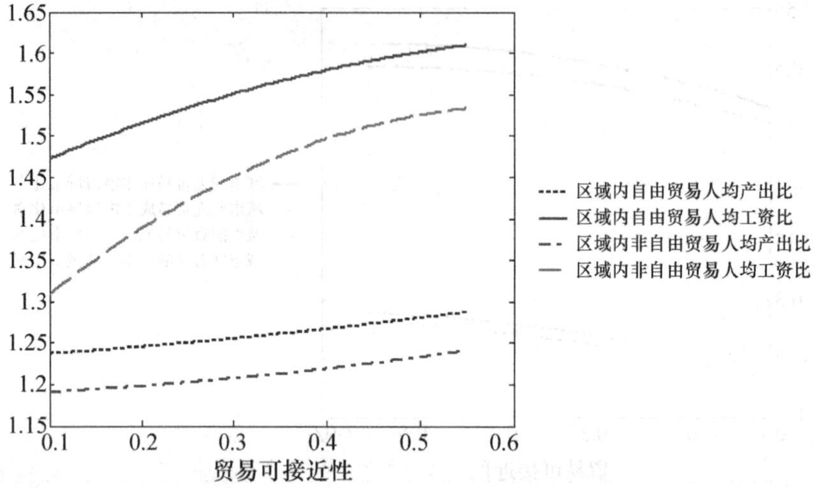

图 5-23 人均产出比与人均工资比的比较

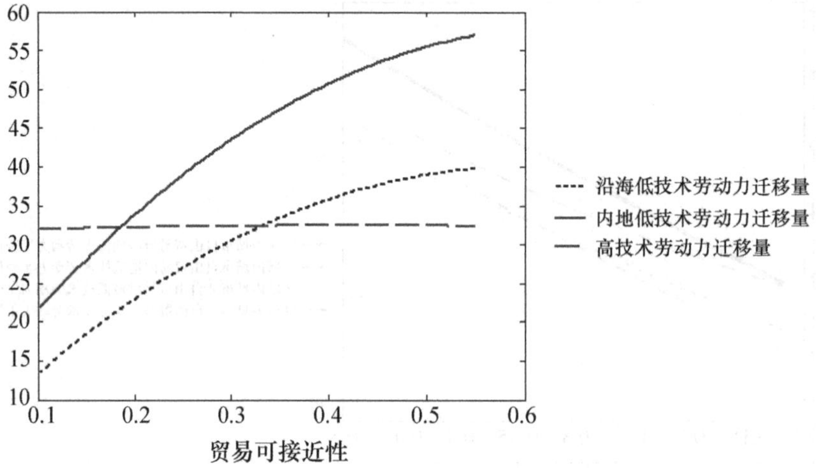

图 5-24 劳动力的迁移量

第6章　新经济地理学对中国区域差异的认识

6.1　引言

探讨区域经济不平衡增长及“收敛”的文献举不胜举。大量的文献给我们的认识是：第一，收敛没有一致的结论。例如，标准的新古典增长模型预言低收入国家将比富裕国家增长更快，要素流动能够加速收敛过程。在内生增长模型中，收敛却不是那么明显。然而，如果资本可以流动，则人均GNP仍会收敛。最后，新经济地理学模型倾向于预言经济活动的集聚，则分异而不是收敛成为讨论的主题。第二，收敛的原因和内在机制也没有统一的答案（见表6-1）。现有的实证研究似乎支持新古典模型的结论①，并认为商品自由贸易对收敛起很重要的作用。

表6-1　区域经济不平衡增长的主要原因

研究者	年度	研究区域	区域经济不平衡增长的主要原因
英国区域主义者	18世纪	英国	圈地运动、工业革命
美国区域主义者	19世纪	美国	南北战争
Ohlin，B. G.	1933	瑞典	运输成本、关税
Perroux，F.	1950	法国	增长极、主导产业
Losch，A.	1954	德国	要素禀赋差异
Myrdal，G.	1957	瑞典	循环累积过程
Hirschman，A. O.	1958	瑞典	极化效应、涓滴效应

① Barro，Robert J.，and Sala-i-Martin，Xavier X. Convergence. J. Polit. Econ. 1992，100，2：223—251.

续表

研究者	年度	研究区域	区域经济不平衡增长的主要原因
Friedmann，J.	1966	美国	创新、权力、权威
Frank，A. G.	1967	世界	世界资本主义体系
Santos，D.	1970	南美	历史和结构不平等发展
Okun，A. M.	1975	美国	经济、社会、政治、制度
Massey，D.	1979	英国	资本的集中倾向
Richardson，H. W.	1979	美国	生产要素的非移动性
Lucas，R. E.	1988	美国	人力资本的外部性
Baumol，W. J.	1986	美国	技术进步
Romer，P.	1986	世界	知识、人力资本、技术的收益递增
Krugman，P.	1991	美国	历史、地方递增收益
Saxenian，A.	1994	美国	区域性文化
Hanson，G.. H.	1994	美国	地方化经济
Glaeser，E. L.	1994	美国	信息、观念
周星	1995	中国	文化的贫困
Krugman，P.	1995	美国	运输成本的差异
Lazear，E. P.	1995	美国	文化、语言
Nizamova，A.	1996	俄罗斯	社会—区域结构、区域特质
Feldstein，M.	1998	美国	贫困
Kai-Yuen Tshi	1999	中国	制度安排、制度变化
Henderson，V.	2000	美国	经济与地理、政治与制度、政策
Sindzingre，A. Z.	1999	美国	排他性（资产、市场、制度—）
Jovanovic，B.	2000	美国	地理、专业化、外部自效应、政策

资料来源：金相郁．空间收敛第一规律与空间收敛第二规律 [J]．南开经济研究，2001 (3)：46—51.

采用计量经济模型从增长理论出发考察中国的区域经济“收敛”以及其背后的原因的解释的文献很多。由于考虑问题的出发点和角度各不相同，因此所得到的结论也是零散的甚至是矛盾的。比如Chen&Fleisher[①] 和 Raiser[②] 的研

① Chen，Jian and Fleisher，Belton，Regionla Incoome Inequality and Economic Growth in China，Journal of Comparative Economics，1996 (22)：141—164.

② Raiser，M. Subsidizing Inequalilty：Economic Reforms，Fiscal Transfers and Convergence across Chinese Provinces，Journal of Development Studies，1998，34：1—26.

究认为改革开放以来中国省区经济存在条件收敛的趋势，该趋势取决于物质资本投入、就业增长、人力资本投资、外商直接投资水平和转移支付等。Jian 等[①]和魏后凯[②]的研究显示中国省际经济收敛趋势仅出现在 1978—1985 年间，在 1985—1995 年不存在明显的收敛性，并认为 1978—1985 年间的收敛与国家的改革开放政策存在密切相关。Fujita 等[③]没有发现在 1984—1994 年存在收敛趋势的证据。该文还从区域发展政策、全球化和经济自由化几个方面考察了区域差异的原因。倾斜的区域政策具有一定效应，但起作用有限。并认为全球化（以出口和 FDI 表示）和经济自由化（以国有企业份额下降和乡镇企业增长为标志）对区域差异有很重要的影响。刘木平等[④]的研究表明，我国地区经济增长过程中不存在绝对的收敛，但存在条件的收敛。条件收敛方程中的“条件”包括市场化程度、技术进步、外资、出口、经济外向度、政府支出（政府对经济直接干预度）、地理优势、固定资产投资效益等 8 个方面的因素。Chen 和 Feng[⑤] 对 1978—1989 年中国 29 个省的数据进行回归，认为 80 年代的中国区域经济呈现出收敛的趋势，私有化是促进增长的主要因素。Lee[⑥]、Dayal-Gulati 等[⑦]和张兆杰[⑧]认为 FDI 是促进经济增长同时加剧区域差距的原因。蔡昉和都阳[⑨]的研究表明，人力资本的差异是造成地区差距的主要原因。Young[⑩] 认

① Jian Tianlun, Sachs Jeffrey and Warner, Andrew. Trends in Regional Inequality in China. China Economic Review, 1996 (7): 1—21.

② 魏后凯．中国地区间居民收入差异及其分解［J］．经济研究，1996（11）：66—73.

③ Fujita, M. Hu Dapeng. Regional disparity in China 1985—1994: The effects of globalization and economic liberalization. The Annals of Regional Science, 2001 (35): 3—37.

④ 刘木平，舒元．我国地区经济的收敛与增长决定力量：1978—1997［J］．中山大学学报（社会科学版），2000（5）：11—16。

⑤ Chen Baizhu, and Feng Yi. Determinants of Economic Growth in China: Private Enterprise, Education and Openness, China Economic Review, 2000, 11 (1): 1—15.

⑥ Lee Jongchui. Regional Difference in the Impact of the Open Door Policy on Income Growth in China. Journal of Economic Development, 1994, 19 (1): 215—231.

⑦ Dayal-Gulati, Anuradha, and Assim M. Husain. Centripetal Forces in China's Economic Takeoff. IMF Working Paper WP/00/86, 2000.

⑧ 张兆杰．中国地区差异的演变及外国直接投资在其中的作用［D］．北京：北京大学博士学位论文，2000。

⑨ 蔡昉，都阳．中国地区经济增长的趋同与差异——对西部开发战略的启示［J］．经济研究，2000（10）。

⑩ Young, Alwya. The Razor's Edge: Distortions and Incremental Reform in the People Republic of China. Quarterly Journal of Economics, 2000, Vol. CXV: 1091—1135.

为地区性保护政策是地区差距加大的关键。贺灿飞等[①]通过时间序列分析发现，中国持续的改革开放政策、积极参与经济全球化、快速的城市化进程和市场化进程、海陆空交通的大幅度改善，导致了90年代以来中国省区经济差距和地带内差距的扩大，而且这些过程的进一步发展将在一定时间内加速扩大中国区域经济差距。沈坤荣[②]等的实证研究显示：中国省际经济增长并不具有明显的绝对收敛性，但呈现出明显的分为东中西三大地带的“俱乐部收敛”特征。中国省际经济增长的条件收敛迹象十分显著，人力资本水平，对外开放度以及工业化进程对各省经济增长起着明显的正向作用。体制因素也影响了中国各省份的经济增长，其中市场化程度尤为显著。林毅夫[③]则从赶超企业缺乏自生能力的角度考察我国的区域差异。另外，财政分权（Zhang and Zou[④] 和 jin 等[⑤]）、中央政府的转移支付[⑥]、地理位置与优惠政策[⑦]、基础设施投资[⑧]等都对经济增长和收敛产生影响。

上述研究从不同角度考察了中国的区域收敛以及背后的动因。新经济地理学是从报酬递增、产业的前后向联系来考察经济活动的集聚或区域差异的，可调控的因素包括对外开放度、区域一体化程度、政府限制参数等。根据第五章模型的数学模拟的结果，新经济地理学探讨了外部环境变化对中国区域差异的影响。这里拟分析第5章关于中国区域差异的模拟结果，并从新经济地理学角度予以解释。

---

① 贺灿飞，梁进社. 中国区域经济差异的时空变化：市场化、全球化与城市化［J］. 管理世界，2004（8）：8—18。

② 沈坤荣，马俊. 中国经济增长的“俱乐部收敛”特征及其成因研究［J］. 经济研究，2002（91）：33—39。

③ 林毅夫，刘培林. 中国的经济发展战略与地区收入差距［J］. 经济研究，2003（3）：19—25。

④ Zhang Tao and Zou Heng-fu. Fiscal Decentralization，Public Spending，and Economic Growth in China. Journal of Public Economics，1998，67：221—240.

⑤ Jin Hehui，Qian Yingyi，and Barry R. Weingast. Regional Decentralization and Fiscal Incentives：Federalism，Chinese Style，Mimeo，Stanford University，1999.
Jin Hehui，Qian Yingyi，and Barry R. Weingast. Regional Decentralization and Fiscal Incentives：Federalism，Chinese Style，Mimeo，Stanford University，2001.

⑥ 马栓友，于红霞. 转移支付与地区经济收敛［J］. 经济研究，2003（3）：26—33。

⑦ Demurger，Sylvie 等. 地理位置与优惠政策对中国地区经济发展的相关贡献［J］. 经济研究，2002（9）：14—23.

⑧ Demurger，Sylvie. Infrastructure Development and Economic Growth：An Explanation for Regional Disparities in China? Journal of Comparative Economics，29（1）：95—117.

6.2　对外开放与区域差异

根据第 5 章模型计算结果，本模型对贸易自由化与区域差异的结论是：

(1) 沿海与内地劳动力的工资差异

随着我国对外开放程度的加深，制造业劳动力工资和农业劳动力工资的差异都不断扩大，而高技术劳动力工资差异呈缩小趋势。对外依存度高的城市的城乡收入差异较小。全球化通过加速制造业在沿海地区的集聚。而这种集聚所促使的劳动力流动主要来自于区域内。因此总体来看，贸易自由化加大了工资的区域差异。这与大多数关于发展中国家的实证研究相吻合。随着我国经济外向度的不断提高，FDI 和对外加工贸易的迅速发展，制造业不断在沿海地区集聚。原因在于，首先，沿海地区有较大的本地市场，离本地市场较近可以节约运输成本，这时形成制造业集聚态势的原因之一；其次，离国际市场较近，在向国外出口制造业产品和进口中间产品方面都可以节约运输成本。沿海地区大规模进行劳动密集型的对外加工贸易，生产的原料很大一部分在国外，产品市场也在国外，而劳动力在中国又是遍在性的生产要素，在我国对外经济发展初期并不形成对产业选址的约束。因此形成了制造业在沿海地区集聚的态势；然而，随着我国对外开放程度的不断提高，沿海地区低劳动力价格有上升的趋势，国家对“三农”问题的关注和大力扶持使农村对剩余劳动力的“推力”减弱，这些因素有可能成为制造业向内地转移的动力。近期在珠江三角洲大范围出现的“民工荒”正是产业向内地转移的前兆；第三，沿海地区中间产品种类较多，这有利于制造业产品的生产。沿海地区大城市较多，城市密集区内的各种生产服务业相对发达，这会节约制造业企业的要素投入成本、物流成本、信息成本等，从而促使制造业企业不断向这些地区集聚。另外，因为我国的户籍制度以及相应的社会保障系统不够完善，使得劳动力跨区域流动在一定程度上被遏制。沿海制造业的集聚导致劳动力工资有上升的压力，这种压力主要由本区域内劳动力从农村流向城市来缓解。劳动力流动的主体在区域内，这使得我国区域间的工资差异没有因为劳动力的流动而减小，而是扩大了。与此同时，户籍制度基本上对高技术劳动力不形成限制，其迁移决策主要取决于能否获得更多的目的地信息，也即其迁移决策仅受“空间理性”的约束。所以，随着我国对外开放程度的加深，高技术劳动力不断向沿海流动（对应着“孔雀东南飞”现象），使得高技术劳动力工资的区域差异不断缩小。

（2）区域内劳动力工资的城乡差异

根据上文的计算结果，随着全球化进程的不断推进，区域内劳动力工资差异也呈现扩大的趋势。这里所说的区域内劳动力工资差异指的是一个区域内制造业低技术劳动力工资与农业低技术劳动力工资的差异。前面提到，劳动力的主要流向是区域内从农村流向城市，而这种流动受政府政策的限制，只有其中的一部分实现了流动。一方面，制造业在沿海的集聚对劳动力形成了更大的需求；另一方面，劳动力的供给却受政府的限制。现实的情况是，区域内劳动力工资在产业集聚和劳动力流动的双重作用下呈现扩大的趋势，这说明劳动的城乡迁移滞后于产业集聚的步伐，政府的政策在这里起了关键的作用。结合上面的分析，全球化过程中低技术劳动力的工资差异无论在区域间还是区域内都变大了，但全球化不是劳动力工资差异的扩大的唯一原因，政府对劳动力流动的政策限制是另外一个重要的原因。这与我国城乡差异的总体变化趋势相吻合，魏尚进[①]的实证研究也得出了类似的结论。

（3）产业集聚

根据第五章的计算结果，首先，制造业有向沿海集聚的趋势，这在上面已经分析。其次，当劳动力自由流动时，两个区域的人均工资之比相对较小，这说明人口的自由流动能够在全球化进程中在一定程度上减弱制造业在沿海的集聚。因此，政府对劳动力流动的限制的间接结果之一是促使制造业在沿海的集聚。

（4）城市化

根据第5章的计算结果，随着我国对外开放程度的加深，我国沿海与内地的城市化率都呈现升高的趋势。我们知道，一个地区的城市化过程可以近似地用逻辑斯蒂（Logistic）曲线[②]来表示，也就是“S”型曲线，如图6-1所示。城市化进程可以划分为持续增长、加速增长直至减速增长，最后在某个稳定状

---

① Wei Shangjin, Wu Yi. Globalization and Inequality: Evidence from Within China. NBER Working Paper: No. 8611, 2001.

② Karmeshu. Demographic models of urbanization. Environment and Planning B: Planning and design, 1998. 15: 47—54.

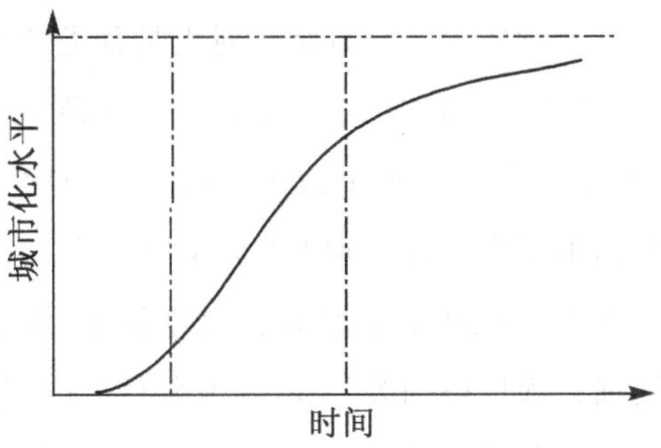

图 6-1　城市化的发展历程

态左右波动这样四个阶段。当今主要的几个发达国家的城市化水平已经达到了上述过程的最后阶段，一般在 80%左右波动。通常的认识是，当城市化率达到 30%时，城市化进程进入加速发展时期。而我国的城市化进程正是处于这样一个发展时期。对外开放以及制造业的集聚对城市化过程都有促进作用。如果限制劳动力从农村向城市的流动，可能导致制造业集聚程度不够，从而难以充分发挥规模经济。

高技术劳动力从内地向沿海的迁移量随着对外开放程度的加深而呈现减小的趋势，这说明全球化进程有助于避免内地高技术劳动力向沿海的流失，这对于缩小区域差异具有积极的意义，因为高技术劳动力所蕴含的人力资本才是内生增长的最根本源泉。对于本模型而言，因为高技术劳动力工资的区域差异会随着全球化进程而缩小，从而减弱了高技术劳动力跨区域流动的动力，使得高技术劳动力向沿海流动越来越少。

(5) 中间产品

根据第五章的计算结果，沿海的中间产品种类数远高于内地中间产品种类数，这在一定程度上说明了沿海地区生产者服务业的发达程度。生产者服务业的发达程度对于制造业的发展至关重要。生产者服务业通常存在着较大的报酬递增，那么一个较大的市场对于生产者服务业和制造业都是有利的。市场较大，制造业的产出就大，所能支撑的中间产品种类数就更多，每个中间产品生产厂商都能够在较大规模下生产中间产品，由于规模经济的作用，它们生产的中间产品的价格就较低，这对制造业是有利可图的。所以，本书的累积因果循环关系，是在中间产品部门生产的报酬递增以及中间产品部门与制造业部门的前后向联系中体现出来的。藤田①于2001年撰文考察了中间产品部门对经济空间结构产生的影响。其文章的现实背景是：对大量种类的中间产品的可接近性在专业化城市和大城市区的空间结构中扮演很重要的角色。特别是发达国家自20世纪80年代以来的新一轮增长似乎很大程度上应归功于中间产品部门的增长。特别是在许多发达国家中，对特别的生产者服务业的需求增长很快，这包括非专业的和专业的服务，比如金融服务、法律服务、信息系统管理、广告、审计、保险、员工培训、管理咨询等。在1970年到1990年的20年间，美国、日本和德国生产者服务业就业每年增长4.77%、4.29%和2.55%，而总就业增长则要低得多。中间产品部门的厂商与最终产品的生产厂商之间建立起来了一种合作的机制，这种机制有利于双方交易成本的节约，而且它们之间的联系对空间距离十分敏感。相对来讲，制造业产品更容易运输，因此就造成了制造业厂商有向能够提供大量中间产品的地方集聚的趋势。在空间交易成本不同的情况下，就可能对应制造业在空间的不同集聚状态。在发达国家，运输技术和通信技术相对较为发达，这使得制造业不必集聚在中间产品较多的地区也能够获得大量的中间产品，这就对应着制造业在空间集聚程度较弱。而在发展中国家，中间产品部门相对集中在较大的首位城市，由于运输条件和通信技术相对落后，制造业也不得不向大城市集中，这成为发展中国家首位城市产生和强化的可能解释。当然，随着发展中国家对外开放的进程，制造业渐渐脱离了对本国中间产品部门的依赖，其中间投入品更多来自国外，而产品市场也在国外，从而导致制造业向与外国交流便利的地方集聚，比如我国的沿海地区。

6.3 区域一体化与区域差异

工资的空间差异是新经济地理学区别于其他贸易理论的特征。在新古典贸易理论中，不存在工资的空间差异。这是因为新古典贸易理论预言要素价格有均等化的趋势。对于新贸易理论来说，在自给自足的情况下，较大劳动力的区域的工资较高。如果允许贸易，则工资仍然存在均等化过程。而对于新经济地

① Fujita, Masahisa. Nobuaki Hamaguchi. Intermediate goods and the spatial structure of an economy. Regional Science and Urban Economics, 2001 (31): 79—109.

理学，劳动力调整的过程可能导致区域间劳动力工资的均等化，也可能无法实现劳动力工资的均等化，这是在贸易成本率较小，产业向某一区域集聚时所发生的情形。这样，新经济地理学就将劳动力工资差异与区域之间的贸易成本率联系在了一起。

最初的“核心—边缘”模型在考察区域一体化与工资差异时得到如下结论：

当贸易成本较高时，制造业分散分布是稳定均衡状态，这时两区域的劳动力工资不存在差异。当贸易成本处于中间水平时，制造业在某个区域集聚成为稳定均衡，这时存在着区域间劳动力的工资差异。而当贸易成本进一步缩小时，制造业分散分布又是稳定均衡状态了。因此，区域一体化与劳动力工资差异存在着非线性的对应关系。而在胡大鹏的模型中（见第四章），当对外贸易成本很小时，随着沿海与内地一体化程度的提高，沿海与内地制造业劳动力的工资差异在缩小，即在对外开放的经济条件下区域一体化过程有利于沿海与内地的均衡发展。然而，当对外贸易成本很大时，区域一体化过程与区域差异存在一个非单调的关系。只有当区域一体化过程发展到相当的程度，沿海与内地制造业劳动力工资差异才可能进一步缩小。这说明，在自给自足的经济中，沿海与内地一体化过程的结果并不单一，对外开放是减弱区域差异的最佳路径。

那么，中国沿海与内地区域一体化的情形在这些年到底是怎样的趋势？根据 Poncet[①] 的研究我们可以对此有大致了解。她使用边界效应的方法，测量1987—1997 年期间内中国国内市场的分割程度，以及中国各省的国际贸易一体化程度。她得出的结论是，中国的改革成功地推进了国际贸易开放，但无论是在沿海还是在内地，改革在促进国内市场一体化方面都不很成功。从 1987年到 1997 年，中国的国际贸易壁垒综合指标下降了 37%，但同期国内贸易壁垒却几乎翻了一番。中国各省与国际贸易伙伴之间的等价关税在 1987 年和1997 年分别为 123%和 112%；省际贸易障碍的等价关税在 1987 年、1992 年和 1997 年分别为 37%、41%和 51%。1987 年、1992 年和 1997 年，在某省的消费构成中，地方产品与来自国外其他地区的产品的比率分别为 27 倍、16 倍和 12 倍。这些结果显示了中国国内市场一体化的不完善性，省际的贸易障碍不但非常严重，还有上升趋势。中国省际的贸易障碍比一些国家（如美国或加

① Poncet，Sandra. 中国市场正在走向“非一体化”？——中国国内和国际市场一体化程度的比较分析［J］. 世界经济文汇，2002（1）：1—15。

拿大）内部各地区之间的贸易障碍要严重，中国各省之间的贸易障碍更接近欧盟国家之间或美国与加拿大之间的情况。与我国相类似，从20世纪80年代逐渐深化的欧洲一体化进程使得欧洲的区域差异不断上升。随着贸易成本的降低以及要素的流动，欧盟国家内的地区差异也呈现分异趋势。欧盟各区域收入差异的一半来自于欧盟国家内部的差异。[①]

根据我们的模型，在中国国内市场开放度与对外开放度的逆向趋势中，中国沿海与内地区域差异的图景又将如何呢？

根据第五章模型计算结果，我们可以得到如下的认识：

（1）由于沿海与内地逆向一体化的趋势，沿海与内地制造业工资比、农业工资比都呈现上升趋势。这表明，沿海与内地的市场分割是促使沿海与内地区域差异的形成原因。内地与沿海的市场分割使本已处于区位劣势的内陆地区与国外的交流更为困难。沿海地区的技术优势和制造业也难以向内地扩散。沿海地区发挥扩散效应带动内地发展的可能受到市场分割的严重阻碍。对于我国现阶段典型的外向经济而言，在这样空间格局下的沿海与内地差异当然会扩大。

（2）区域内的城乡差异。沿海与内地的制造业城乡差异在市场分割程度加剧的情况下都呈现上升趋势，说明沿海与内地的市场分割也是造成区域内的城乡差距的原因；而沿海的城乡差距低于内地的城乡差距。这可以从2000年我国东部与西部地区劳动者工资的差异得到印证，见表6-2。东部地区国有单位工人工资与农民收入之比为3.52，而西部地区相应的比例是6.07，西部地区劳动者的工资差异远远高于东部地区劳动者的工资差异。沿海地区乡镇企业相对发达，乡镇企业在吸纳农村生与劳动力以及减小城乡差异方面起到了积极作用。而且，相对来讲，沿海地区农村劳动向城市流动的机会以及流动成本要比内地农民小得多，这也是造成沿海地区城乡差异较小的原因。

表6-2　区域内劳动者工资的差异

	国有单位工人工资	农民收入	比例
东部	11748	3341	3.52
西部	9523	1569	6.07

资料来源：2001年《中国统计年鉴》整理后的结果。

① Ottaviano，Gianmarco I. P. & Thisse，Jacques-Francois. Integration，agglomeration and the political economics of factor mobility. Journal of Public Economics，2002，83：429—456.

(3) 制造业集聚。在沿海与内地市场分割不断恶化的情况下，制造业向沿海集聚的趋势更为明显。我们知道，新经济地理学模型的一般结论是，区域间贸易成本与产业集聚是非线性的关系。集聚的原因在于产业集聚所带来的规模经济大于因产业集聚所导致的运输成本的增加，产业分散分布的原因则恰恰相反。在我们这里，区域间的贸易成本增加只有一个作用，就是极化效应居主导地位，导致制造业在沿海的更为集聚。经验研究①显示，在运输成本下降的前提下（运输费用已经从 1965 年占 GDP 的 9.3%到 1985 年的 6.8%），制造业的集聚程度在过去的 15 年显著下降了。这也与我国区域一体化与集聚的关系相吻合。在本模型中，制造业的集聚并非来源于制造业生产厂商的跨区域流动，而是来源于地区内农业劳动力向城市流动导致的制造业扩张。沿海地区劳动力从农村向城市流动的趋势比内地更为显著，表现在制造业上则是沿海地区制造业增长比内地地区更快，表现在制造业的份额上，则是制造业在沿海地区集聚。

从上述结论我们也可认识到：消除区域市场分割、推进区域一体化是消除我国城乡二元经济以及地理二元经济的根本出路。

6.4 劳动力流动与区域差异

根据新古典增长理论，如果生产要素在地区间可自由流动，地区间的要素收益率就会趋同。新经济地理学的核心是允许劳动力跨区域流动，这使得各区域的制造业分布成为模型的内生变量。然而，由于劳动力的跨区域流动是完全自由的，除非经济中的积聚力量足够强，否则不存在劳动力的工资差异。本模型与一般的新经济地理学模型的差异之一是劳动力的有限流动，从而与中国的现实情况相契合。本书的主旨即使在劳动力有限流动的条件下考察中国的区域差异。

我们的模型显示，随着政府对劳动力城乡流动的限制减弱，有如下结果：

(1) 劳动力的迁移

政府对劳动力流动的限制减弱使劳动力从农村向城市的迁移量不断增大。

---

① Glaeser, Edward L. are cities dying? The Journal of Economic Perspectives, 1998, 12 (2): 139—160.

现实的情况是，我国正处于加速城市化阶段，农村人口向城市涌动是不可逆转的潮流和趋势。农村由于人均土地量不断减少（城市用地的不断扩张），再加上农业生产率的不断提高，使得大量的农业人口成为农业剩余劳动力。这些农业剩余劳动力只要有可能，就会向城市流动。在现有的条件下，只有其中的一部分发生了现实的流动。我国的户籍制度以及各种限制劳动力流动的规章制度是主要原因。

（2）区域差异与城乡差异

随着政府对劳动力流动限制的减弱，区域差异呈现先扩大后缩小的倒“U”形趋势。该结论与蔡昉等[①]的研究结论类似。他们认为，中国的增长呈现条件收敛的特征，劳动力市场的扭曲影响中国区域经济增长并导致分异。消除对劳动力市场发展的障碍将提高落后地区的增长并帮助缩小区域差异。特别是废除户籍制度对劳动力流动很重要。

在区域内，政府限制减弱首先导致低技术劳动力工资差异的扩大。这可能是在政府放宽限制的初期，制造业在城市的集聚效应居于主导地位，从而拉动低技术劳动力工资的差异变大。随着政府限制作用的进一步减弱，大量农业劳动力涌入城市，从而减小了城乡低技术劳动力的工资差异。对于高技术劳动力，政府对其流动并没有直接限制。随着政府对低技术劳动力流动限制的减弱，高技术劳动力的工资差异首先减小，接着又会随着政府对低技术劳动力限制的进一步放宽而扩大。这种变化趋势正好与区域内低技术劳动力工资差异的变化趋势相反。

（3）产业集聚

根据6.3的计算结果，随着政府对劳动力流动限制的减弱，沿海与内地的人均产出比变化不甚明显。由于本模型不存在低技术劳动力的跨区域流动，因此政府对劳动力限制的减弱对产业集聚的影响微乎其微。与本研究不同的是，Au[②]的研究认为对劳动力限制导致了产业集聚程度不够，这会导致GDP一位数的损失。

---

① 蔡昉，王德文，都阳．中国经济增长“条件趋同”中的制度因素——对西部开发战略的启示[J]．中国社会科学，2001（2）。

② Au Chun-Chung, Henderson, Vernon. How Migration restrictions Limit Agglomeration and Productivity in China. NBER Working Paper, No. 8707, 2001.

综上所述，政府对劳动力城乡流动限制的减弱对区域差异有先增大后减小的倒“U”形影响，对区域内的城乡差异也有类似的倒“U”形影响。这与威廉姆森的结论一致。即区域不平等在经济发展的第一阶段是增加的，而在经济发展的成熟阶段则趋于收敛。[①]

这与美国历史上的劳动力流动的结果不同[②]。劳动力流动壁垒的消除在美国工业化的初中期对缩小地区差距并没有起非常大的作用。

6.5　区域内自由贸易与区域差异

对应着区域内两个城市之间商品的运输不需要支付运输成本，在现实中对应于联系紧密的城市网络或城市群。我国地域辽阔，自然地理条件十分复杂，造成了空间交易成本较高，因此整个国家尺度上的地域分工体系难以形成。在较小的尺度上，城市圈、城市群等次级尺度上的地域分工体系成为现实的可能。目前，我国已形成了三大都市圈：珠江三角洲都市圈、长江三角洲都市圈和京津冀都市圈，都市圈的形成与成熟成为我国未来区域经济发展的主要特征之一。我们的模型也可在这方面提供一些有价值的认识。

（1）劳动力的迁移

根据 6.4 计算的结果，随着贸易可接近性的提高，沿海和内地低技术劳动力从农村向城市的流动量都在增加，这与前面区域内城市间有贸易成本时的结果一样。对于前面的结果，当两城市之间有贸易成本时，沿海低技术劳动力的迁移量可能高于内低地技术劳动力的迁移量，也可能低于内地低技术劳动力的迁移量。而在这里，内地低技术劳动力的迁移量始终高于沿海低技术劳动力的迁移量。这说明，在形成城市集群的情况下，内地的城市化过程似乎更为显著。

（2）制造业的集聚

区域内自由贸易时，制造业向沿海的集聚趋势更为明显。这是因为，区域

---

① Riccardo Faini. Increasing returns, migrations and convergence. Journal of Development Economics. 1996. 49：121—136.

② 范剑勇，张涛．结构转型与地区收敛：美国的经验及其对中国的启示［J］．世界经济，2003（1）：42—48。

内自由贸易相当于中间产品部门能够以更大规模生产产品。而对于沿海来说，这种规模经济效益相对于内地来说更为显著，从而使得沿海中间产品的价格更低。中间产品部门与制造业部门之间的上下游联系，使得沿海制造业不断扩张。

(3) 区域内劳动力工资差异

区域内城市自由贸易时沿海低技术劳动力工资比高于区域内非自由贸易时的情形，这表明区域内自由贸易拉大了沿海的城乡差距，对内地也有同样的结果。对该结果的解释：区域内自由贸易时，相当于制造业可以获得更多种类的中间产品，更多种类的中间产品投入意味着报酬递增性更强，从而拉大了城乡劳动力的工资差异。同时，在区域内自由贸易时，内地的城乡差异大于沿海的城乡差异，这与前面所得结果相同。

6.6 模型与现实的契合点

本研究是在抽象出我国区域经济发展中的特征事实的基础上，建立的新经济地理学模型。通过对模型的推演和计算，所得结果大多与我国区域经济发展的现状相一致，并能够对我国沿海与内地的差异提供一定的解释。模型与现实的契合点包括：

(1) 全球化进程扩大了低技术劳动力区域差异和城乡差异。目前我国劳动力工资的城乡差距、沿海与内地劳动力工资的差距就是一个很好的佐证。

(2) 全球化趋势加剧了制造业在沿海的集聚。

(3) 区域市场分割与区域差异的同向变化。

(4) 城市圈的形成与区域差异的同向变化。

6.7 与以往研究结果的异同

6.7.1 相同点

(1) 沿海与内地的产出比大于1，制造业在沿海集聚，沿海的区位优势在两个模型中都能够得以体现；

（2）随着对外开放程度的增加，沿海与内地的产出比呈增加的趋势。对外开放有助于制造业在沿海的进一步集聚；

（3）在对外贸易成本较低的情况下，随着区域间的一体化进程，沿海与内地的产出比呈减小的趋势。

6.7.2　不同点

（1）运输成本的反效应。在胡的模型结果中，当贸易成本率较高时，随着区域间的一体化进程，沿海与内地的产出比首先呈现下降趋势，后又升高，如图 6-1 所示。而在本研究中，不存在这样的反效应。

（2）迁移自由度对产出和工资的影响。在胡的模型结果中，随着迁移自由度的增加，沿海与内地制造业产出比和劳动力工资比都呈现上升趋势。而在本研究中，制造业产出比变化不大，低技术劳动力工资比呈现倒“U”形变化趋势，高技术劳动力工资比呈现“U”形变化趋势。

（3）本研究考虑了区域内大都市圈或城市群的形成对区域间差异的影响，在胡的模型中没有这样的考虑。

（4）本模型的假设条件认为高技术劳动力是有限流动的，从而模拟出高技术劳动力工资的区域差异，而在胡的模型中，高技术劳动力自由流动，因而区域间高技术劳动力的工资无差异。

第7章 解决中国二元经济的对策研究

7.1 模型对我国区域经济发展的启示

7.1.1 对外开放对我国区域经济发展产生的结果

(1) 全球化趋势使得低技术劳动力的工资差异无论在区域间还是区域内都变大了。目前我国劳动力工资的城乡差距、沿海与内地劳动力工资的差距就是一个很好的佐证。

(2) 全球化趋势加剧了制造业在沿海的集聚。

(3) 沿海的城乡差异低于内地的城乡差异。这说明对外开放与城乡差异呈负相关。

7.1.2 减小区域间贸易成本对我国区域经济发展产生的结果

(1) 有助于减小区域间和区域内低技术劳动力的工资差异，扩大区域间高技术劳动力的工资差异。目前我国沿海与内地劳动力工资差异显著，这种差异主要表现在农民和城市居民的工资差异上，也就是低技术劳动力的工资差异。通过减小区域间的交易成本，加强沿海与内地的联系，消除区域间人为的贸易障碍等因素，这种差异将会得到缓解。

(2) 随着沿海与内地交流条件的改善，制造业向沿海的集聚趋势将减弱。目前，我国的东西差距问题比较严重，所以中央政府提出了“西部大开发”战略。“西部大开发”就是要在国际经济的新背景下，在我国当前的经济发展阶段上，进一步发展西部经济，缩小东西差距。通过改善沿海与内地的交易条件，可以对“西部大开发”的目标起到一定的促进作用。

7.1.3　政府减弱对劳动力流动限制的作用

（1）对高素质劳动力的作用。政府对劳动力流动限制的放宽，最终会拉大沿海与内地高技术劳动力的工资差异，这有助于我国区域间人才的流动和交流，吸引高素质人才到更为适当的岗位上发挥才干。

（2）有助于减小城乡差距。我国目前是典型的二元经济，由于 20 世纪 70 年代末的农村经济体制使得农村的劳动生产率得到了很大提高，从而从农业游离出大量的剩余劳动力。城市劳动力工资较高使得农村劳动力有向城市迁移的动力，但政府政策的限制阻碍了流动的自由进行，使得农业劳动力收入进一步走低。虽然政府对劳动力流动限制的放宽程度较小时，会加大城乡差距，但随着政府对劳动力流动限制的进一步放宽，城乡差距最终会减小。

（3）有助于加快城市化进程。城市化水平在一定程度上标志着一个国家经济发展的水平，我国的城市化水平相对较低，尚处于城市化的加速发展时期。城市化水平的不断提高与经济的发展相辅相成，互为因果。因此，加快城市化水平，能够使我国的经济更上一个台阶。尽管城市化过程中会产生许多负面作用（犯罪率上升、污染、贫民窟）等社会现象，但城市对经济发展的主导作用已是举世公认的。通过政府对劳动力限制的减弱，我国的城市化进程将进一步加快。

7.1.4　培育城市群对区域差异的作用

区域内城市之间的自由贸易对应着城市群的情形。其对我国区域差异的影响是：

（1）有助于制造业在沿海的集聚。产业在沿海的集聚不是坏事，而是更有利于规模经济效益的发挥。长期以来，我国的城市发展观“严格控制大城市规模，合理发展中小城市，积极发展小城镇”一直左右着我国城镇发展的思路。

根据有关文献[1]结论，我国的城市发展政策应当从重点发展小城镇转向发展较大规模的城市。

（2）加大了沿海与内地高技术劳动力工资的差异。城市群的形成和城市规模效益的发挥使得高技术劳动力工资的差异更为显著，有利于高技术劳动力的跨区域流动，从而实现高技术劳动力更为高效、合理地配置。

（3）城市群的形成拉大了城乡差距，并且内地的城乡差距大于沿海的城乡差距。城市集群的形成使得城市的集聚效应更为明显，如果政府对劳动的限制没有减弱，则势必会拉大城乡劳动者的工资差异。

7.2 模型的政策含义

根据以上的模型运行结果及其现实含义，可以提出针对我国区域发展的如下政策建议：

7.2.1 对外开放：在发展与地区差异之间寻求平衡

根据模型的推演结果，实施对外开放政策加剧了制造业在沿海的集聚，同时也造成了低技术劳动力工资差异的扩大。因此，对外开放政策的直接后果就是拉大沿海与内地的差距以及区域内的城乡差异。然而，我们也应当看到，经过二十多年的对外开放政策，我国的经济总量和综合国力都取得了举世瞩目的成绩，这与坚持实施对外开放政策密不可分。对外开放政策导致了两个直接的后果：经济总量的增长以及区域差异的扩大。因此，摆在中央决策者面前的问题则是：要发展还是要平衡？要效率还是要公平？我国目前区域经济工作的重点似乎转向平抑区域差异问题，相应的政策口号包括“西部大开发”“东北老工业基地振兴”和“中部崛起”，这即是在发展与差异之间求得一种平衡。然而，根据新经济地理学的政策含义，政策介入的地区滞后效应可能会使“西部大开发”战略的实施效果大打折扣。因为在沿海地区形成了自我强化的优势之后，要消除现实的差异以及由规模经济产生的内在优势，只有更为强劲的政策

---

① 陈伟民，蒋华园．城市规模效益及其发展政策［J］．财经科学，2000（4）：67—70。

介入才可能发挥效果。然而，国家对“西部大开发”的支持主要体现在基础设施建设以及提供某些优惠政策。国家的财力不允许进行更为强劲的政策介入。这也意味着“西部大开发”的实施效果可能不会很明显。

经济的全球化是不可逆转的趋势，我国的经济融入全球经济也是不可逆转的潮流，对外开放政策是大势所趋。从模型来看，制造业在沿海的集聚并非完全来自于政府政策倾斜的作用。沿海距离世界经济中心较近，在制造业进口中间产品和出口制造业产品方面，相对于内地来说都可以支付较少的贸易成本，这是制造业在沿海集聚之源，也是沿海劳动力工资高于内地劳动力工资的原因。本模型的结果显示沿海的中间产品种类较内地要高很多，制造业与中间产品部门之间的前后向联系使得制造业有集聚在沿海的动力。这种趋势虽然在目前与我国缩小区域差异的现实相悖，但有利于我们国家的整体利益和大局，有利于规模经济的发挥。而对于内地，制造业向沿海的集聚趋势必然削弱内地经济发展的势头。这种现象虽然一时不可避免，但内地可以通过改善投资环境、加强与发达地区的联系和发挥比较优势等方面的措施缓解与沿海的差距。中央政府也可通过相应的优惠政策和财政转移支付来缓解区域差异。

7.2.2 区域一体化：缩小区域差距的可能选择

在我国，交通基础设施长期以来滞后于经济发展，虽然这些年各地区高速公路的建设使这一现象得到改观，但密布高速公路上的收费站以及高昂的过桥费使高速公路的真正效果大打折扣。与此同时，地方分权使得各省区成为真正的利益主体，而市场经济的不健全导致各省区有通过非市场手段获得利益的动机，这样就形成了省区之间事实上的市场分割和区域壁垒。

根据模型的结果，减小区域间的贸易成本有助于减小区域间和区域内低技术劳动力的工资差异，扩大区域间高技术劳动力的工资差异，同时制造业在沿海集聚的趋势也将减弱，这恰恰与我国当前的区域发展目标相一致。目前我国沿海与内地劳动力工资差异显著，并主要表现在城乡差异上。劳动者工资差异的扩大可能影响到国家的政治稳定和社会问题，“西部大开发”战略的提出就是针对不断增大的区域差距问题的。“西部大开发”采用何种战略众说纷纭，实施区域一体化战略，减小区域间的交易成本，加强沿海与内地的联系，消除区域间人为的贸易障碍，应当是一个可行的解决途径。

减小区域间的贸易成本可以从两方面入手：

(1) 建立高速通畅的一体化路网和信息网络，从而减少沿海与内地贸易往来的成本。重点建设以铁路为骨干、以公路特别是高速公路为主体的交通运输网络，充分利用水运，发挥管道、航空等不同运输方式的优势，逐步形成连接沿海与内地的大众捷运交通体系。从经济发展需要、交通运输流量和建设的可能性方面考虑，应重点建设两大通道：第一条是从京津经欧亚大陆桥和陇海深入西部腹地的北方高速通道；第二条是从上海沿长江深入西部腹地的沿江高速通道。

内地信息基础设施建设的战略思路是，选择重点地区和城市，大力开展信息基础设施的建设，带动整个区域信息产业发展，以城市信息基础设施的建设为核心逐步向农村及边远地区辐射。具体的建设方案有：第一，以重庆为龙头，带动西安、贵阳、昆明等大城市形成城市信息网络。第二，在西北地区逐步形成以光缆为主，以数字微波和卫星为辅的多种通信手段相结合的基础传输网络，并大幅度增加程控交换机容量，提高电话普及率。第三，加快发展西部地区的电子商务①。

(2) 在制度上消除各种人为的贸易壁垒，这包括各种“地方保护主义”的衍生物，如不平等税收、配额，阻碍区域外产品流入的行政命令，甚至还包括路障等。

在处理区域市场与全国统一市场的关系上，最突出的表现是市场分割和流通壁垒。搞市场分割，设置流通壁垒，其主要手法是根据地方领导企求的局部利益采取一些不正当的经济手段。如不让商品入境或增收“入境”费用，变相降（提）价，对用户或采购员给回扣，对职工给予特殊的推销奖励政策，甚至送礼行贿等，还可以使用行政手段和施加行政影响。市场分割和流动壁垒虽然能够暂缓本地经济的滑坡、维持地方财政收入，但从长远和大局来看，不利于社会主义市场经济体制的建设，对全国统一市场的形成和国民经济的发展都会带来严重的影响。②

---

① 杨开忠等．中国西部大开发战略［M］．广州：广东教育出版社，2001。

② 曾坤生等著．区域经济论——市场经济与中国区域经济发展［M］．长沙：湖南人民出版社，1998。

另一方面，我们也应认识到，减小区域间的贸易成本可能并不是简单的结果。通常认为，在发达地区与欠发达地区之间建立高速畅通的交通体系有助于欠发达地区的发展。“西部大开发”战略的实施是以改善西部地区基础设施以及加强西部与东部地区联系为起点和重点的。高速公路、西气东输、青藏铁路等基础设施的建设为西部地区发展提供了基础设施的保障。然而新经济地理学给我们的启示是，这种相互间交易条件的改善可能并非单一的效果。从短期来看，可能并不能促进欠发达地区的发展，因为交易条件的改善相当于扩大了发达地区的产品市场，并同时使欠发达地区的资源型生产要素以及劳动力更易流动到发达地区。从这个角度来讲，交易条件的改善更有利于发达地区集聚优势的进一步加强。从长期来看，交易条件的改善可能对欠发达地区是有利的，但这要在一定条件具备时才能起到应有的作用。日本都市圈发展的历程可以作为例证。在日本“新干线”未建立以前，日本东京与大阪基本上处于同等的地位。但“新干线”的建成改变了二者的关系。“新干线”建成后经济向东京集聚的趋势进一步加强，而大阪的地位逐渐衰落。对大阪而言，交通一体化不但没有促进其发展，反而对其产生了不利影响。因此，交通基础设施的一体化过程究竟会导致集聚还是分散并非一个单一的过程，它所依赖的参数包括市场拥挤效应和市场规模效应的相对大小、运输成本大小以及生产要素的可流动性等。

7.2.3　劳动力市场一体化

（1）中国劳动力市场分割

我国二元经济的集中体现之一是城乡二元经济，而城乡二元经济直接来源于严格的城乡分割的户籍管理制度。我国的城乡分割的户籍管理制度由一系列具体制度建起来的，包括：户籍制度、粮食供应制度、副食品与燃料供给制度、教育制度、就业制度、医疗制度、养老保险制度、劳动保护制度、兵役制度、婚姻制度、生育制度等等，上述制度的城乡差异，将中国农民置于先天的劣势地位。户籍管理制度从新中国成立初期逐步形成到不断完善，已成为我国城市化和现代化的最大障碍。随着社会主义市场体制的建立和不断完善，与社会主义市场体制相适应的劳动力市场也要求户籍制度改革，各个地方也在不同方面针对户籍制度进行改革试点，强加于中国劳动者身上的户籍制度坚冰正在悄然融化。

中国的二元经济表现为典型的“地理二元经济”和“城乡二元经济”。“地理二元经济”指的是沿海与内地的区域差异，而城乡二元经济指的是城市与农村的差异。与刘易斯提出的二元经济结构理论所不同的是，刘易斯的二元经济结构理论是以劳动力在传统部门和现代部门之间的流动和转移为基础的。然而，虽然我国劳动力也存在着从农村向城市现代部门的转移，但转移的规模和方向都受严格的限制。目前中国劳动力市场的现实是，劳动力可以在部门之间或城乡之间流动（虽然流动的成本可能很高）却不能进入特定的劳动力市场。劳动力市场被各种规章制度严重分割。从而呈现出二元经济结构的演化的刚性反应态势。[①] 李建民[②]总结了中国劳动力市场的分割，并将其分为劳动力市场的城乡分割、地区分割、部门分割以及正式劳动力市场与从属劳动力市场的分隔。

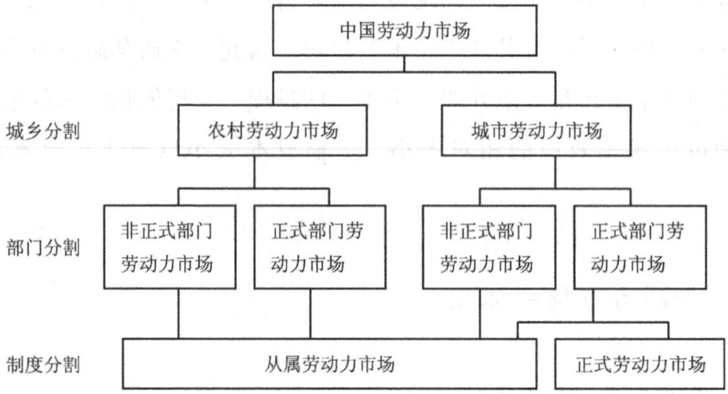

图 7-1 中国的劳动力市场分割

资料来源：李建民．中国劳动力市场多重分隔及其对劳动力供求的影响．中国人口科学，2002（2）：1—7.

劳动力市场的城乡分隔是中国劳动力市场历时最长的一种分隔形式。劳动力市场的城乡分割使农村劳动力不能自由进入城镇劳动力市场，并且随着城市

---

① 王宏．我国二元经济结构演化刚性反应的原因分析［J］．重庆师院学报（哲学社会科学版），2003（1）：72—76。

② 李建民．中国劳动力市场多重分隔及其对劳动力供求的影响［J］．中国人口科学，2002（2）：1—7。

的行政等级越高，市场分割的程度越高。随着户籍制度政策的逐渐放宽，劳动力市场的城乡分割成为劳动力从农村部门向城市现代部门转移的最主要的障碍。

劳动力市场的地区分隔主要表现在两个方面：一是农村地区之间的分隔；二是城市地区之间的分隔。前者的制度性因素是土地使用制度，后者的制度性约束包括社会保障、住房及其他福利制度。

劳动力市场的部门分隔是指正式部门劳动力市场与非正式部门（或传统部门）劳动力市场的分隔。劳动力市场的制度分割是指正式劳动力市场和从属劳动力市场。正式劳动力市场指的是可以获得现代雇佣条件的劳动力市场，该市场给劳动力不仅提供较为合理的工资，而且提供包括社会保障在内的福利（休假、培训、晋升等），其主要存在于城市正规部门的国有、集体以及现代企业制度部门。从属市场是指工资水平很低，没有社会保障，劳动者权益难以得到保护的市场。从属劳动力市场广泛存在于农村的传统部门和正式部门。

正是上述劳动力市场的分割使得城乡二元经济表现为刚性发展态势，而“三农”问题越来越成为人们关注的焦点。因此，解决城乡二元经济要从打破劳动力市场的城乡分割为突破口。

（2）劳动力流动对区域差异的均衡作用

根据王德等[①]的研究，人口迁移对中国的区域差异存在均衡效果。他们所得到的研究结果表7-1。在假定人口不发生迁移的情况下，三个时期末的基尼系数分别为0.213、0.248和0.267，均高于发生人口迁移后的0.209、0.244和0.247。在1985—1990年间，由于人口迁移使得区域经济不均衡基尼系数从0.213降到0.209，降幅为1.9%。在1990—1995年间，降幅为1.6%，比前5年有所缩小。而到了1995—2000年，降幅达到8.1%，从不发生迁移时的0.267降到发生迁移后的0.247。由此可见，人口迁移在近15年的期间内对缩小区域经济差距一直在起作用，而1995—2000的5年，均衡作用的效果最明显。根据他们的研究，人口迁移对区域经济发展差距均衡效果相当于提高了落后地区GDP总量。经测算，1985—1990年人口发生迁移前后，基尼系数

---

① 王德，朱玮，叶晖.1985—2000年我国人口迁移对区域经济差异的均衡作用研究［J］.人口与经济，2003（3）：1—9。

由 0.213 减小为 0.209，减幅为 0.04，这一差值相当于使 1990 年人均 GDP 下位 11 个省区，如贵州、湖南等各增加 1.5%的 GDP 总值。同样，对 1995 年下位 15 个省区和 2000 年下位 14 个省区各增加 1.5%和 9%的 GDP 值。从均衡效果的发展过程来看，2000 年为最大，说明人口迁移的均衡效果越来越显著，对地区经济不平衡的作用机制正在越来越重要地发挥作用。由以上分析可知，省际人口迁移在 1985—2000 年间对我国区域经济不均衡化发展的确起到减缓作用。

表 7-1　各时期人口迁移前后基尼系数变化

时　间	不发生迁移	发生迁移	变　化	变化率
1985—1990	0.213	0.209	0.004	1.9%
1990—1995	0.248	0.244	0.004	1.6%
1995—2000	0.267	0.247	0.020	8.1%

资料来源：王德，朱玮，叶晖．1985—2000 年我国人口迁移对区域经济差异的均衡作用研究［J］．人口与经济，2003（3）：1—9.

（3）建立城乡畅通、公平竞争、开放有序的一体化劳动力市场

长期以来，我国的人口管理实行户口登记制度以及相应的佣工规定和社会福利政策，这种政策事实上形成了对低技术劳动力流动的阻碍。虽然这些年来政府对劳动力的流动限制在不断减弱，某些地区也做出了不少改革的尝试，但主要针对素质较高的劳动者，低技术劳动者向城市流动的门槛仍然很高。

根据模型的推演结果，政府减弱对低技术劳动力流动的限制最终会减小城乡差距。城乡差距是我国目前经济中较为突出的问题，政府对劳动力流动的限制是原因之一。大量从农业中游离出来的劳动力如果不能脱离农村，只能使农业劳动者边际产出越来越低。弱化政府对劳动力流动的作用，由市场来决定劳动力的走向和数量，才是更为有效地解决城乡差异的办法之一。我国第三产业相对落后，而第三产业又能够吸纳大量的劳动力，政府对劳动力流动限制的放宽使农业剩余劳动力能够从农村顺利转移到城市服务部门，从而有利于城乡差距的减小。另外，政府对劳动力流动限制的减弱有助于我国的城市化进程。我国的城市化水平相对较低，正处于城市化的加速发展时期。城市是经济发展的中坚力量，城市化的进一步提高是我国经济迈上新台阶的标志。因此，通过逐步放宽对劳动力流动的限制，提高城市化水平，从而使城市化成为我国经济发展的重要推动力量。

根据现有的经验，人口自由流动的好处在于：第一，增加农民收入，促进落后地区的经济发展。据安徽、四川、湖南、湖北、河南、江西6省抽样调查计算，1992年外出农民创造的劳务收入达到280亿元，人均1200元。流动人口务工经商所获得的收入中有54%左右寄、带回农村。全国1995年在城市打工的农民总收入1418.2亿元，其中有765.8亿元的收入寄回农村，不仅大大提高了其家庭的购买力和消费水平，而且也支援了家乡建设，繁荣了农村经济。第二，人力资本积累的过程。人口流动在增加流动者收入的同时，也使流动者开阔了眼界，更新了观念，增长了才干，这为他们回乡创业奠定了基础。第三，资本、技术等的回流。外出务工人员利用他们在外面学到的技术和积累的资金，回到家乡创办企业，对发展家乡经济发挥着重要作用。如安徽蒙城县共有乡镇企业2.1万个，其中有外出劳动力回乡后领办创办的企业达1.2万个，占总数的57%。

建立城乡畅通、公平竞争、开放有序的全国一体化劳动力市场可以从以下方面入手：一是加强区域间劳务协作关系，减少人口流动的盲目性，使流动成本尽量缩小，变无序流动为有序流动；二是在区域间劳务协作的基础上，尽快培育和完善劳动力市场，通过国家宏观调控、市场调节需求，形成城乡畅通、公平竞争、开放有序的全国劳动力市场；三是改革城乡分割的二元户籍制度、劳动力就业制度等，在制度上给予农民与城市居民平等的权利，从体制上给人口流动一个宽松的环境，为劳动者的自由流动和统一的劳动力市场的形成创造条件。可以分步骤、有计划地改革户籍制度，如从中小城市入手，逐步放松户籍管制[①]。

依据新经济地理学模型的政策含义，这种对劳动力流动的限制可能产生政策的区域附带效应。虽然实施的是人口政策，但该政策却对区域差异产生了影响。由于劳动力不能通畅地从农村流向城市、从内地流向沿海，则消除城乡收入差异和区域收入差异的机制未能形成。因此，消除劳动力的城乡流动障碍以及跨区域流动的障碍可能对城乡差异和区域差异产生积极影响。

---

① 曾坤生等. 区域经济论——市场经济与中国区域经济发展［M］. 长沙：湖南人民出版社，1998。

7.2.4 城市群：城市化的发展方向

根据模型的推演结果，加强城市之间的联系，减小城市间的运输成本有助于促进制造业在沿海的集聚并扩大城乡差距。这种极化效应对我国经济发展的大局是有益的，我国沿海最具活力的三个地区——珠江三角洲、长江三角洲以及环渤海经济圈的发展可以作为例证。其发展的活力来源于核心城市的引擎作用、其他各级城市间的分工协作所引致的综合效应。美国经济地理学家斯科特将交易成本理论应用于区域研究，得出了对城市群形成原因的解释：区域内企业的生产经营活动将受制于交易成本，高技术和专业化水平较高的生产将集聚到大城市，而低技术和专业化水平较低的生产将扩散到大城市以外的具有廉价劳动力的次级城市，从而形成了一个协调的分工协作体系①。

我国多年来的城市发展战略是：严格控制大城市规模，合理发展中小城市，积极发展小城镇。这种城市发展观所产生的结果是：大城市的规模没能有效控制、小城镇无序发展设施闲置、潮水般涌动的流动大军及隐性城市化等。在新世纪面对全球化和信息化浪潮，我国的城市发展战略应当予以修正。其一，城市发展政策的重点应放在发展具有区域功能的大城市以及城市群。对于中小城市，政府政策应有意识地推动它们加速发展成为规模优化的城市。其二，我国建制镇的发展要控制数量，提高素质，扩大平均规模②。其三，关于城市规模经济效益。城市的产生和发展都来源于规模经济效应，但多大的规模才是最合理的？每个城市都有其特有的外部环境和内部条件（区位、产业结构、历史积淀、发展阶段、政策环境等），其所能发挥规模经济效益的最佳规模就各不相同，所以不必寻求对所有城市都通用的最佳规模。然而，当一个城市的各种条件都具备进一步发展的情况下，人为限制其发展则违背了城市发展的规律。虽然大城市在发展过程中会出现一些负面的效应（所谓的城市病），但因噎废食的危害性更大。

对于西部地区的城市发展，集聚经济的发挥以及城市群的培育应当是核

---

① 刘成昆．城市群整体效益刍议［J］．城市问题，1996.2：9—12。

② 陈伟民，蒋华园．城市规模效益及其发展政策［J］．财经科学，2000（4）：67—70。

心。西部地区聚落分散是西部地区落后的原因之一[①]。促进西部地区人口的相对集中，不但有利于西部地区人口素质的提高，同时也使得基础设施投资更能够发挥更大的集聚效应。城市规模的扩大也为企业提供了一个好的发展环境，加强了企业之间的联系、企业与劳动力市场的联系以及企业与产品市场的联系。同时，要以人口较为稠密的地区和城市为增长极，尤其是人口密度较高的关中地区、成渝地区、滇池周边地区、河套地区、兰州周边地区、河西走廊、北疆铁路沿线等地区，要在这些地区形成区域性的城市群。通过人口的相对集中，城市等级体系的不断完善，从而提高整个西部地区非农业人口的比重，并获得人力资源培养和开发的规模效应和网络效应。

中国西部地区现有的城市已经具备了形成大都市圈的条件。重庆都市圈以重庆市为核心，再加之合川、永川、南川，是西部地区最具实力的都市圈之一。西安都市圈以西安市为核心，已经拥有了咸阳、渭南、宝鸡、铜川等四个较大的城市，另有武功、泾阳、长安、临潼等卫星城市，沿关中平原形成都市圈。成都都市圈以成都为核心，包括绵阳、德阳、都江堰、乐山等外围城市，并有绵竹、广汉、双流、新都、眉山等卫星城市，都市圈已具雏形。贵阳都市圈以贵阳市为核心，包括遵义、安顺、都匀、凯里等城市，沿铁路形成“丁”字型布局。昆明都市圈以昆明为核心，包括玉溪、曲靖、东川、安宁等城市，在云南高原的中部形成一个强大的都市圈。再加上宁夏和新疆的部分人口稠密地区具有形成城市集群的条件，从而形成西部地区经济发展的极核[②]。

① 杨开忠等. 中国西部大开发战略［M］. 广州：广东教育出版社，2001。
② 郑度. 中国西部地区21世纪区域可持续发展［M］. 长沙：湖北科学技术出版社，2001。

第 8 章　总结与展望

8.1　内容总结

本研究在考察了我国沿海与内地的区域差异、劳动力就业与流动、区域一体化进程以及制造业集聚等区域经济基本特征之后，从中抽象出沿海与内地差异的特征事实，然后采用新经济地理学的空间均衡模型，试图在我国沿海与内地的对外贸易成本、区域间交易成本以及政府对劳动力流动限制变化的情况下，模拟出沿海与内地制造业集聚、劳动力流动以及区域差异的变动。根据我国经济外部环境的变动和内部结构的变动情况，考察未来我国区域经济发展的可能走向，并提出优化我国区域经济空间格局的政策建议。

本书从我国沿海与内地差异的现实中抽象出来的特征事实包括：第一，低技术劳动力在区域内从农村向城市不完全流动，其流动受政府政策限制；第二，高技术劳动力在区域间不完全流动，其流动受“空间理性”的支配；第三，区域间劳动者收入与产业集聚具有很高的相关性；第四，我国对外贸易的主要取向是环太平洋地区，可以忽略与西部地区接壤国家的作用。

以上的特征事实在模型的参数中得以体现。通过对模型的计算，我们得到如下的结果.

8.1.1　对外贸易成本的变化对区域差异的影响

(1) 区域间劳动力工资的差异。首先，沿海劳动力工资高于内地劳动力工资；其次，全球化进程拉大了区域间低技术劳动力的工资差异，却减小了区域间高技术劳动力工资的差异。

（2）区域内劳动力工资的差异。全球化趋势使得低技术劳动力的工资差异无论在区域间还是区域内都变大了。而对于高技术劳动力，趋势则恰恰相反。

（3）制造业的集聚。首先，制造业在沿海集聚；其次，全球化进程使制造业有在沿海更为集聚的趋势；第三，人口的自由流动能够在全球化进程中在一定程度上减小区域劳动力工资的差异。

（4）劳动力的迁移和城市化的进程。首先，全球化进程有助于推动我国的城市化进程；其次，全球化进程有助于避免内地高技术劳动力向沿海的流失；第三，政府对劳动力的限制延缓了沿海与内地的城市化进程。

（5）中间产品种类数。首先，沿海的中间产品种类数远高于内地中间产品种类数；其次，随着我国对外开放程度的加剧，沿海与内地的中间产品种类数都变化不大，而国外的中间产品种类数呈下降趋势。

8.1.2　区域间贸易成本的变化对区域差异的影响

（1）劳动力工资的区域差异。第一，区域间贸易壁垒的逐渐消除有助于减小区域间低技术劳动力的工资差异。第二，随着区域间交流的更为通畅，区域间高技术劳动力工资差异呈现上升趋势。

（2）劳动力工资的区域内差异。第一，沿海与内地交易条件的改善有利于缩小各区域内的城乡差距；第二，沿海的城乡差距低于内地的城乡差距。

（3）产业集聚。第一，随着沿海与内地交流条件的改善，沿海与内地的差距将减小；第二，政府政策的限制拉大了沿海与内地的差距。

（4）城市化。第一，沿海城市化率缓慢升高，而内地城市化率缓慢将低。第二，在政府政策限制劳动力流动时，内地城市化率更低。

8.1.3　政府限制劳动力流动对区域差异的影响

（1）区域间劳动力工资的差异。第一，随着政府对劳动力流动限制的减弱，制造业与农业劳动力工资的比率变化不甚明显；第二，沿海与内地高技术劳动力的工资比呈现先变小后增大的“U”形变化过程。

（2）人均产出比和人均工资比。第一，随着政府对劳动力迁移限制的减弱，沿海与内地的人均产出比的变化不甚明显。第二，区域间人均工资比呈现先增大后变小的倒“U”形变化过程。

（3）区域内劳动力的工资差异。区域内低技术劳动力工资的差异也随着迁移限制系数的增大而呈现倒“U”形的变化过程。

（4）劳动力的迁移量。随着政府对劳动力流动限制的减弱，低技术劳动力从农村向城市迁移量不断增加。

8.1.4 区域内自由贸易对区域差异的影响

（1）高技术劳动力工资比。随着贸易可接近性的不断增加，沿海与内地的高技术劳动力工资比都有上升的趋势，而城市间无贸易成本时，沿海与内地高技术劳动力工资比上升的幅度更快。

（2）城市化。城市间有贸易成本时，沿海的城市化率比城市间无贸易成本时更高，内地在两种情况下差别不显著。

（3）低技术劳动力工资比。第一，区域内自由贸易拉大了城乡差距。第二，区域内自由贸易时，内地的城乡差距大于沿海的城乡差距；当区域内非自由贸易时，二者的差距不明显。

（4）产业集聚。第一，区域内城市间自由贸易时，制造业向沿海集聚的趋势更明显。第二，区域内城市间自由贸易时，沿海与内地劳动力工资的差异更大。

（5）劳动力的迁移。第一，沿海与内地低技术劳动力向城市的迁移都随贸易可接近性的提高而提高，而内地增长的幅度更大。第二，高技术劳动力的迁移基本上没有变化。

8.2 研究的创新点

本研究的创新点包含两方面的内容。第一是对劳动力与区域差异的认识的深化；第二是拓展了新经济地理学模型。采用新古典框架研究劳动力流动与区域差异的文献是在规模报酬不变的条件下探讨经济活动的空间分布以及因之而发生的要素流动和区域差异。这些研究给出区域差异收敛以及要素价格均等化的结果。采用报酬递增理论框架研究劳动力流动和区域差异的文献给出了区域差异发散的结论，但其只是描述性理论，且其结论只描述了区域经济发展过程中的某一阶段所发生的现象。倒“U”形理论虽然能够符合大多数国家区域经济发展的历程，但因为来源于实证研究，缺乏更深层次的理论依据。将新经济地理学理论应用于考察区域发展的问题，使我们对区域差异、要素流动在不同国家、不同经济发展历程、不同发展阶段的演化有一个统一的框架和一致的结论。报酬递增是新经济地理学的核心，也是包含地理空间的经济活动的重要特征。导致经济活动空间分布的集聚力和分散力的相互作用是新经济地理学模型演化所产生的经济空间结构的内在动力机制。在这样的框架下，区域差异以及要素流动的集聚与发散被统一在了一个框架下。对区域经济发展阶段的考察则转化为对区域经济一体化程度的考察。不同一体化程度所对应的区域差异和要素流动状态是我们的研究对象。

另外一个创新点是拓展了新经济地理学模型。在这方面的创新包含以下几个方面：一是“空间理性”的概念描述劳动力跨区域的流动的不完全性；二是将不完全流动的劳动力要素纳入新经济地理学空间均衡框架；三是建立了一个描述中国对外开放、区域一体化以及政府政策限制放宽背景下的区域差异模型，特别的空间结构为展示这些外部条件提供了可能。

模型的计算机模拟结果与现实的基本契合表明了新经济地理学对研究区域差异问题的可行性和有效性。与现实的契合点包括：

（1）沿海的优势地位明显。无论在产业集聚、劳动力工资、中间产品种类数、生产者服务，还是在城市化率，沿海都比内地相应的指标高。

（2）全球化趋势使得低技术劳动力的工资差异无论在区域间还是区域内都变大了。

（3）全球化趋势加剧了制造业在沿海的集聚。

（4）沿海低技术劳动力的城乡差异低于内地低技术劳动力的城乡差异。

模型的推演结果显示，对外开放政策和区域内自由贸易都加剧了沿海与内地的区域差异，而沿海与内地的区域一体化和政府放宽劳动力流动限制有助于削弱区域差异。在这样的模型推演结果下，可以给出了相应的政策建议：

（1）对外开放：寻求发展与地区差异的契合点；

（2）区域一体化：缩小区域差异的可能选择；

(3) 户籍制度改革：建立畅通、公平竞争、开放有序的一体化劳动力市场；

(4) 城市群：城市化的发展方向。

8.3 未来展望

克鲁格曼[①]对新经济地理学这些年的发展历程有如下的总结：

"主流经济学研究的特征常常是繁荣与萧条的交替循环。当一组新思想出现后，就会呈现对新的研究前沿的狂热浪潮。而当发现新思想的显而易见的局限性后，紧接着就产生了失望的情绪。新经济地理学也正经历着这样的过程。新经济地理学从创立到现在已有十多年的时间，在新经济地理学出现的头几年，经济学家为重新开启从前未涉足的领域而兴奋。然而，当他们认识到新经济地理学的模型太简单，太程式化，而与现实的经济地理相去甚远的时候，相应的怀疑和批评接踵而至。"

克鲁格曼[②]对批评是这样回答的：

"现有的新经济地理模型距离应用于区域和贸易政策的实践还相去甚远，现实中所呈现的集聚远远弱于模型中的集聚。所以，新经济地理学与其姊妹篇——新贸易理论一样，在很大程度上仅仅是成功地提出了问题，而离解决问题还差得很远。新经济地理学仅仅为经济学向空间进军提供了一种可能性，而不是为解决实际问题提供了一个工具。"

由于新经济地理学模型本身即是一个尚待发展的研究领域，而且也存在对经济空间问题认识深度的某些局限性，虽然本研究对新经济地理学的人口流动特征、空间结构等方面作了一些更为合理的、更接近中国区域差异现实的修正，但本研究还存在着有待完善的地方，如没有引入资本要素、高技术劳动力与低技术劳动力分类的简单化、空间结构仍较简单等等，这些问题也是新经济

---

① Krugman，Paul. Where in the World is the 'New Economic Geography'? in Gordon L. Clark，Maryann P. Feldman，and Meric S. Gertler. The Oxford handbook of economic geography，New York：Oxford University Press，2000.

② Krugman，Paul. Space：The Final Frontier. The Journal of Economic Perspectives，1998，12 (2)：161—174.

地理学至今尚待解决的问题。因此，本研究下一步可能在如下方面进行更深层次的研究：

（1）模型的空间结构。在空间结构上，本研究采用了沿海与内地这样的分类，且沿海与内地各有两个城市。为了与现实状况相契合，从我国沿海与内地城市的现状出发，抽象出几十个关键的城市，然后根据它们之间的位置关系确定相互的贸易成本率、劳动力禀赋等参数，从而建立起更大规模的中国区域差异模型，模拟我国在全球化进程中城市的演化及劳动力流动。理论上没有问题，难点可能集中在过大的计算量以及由非线性方程所带来的不稳定性。

（2）市场结构。本书没有像胡大鹏的模型那样，将乡镇企业也引入模型。在他的模型中，乡镇企业作为农村非正式部门，在规模报酬不变的情况下使用农村低技术劳动力生产产品，而其产品又作为制造业生产的投入品。本研究没有引入农村非正式部门，为了模型的完善，下一步的工作可以考虑在这方面的改进。

（3）建立计量经济模型进行实证研究。新经济地理学的实证研究目前还处于探索阶段，在仅有的几篇实证研究中也是针对“北美自由贸易协定”和“欧盟”，原因在于数据的可获得性，还在于在近些年这两个地区快速、持续的一体化过程[①]。对于我国这样一个地域相当辽阔、正经历全球化所引致的巨大变革的发展中国家，以我国的区域发展状况为现实背景来建立模型进行实证研究必定会得到有价值的结果。这是因为，我国是一个幅员辽阔的大国，一个省往往比有些国家都大，这样的地域范围能够充分显示运输成本对区域差异的影响。同时，因为是在一国的内部，政策对各地区具有相对的一致性，数据又具有一定的可比性，这样所得出的实证结果将更为可靠。最后，我国区域差异的实证研究具有很好的现实背景，“西部大开发”“东北老工业基地振兴”“中部崛起”和“三农”问题等现实区域问题给我们提出了现实的需求。

（4）在新经济地理学模型中，空间被描述成均质的，以此来强调长期均衡的空间结构是人类活动的结果。现实中，空间是非均质的，这一特性也可以引入新经济地理学模型。对此问题，可以通过修正“冰山”形式的运输成本入

---

① Ottaviano, Gianmarco. Puga, I. P. Diego. Agglomeration in the Global Economy: A Survey of the ‘New Economic Geography’. CENTRE for ECONOMIC PERFORMANCE Discussion Paper No. 356, August 1997.

手。当然新经济地理学中的贸易成本或者运输成本用来解释交易的障碍本来就具有局限性。对运输成本的更为现实与可操作的改进是未来研究的一个方面。

(5) 资本要素的引入。我国沿海与内地的区域差异在很大程度上与外商直接投资相关，因此引入资本要素更能够全面反映我国的区域差异，故在今后的进一步研究中可以考虑将资本要素引入。目前，新经济地理学模型很少引入资本，所以资本的引入也是新经济地理学尚待拓展的领域。

(6) 中间产品部门不同的函数形式。目前中间产品部门的生产函数包含了无限的规模报酬递增，这不是很合理。可以考虑建立其他的函数形式，从而体现生产在不同规模下的回报特征。

(7) 经济主体的微观行为。本研究的劳动者的效用最大化过程遵循经济学的“经济人”假设，而其迁移行为又被假设成为有限理性，因此在某种程度上存在经济主体微观行为的不一致问题。未来的工作可以在这方面进行改进。

参考文献

[1] Arthur, Brian W. Increasing Returns and Path Dependence in the Economy. The University of Michigan Press, 1994. 99—110.

[2] Arthur, W. Brian. Increasing Returns and the New World of Business. Harvard Business Review, July-Aug. , 1996.

[3] Arthur, W. Brian. Inductive Reasoning and Bounded Rationality. American Economic Review, 1994, 84: 406—411.

[4] Au Chun-Chung, Henderson, Vernon. How Migration restrictions Limit Agglomeration and Productivity in China. NBER Working Paper, No. 8707, 2001.

[5] Baldwin, RE. Forslid, R. Martin, Ph. Ottaviano, GIP. Robert-Nicoud F. Economic Geography and Public Policy. Princeton: Princeton University Press, 2003.

[6] Baldwin, R. E. , Martin, P. and Ottaviano, G. I. P. Global income divergence, trade and industrialization: the geography growth take-offs. NBER Working Paper, no. 6458, 1998.

[7] Barro, Robert J. Economic Growth in A Cross Section of Countries. Quarterly Journal of Economics, 1991, 106 (2): 407—443.

[8] Barro, Robert J. Inequality and Growth in a Panel of Countries. Journal of Economic Growth, 2000. 5 (1): 5—32.

[9] Barro, Robert J. , and Sala-i-Martin, Xavier X. Convergence. J. Polit. Econ. 1992, 100 (2): 223—251.

[10] Barro, Robert J. , and Sala-i-Martin, Xavier X. Economic Growth. New York: McGraw-Hill, 1995.

[11] Blanchard, Olivier Jean and Lawrence F. Katz. Regional Evolutions. Brooking Papers on Economic Activity, 1992 (1): 1—75.

[12] Borjas, G. J. , Ramey, V. A. Foreign competition, market power, and wage inequality. Quarterly Journal of Economics, 1995, CX 4: 1075—1110.

[13] Bourguignon, F. , Morisson, C. Income distribution, development and foreign trade. European Economic Review, 1990, 34: 1113—1132.

[14] Brakman S, Garretsen H. Rethinking the 'New' Geographical Economics. Regional Studies, 2003, 37 (6&7): 637—648.

[15] Brakman, S. and Garretsen, H. and Marrewijk, Charles van. An Introduction to Geographical Economics-Trade, Location and Growth. New York: Cambridge University Press, 2001.

[16] Brakman, S. , H. Garretsen, R. Gigengack, C. can Marrewijk, and R. Wagenvoort, Negative feedbacks in the economy and industrial location, Journal of Regional Science, 1996, 36: 631—652.

[17] Brulhart, Marius. Economic geography, industry location and trade: The evidence. World Economy, 1998, 21 (6): 775—801.

[18] Cai F. , Wang D. and Du Y. , Regional disparity and economic growth in China: the inpactof labour market distortions. China Econ Rev, 2002 (13): 197—212.

[19] Chen Baizhu, and Feng Yi. Determinants of Economic Growth in China: Private Enterprise, Education and Openness, China Economic Review, 2000, 11 (1): 1—15.

[20] Chen, Jian and Fleisher, Belton, Regionla Incoome Inequality and Economic Growth in China, Journal of Comparative Economics, 1996 (22): 141—164.

[21] Davis, D. R. and D. E. Weinstein. Market access, Economic geography and comparative advantage: an empirical assessment. Discussion Paper, No. 1850, Harvard Institute of Economic Research. 1998.

[22] Dayal-Gulati, Anuradha, and Assim M. Husain. Centripetal Forces in China's Economic Take-off. IMF Working Paper WP/00/86, 2000.

[23] Decressin, Jörg and Antonio Fatàs. Regional Labor Market Dynamics in Europe . European Economic Review, 1995, 39: 1627—1655.

[24] Demurger, Sylvie, Sachs, Jeffrey D. , Woo, Wing Thye, Bao, Shuming, Chang, Gene, Mellinger, Andrew. Geography, economic policy and regional development in China. Asian Economic Papers, 2002 (1): 146—197.

[25] Demurger, Sylvie. Infrastructure development and economic growth: an explanation for regional disparities in China? Journal of Comparative Economics, 2001, 29: 95—117.

[26] Demurger, Sylvie 等 . 地理位置与优惠政策对中国地区经济发展的相关贡献 . 经济研

究，2002 (9)：14—23.

[27] Dixit. A. and J. Stiglitz. Monopolistic Competition and Optimum Product Diversity. American Economic Review，1977 (6)：297—308.

[28] Duranton，Gilles Diego Puga，Diversity and Specialization in Cities：Why，where and when does it matter? Working Paper UT-ECIPA-DPUGA-99-02，2.

[29] Edwards，S. Trade policy，growth，and income inequality. American Economic Review Papers and proceedings，1997，87 (2) .

[30] Esquivela，Gerardo. Jose Antonio Rodryguez-Lopez Technology，trade，and wage inequality in Mexico before and after NAFTA. Journal of Development Economics，2003，72：543—565.

[31] Glaeser，Edward L. Are cities dying? The Journal of Economic Perspectives，1998，12 (2)：139—160.

[32] Fei Zheng，Li Da Xu，Bingyong Tang. Forecasting regional income inequality in China. European Journal of Operational Research，2000 (124)：243—254.

[33] Freeman，R. B.，Katz，L. F. Eds. Differences and Changes in Wage Structure. The Univ. of Chicago Press，1995.

[34] Fu Xiaolan. Limited linkages from growth engines and regional disparities in China. Journal of Comparative Economics，2004 (32)：148—164.

[35] Fujita，M. A monopolistic competition model of spatial agglomeration，Regional Science and Urban Economics，1988，18 (1)：pp87—124.

[36] Fujita，M. and Thisse Jacques-Francois. Economics of Agglomeration-Cities，Industrial Location，and Regional Growth. Cambridge University Press，2001

[37] Fujita，M. Hu Dapeng. Regional disparity in China 1985—1994：The effects of globalization and economic liberalization. The Annals of Regional Science，2001 (35)：3—37.

[38] Fujita，M.，Krugman P. and A. Venables. The Spatial Economy：Cities，Regions，and International Trade. Cambridge：MIT Press，1999.

[39] Fujita，M.，Thisse，J. On the Relation between Agglomeration and Growth. (In)Economics of Agglomeration. Cambridge，U. K.：Cambridge University Press，2002：388—432.

[40] Fujita，Masahisa. Nobuaki Hamaguchi. Intermediate goods and the spatial structure of an economy. Regional Science and Urban Economics，2001 (31)：79—109.

[41] Hanson，G. H. Market potential，increasing returns，and geographic concentration. NBER Working Paper，No. 6429，Cambridge，Mass，1998.

[42] Harald Beyer, Patricio Rojas, Rodrigo Vergara. Trade liberalization and wage inequality. Journal of Development Economics, 1999, 59: 103—123.

[43] Helpman, E. , and P. Krugman. Market Structure and Foreign Trade. Cambridge: MIT Press, 1985.

[44] Helpman, Elhanan. Increasing Returns, Imperfect Markets, and Trade Theory. in R. W. Jones and P. B. Kenen, eds. Handbook of International Economics. North-Holland, Amsterdam, NL, 1984, Chpter7, 325—65.

[45] Higgins, Matthew and Jeffery G. Williamson. Explaining Inequality the World Round: Cohort Size, Kuznets Curves, and Openness. NBER Working Paper, No. 7224, 1999.

[46] Hirschman, A. The Strategy of Economic Development. New Haven, CT: Yale University Press, 1958.

[47] Hu Dapeng. Trade, Rural-urban Migration, and Regional Income Disparity in Developing Countries: a Spatial General Equilibrium Model Inspired by the Case of China. Regional Science and Urban Economics, 2002, 32: 311—338.

[48] Isard, W. Location and Space Economy. Cambridge: MIT Press, 1956.

[49] Jian Tianlun, Sachs Jeffrey and Warner, Andrew. Trends in Regional Inequality in China. China Economic Review, 1996 (7): 1—21.

[50] Jin Hehui, Qian Yingyi, and Barry R. Weingast. Regional Decentralization and Fiscal Incentives: Federalism, Chinese Style, Mimeo, Stanford University, 1999.

[51] Jin Hehui, Qian Yingyi, and Barry R. Weingast. Regional Decentralization and Fiscal Incentives: Federalism, Chinese Style, Mimeo, Stanford University, 2001.

[52] Karmeshu. Demographic models of urbanization. Environment and Planning B: Planning and design, 1998. 15: 47—54.

[53] Koopmans, TC. Three Essay on the State of Economic Science (McGraw-Hill, New York), 1957.

[54] Krugman, Paul and Venables, A. J. The seamless World: A Spatial Model of International Specialization. Mimeograph, Massachusetts Institute of Technology, Cambridge: MA, 1997.

[55] Krugman, P. and A. J. Venables. Globalization and the Inequality of Nations. Quarterly Joournal of Economics, 1995, 110: 857—880.

[56] Krugman, P. and A. J. Venables. Integration, Specialization, and Adjustment. European Economic Review, 1996, 40: 959—967.

[57] Krugman, P. Increasing Returns and Economic Geography, Journal of Political

Economy, 1991, 99: 483—499.

[58] Krugman, Paul. History versus Expectations, Quarterly Journal of Economics, 1991, 106: 651—667.

[59] Krugman, Paul. Increasing Returns and Economic Geography. Journal of Political Economy, 1991, 99: 483—499.

[60] Krugman, Paul. Increasing Returns, Monopolistic Competition, and International Trade. Journal of International Economics, 1979, 9 (4): 469—479.

[61] Krugman, Paul. Scale Economies, Production Differentiation, and the pattern of Trade, American Economic Review, 1980, 70: 950—959.

[62] Krugman, Paul. Space: The Final Frontier. The Journal of Economic Perspectives, 1998, 12 (2): 161—174.

[63] Krugman, Paul. Trade, Accumulation and Uneven Development. Journal of Development Economics, 1981, 8: 149—161.

[64] Krugman, Paul. Where in the World is the 'New Economic Geography'? in Gordon L. Clark, Maryann P. Feldman, and Meric S. Gertler. The Oxford handbook of economic geography, New York: Oxford University Press, 2000.

[65] Kuznets, Simon. Economic Growth and Income Inequality. American Economic Review, 1955 (1): 18.

[66] Lee Jongchui. Regional Difference in the Impact of the Open Door Policy on Income Growth in China. Journal of Economic Development, 1994, 19 (1): 215—231.

[67] Lucas, R. On the Mechanics of Economics Development. Journal of Monetary Economics, 1988, 22: 3—42

[68] Mankiw, N. Gregory, Romer, David, andWeil, David N. A Contribution to the Empirics of Economic Growth. Quarterly Journal of Economics, 1992, 107 (2): 407—437.

[69] Marques, Helena. The 'new' economic theories. Woking Papers, Investiga?? o -Trabalhos em curso -n? 104, Maio de 2001.

[70] Marshall, A. Principles of Economics. London: Macmillan, 1920.

[71] Martin, P. and G. Ottaviano, Growing Locations: Industry Location in a Model of Endogenous Growth. European Economic Review, 1999, 43, 281—302.

[72] Martin, Ron. , Sunley, Peter. Paul Krugman's Geographical Economics and Its Implications for Regional Development Theory: a Critical Assessment. Economic Geography, 1996, 72 (3), 267: 259—292.

[73] Maynard, Smith J. , G. R. Price. The Logic of Animal Conflicts. Nature 246, 1973.

[74] Meardon, Stephen. J. Myrdal, Perroux and the New Economic Geography: Modeling Agglomeration and Dispersion in City and Country Gunnar Myrdal, Fran? ois Perroux, and the New Economic Geography. American Journal of Economics & Sociology, Jan 2001, Vol. 60 Issue 1, 30.

[75] Myrdal, Gunnar. An American Dilemma: the Negro Problem and Modern Democracy. New York: Harper & Row, 1962.

[76] Myrdal, Gunnar. An International Economy: Problems and Prospects. Westport, Conn. : Greenwood Press, 1956.

[77] Myrdal, Gunnar. Asian Drama: an Inquiry into the Poverty of Nations. New York: Pantheon, 1968.

[78] Myrdal, Gunnar. Beyond the Welfare State: Economic Planning and Its International Implications. New Haven: Yale University Press, 1960.

[79] Myrdal, Gunnar. Rich Lands and Poor, New York: Harper & Brothers. 1957.

[80] Myrdal, Gunnar. The Challenge of World Poverty: A World Anti-Poverty Program in Outline. New York: Vintage Books, 1970.

[81] O' Rourke, Kevin. Globalization and inequality: Historical trends. NBER Working Paper, No. 8339. 2001.

[82] Ottaviano, G. and Puga, D. Agglomeration in the Global Economy: A Survey of the New EconomicGeography. Centre for Economic Performance, Discussion Paper No. 356. 1997.

[83] Ottaviano, Gianmarco I. P. & Thisse, Jacques-Francois. Integration, agglomeration and the political economics of factor mobility. Journal of Public Economics, 2002, 83: 429—456.

[84] Ottaviano, Gianmarco. Puga, I. P. Diego. Agglomeration in the Global Economy: A Survey of the 'New Economic Geography' . Centre for Economic Performance, Discussion Paper No. 356, August 1997.

[85] Ottaviano, Gianmarco and Thisse, Jacques-Fransois. Agglomeration and economic geography. in Henderson J. V. and Thisse J. -F. (Eds) The Handbook on Regional and Urban Economics, Vol. 4. North-Holland, Amsterdam. (Http: //econ. pstc. brown. edu/faculty/Henderson/handbook. html) . 2003.

[86] Ottaviano, Gianmarco and Thisse, Jacques-Fransois. New Economic Geography: what about the N? CORE DISCUSSION PAPER, 2004, 65.

[87] Perroux, Francois. The Pole of Development's New Place in a General Theory of Economic Activity. In B. Higgins and D. J. Savoie, eds. Regional Economic Development:

Essays in Honor of Francois Perroux. Boston: Unwin Hyman, 1988, 49: 48—76.

[88] Poncet, Sandra. 中国市场正在走向“非一体化”? ——中国国内和国际市场一体化程度的比较分析. 世界经济文汇, 2002 (1): 1—15.

[89] Puga, D. European Regional Policy in Light of Recent Location Theories, University of Toronto and CEPR, Revised draft, 1998, 2—3.

[90] Puga, D. The Rise and Fall of Regional Inequalities. European Economic Review, 1998, 43: 303—334.

[91] Puga, Diego and A. J. Venables. The Spread of Industry: Spatial Agglomeration in Economic Development. Journal of the Japanese and International Economies, 1996, 10: 440—464.

[92] Raiser, M. Subsidizing Inequalilty: Economic Reforms, Fiscal Transfers and Convergence across Chinese Provinces, Journal of Development Studies, 1998, 34: 1—26.

[93] Raiser, Martin. Subsidising Inequality: Economic Reforms, Fiscal Transfers and Convergence Across Chinese Provinces. J. Develop. Stud, 1998, 34 (3): 1—26.

[94] Ray,Debraj. Development Economics. Princeton: Princeton University Press, 1998. 353—372.

[95] Riccardo Faini. Increasing returns, migrations and convergence. Journal of Development Economics. 1996. 49: 121—136.

[96] Rivera-Batiz, L. A. & Romer, P. M. Economic integration and endogenous growth. Quarterly Journal of Economics, 1991, 106 (2): 531—555.

[97] Robbins, D. , HOS hits facts: facts win. Evidence on trade and wage in the developing world. Mimeo, IDS, Harvard. 1996.

[98] Romer, P. Endogenous Technological Change. Journal of Political Economy, 1990, 98: 71—102

[99] Romer, P. Increasing Returns and Long Run Growth. Journal of Political Economy, 1986, 94, 1002—1037.

[100] Ronald D. Fischer. The evolution of inequality after trade liberalization. Journal of Development Economics, 2001 (66): 555—579.

[101] Sachs, Jeffery D. , Woo, Wing Thye. Understanding China's economic performance. NBER working paper, No. 5935, 1997.

[102] Samuelson, Paul A. The Transfer Problem and Transport Costs II: Analysis of Effects of Trade Impediments. The Economic Journal, 1954, 64 (254) .

[103] Savvides, Andreas. Trade policy and income inequality: new evidence. Economics Letters, 1998 (61): 365—372.

[104] Sebastian Galiani, Pablo Sanguinetti. The impact of trade liberalization on wage inequality: evidence from Argentina. Journal of Development Economics, 2003, 72: 497—513.

[105] Shields, G. M., Shields, M. P. The Emergence of Migration Theory and a Suggested New Direction. Journal of Economic Surveys 3, 1989, 277—304.

[106] Spilimbergo, Antonio and Juan Luis Londono, Miguel Szekely. Income distribution, factor endowments, and trade openness. Journal of Development Economics, 1999, 59: 77—101.

[107] Starrett, D. Market allocations oflo cation choice in a model with free mobility. Journal of Economic Theory, 1978 (17): 21—37.

[108] Sun Haisun, Parikh, Ashok. Exports, inward foreign direct investment and regional economic growth in China. Regional Studies, 2001, 35 (3): 187—196.

[109] Venables, A. J. Equilibrium Locations of Vertically Linked Industries. International Economic Review, 1996, 37: 341—359.

[110] Venables, A. J. Geography and Specialization: Industrial Belts on a Circular Plain. In R. Baldwin, D. Cohen, A. Sapir, and A. J. Venables, eds., Regional Integration. Cambridge: Cambridge University Press, 1998.

[111] Wei Shangjin, Wu Yi. Globalization and Inequality: Evidence from Within China. NBER Working Paper, No. 8611, 2001.

[112] Wood, A. North-South Trade Employment and Inequality: Changing Fortunes in a Skill-Driven World. Clarendon Paperbacks, Oxford Univ. Press, Oxford, England, 1994.

[113] Wood, A. Openness and wage inequality in developing countries: The Latin American challenge to East Asia conventional wisdom. The World Bank Economic Review, 1996, 11 (1).

[114] Wu Xiaodong. Foreign direct investment, intellectual property rights, and wage inequality in China. China Economic Review, 2000 (11): 361—384.

[115] Yao Shujie and Zhang Zongyi. On Regional Inequality and Diverging Clubs: A Case Study of Contemporary China. Journal of Comparative Economics, 2001, 29: 484—466.

[116] Yao Shujie, Liu Jirui. Economic reforms and regional segmentation in rural China. Regional Studies, 1998, 32 (8): 735—746.

[117] Yao Shujie, Zhang Zhongyi. Regional growth in China under Economic Reforms. Journal of Development Studies, 2001, 38 (2): 167—186.

[118] Young, Alwya. The Razor's Edge: Distortions and Incremental Reform in the People

Republic of China. Quarterly Journal of Economics, 2000, Vol. CXV: 1091—1135.

[119] Young, Alwyn. Invention and Bounded Learning by Doing. Journal of Political Economy, 1993, 101 (3): 443—472.

[120] Zhang Tao and Zou Heng-fu. Fiscal Decentralization, Public Spending, and Economic Growth in China. Journal of Public Economics, 1998, 67: 221—240.

[121] Zhang Wei. Rethinking regional disparity in China. Economic Policy, 2001 (34): 113—138.

[122] Zhang Zongyi, Liu Aying and YAO Shujie. Convergence of China's regional incomes 1952—1997. China Economic Review, 2001, 12: 243—258.

[123] 蔡昉，都阳．中国地区经济增长的趋同与差异——对西部开发战略的启示［J］．经济研究，2000（10）．

[124] 蔡昉，王德文，都阳．中国经济增长“条件趋同”中的制度因素——对西部开发战略的启示［J］．中国社会科学，2001（2）．

[125] 蔡昉，王德文．作为市场化的人口流动——第五次全国人口普查数据分析［J］．中国人口科学，2003 年第 5 期：11—19.

[126] 蔡昉，杨涛．城乡收入差距的政治经济学［J］．中国社会科学，2000（4）：12.

[127] 蔡舫，都阳．经济转型过程中的劳动力流动——长期性、效应和政策［J］．学术研究，2004（6）：16—22.

[128] 曹荣光，胡宏斌．从投资环境看西部大开发战略［J］．云南大学人文社会科学学报，2000，26（4）：5—8.

[129] 产业集群与区域竞争力［EB/OL］．http://www.chinacluster.org/fw/news_view.php?nid=n3fa7448853481.

[130] 陈伟民，蒋华园．城市规模效益及其发展政策［J］．财经科学，2000.4：67—70.

[131] 戴建中．国际劳动力价格均等化与新贸易保护主义［J］．世界经济与政治，1997（7）：31—34.

[132] 邓翔．中国地区差距的分解及其启示［J］．四川大学学报（哲学社会科学版），2002（2）：31—36.

[133] 丁任重，陈志舟，顾文军．“倒 U 假说”与我国转型期收入差距［J］．经济学家，2003（6）：43—49..

[134] 杜鹏，宗刚．基于经济发展战略角度的城乡收入差距分析［J］．北京工商大学学报（社会科学版），2004，19（2）：4—9.

[135] 段成荣，人口迁移研究：原理与方法［M］．重庆：重庆出版社，1998.

[136] 范剑勇，张涛．结构转型与地区收敛：美国的经验及其对中国的启示［J］．世界经济，2003（1）：42—48.

[137] 范剑勇．市场一体化、地区专业化与产业集聚趋势——兼谈对地区差距的影响[J]．中国社会科学，2004（6）：39—53.

[138] 傅勇．人力资本投资对农村剩余劳动力转移的意义——基于人口流动和劳动力市场的分析［J］．人口与经济，2004（3）：55—59.

[139] 贺灿飞，粱进社．中国区域经济差异的时空变化：市场化、全球化与城市化［J］．管理世界，2004（8）：8—18.

[140] 赫伯特．西蒙著，黄涛译．西蒙选集［M］．北京：首都经济贸易大学出版社.2002.

[141] 贺佳丹．城乡劳动力流动对城乡收入差距的影响［D］．杭州：浙江大学硕士学位论文，2014：22.

[142] 胡鞍钢．西部开发新战略［M］．北京：中国计划出版社，2001.

[143] 姜乾之．我国劳动力流动的地区发展效应研究［D］．上海：上海社会科学院博士学位论文.2013.

[144] 金相郁．空间收敛第一规律与空间收敛第二规律［J］．南开经济研究，2001（3）：46—51.

[145] 克鲁格曼著，张兆杰译．地理与贸易［M］．北京：北京大学出版社，中国人民大学出版社，2000.

[146] 李刚，李晓环．谈变异系数在区域比较中的应用问题［J］．统计研究，99 增刊：136—139.

[147] 李建民．中国劳动力市场多重分隔及其对劳动力供求的影响［J］．中国人口科学，2002（2）：1—7.

[148] 李玲．改革开放以来中国国内人口迁移及其研究［J］．地理研究，2001，20（4）：454—463.

[149] 李民仓．我国城乡收入差距原因及对策分析［J］．理论导刊，2003（8）：28—30.

[150] 李小建．经济地理学近期研究的一个新方向的分析［J］．经济地理，2002（3）：131.

[151] 林琳．外商在华直接投资类型转变及影像因素分析［J］．世界经济研究，2001（4）：45—48.

[152] 林毅夫，刘培林．中国的经济发展战略与地区收入差距［J］．经济研究，2003（3）：19—25.

[153] 刘安国．加入 WTO 和中国经济格局演化［D］．北京大学博士学位论文，2002.

[154] 刘成昆．城市群整体效益刍议［J］．城市问题，1996（2）：9—12.

[155] 刘凤英，许锐．有限理性的奠基人——西蒙评传［M］．太原：山西经济出版

社，1999.

[156] 刘木平，舒元．我国地区经济的收敛与增长决定力量：1978—1997［J］．中山大学学报（社会科学版），2000（5）：11—16.

[157] 刘社建，徐艳．城乡居民收入分配差距形成原因及对策研究［J］．财经研究，2004（5）：93—103.

[158] 刘树成．中国地区经济发展研究［M］．北京：中国统计出版社，1994.

[159] 刘夏明，魏英琪，李国平．收敛还是发散——中国区域经济发展争论的文献综述［J］．经济研究，2004（7）：70—81.

[160] 刘艺良等．中国地区差异与西部大开发战略［M］．郑州：河南人民出版社，2000.

[161] 龙江智，杨新宇，郑宪强．20 世纪 90 年代我国城乡收入差距研究［J］．农村经济，2002（2）：7—9.

[162] 陆铭，陈钊．城市化、城市倾向的经济政策与城乡收入差距［J］．经济研究，2004（6）：50—58.

[163] 罗浩．地区差距变动的理论分析及中国的实证研究［J］．地理学与国土研究，2001（2）：20—24.

[164] 马栓友，于红霞．转移支付与地区经济收敛［J］．经济研究，2003（3）：26—33.

[165] 迈因策尔·K. 著，曾国屏译．复杂性中的思维：物质、精神和人类的复杂动力学［M］．北京：中央编译出版社，2000.

[166] 孟庆红．区域经济学概论［M］．经济科学出版社，2003，94—98.

[167] 牛飞亮．中国城镇居民收入分配差距分析．西北农林科技大学学报（自然科学版），2002（4）：92—95.

[168] 乔晓春，从“五普”数据分析城市外来人口状况［J］．社会学研究，2003（1）：87—94.

[169] 沈坤荣，马俊．中国经济增长的“俱乐部收敛”特征及其成因研究［J］．经济研究，2002（91）：33—39.

[170] 石培哲．产业集聚形成原因探析［J］．经济师，2000（3）：18.

[171] 孙晓芳．我国异质性劳动力流动问题研究［D］．太原：山西财经大学博士学位论文，2013

[172] 孙正林，张淑芬．托达罗人口流动模式对我国农村剩余劳动力转移的启示［J］．学习与探索，2004（3）：86—88.

[173] 覃成林．中国区域经济增长趋同与分异研究［J］．人文地理，2004 年 6 月，19（3）：36—40.

[174] 谭成文．基于人口移动和知识溢出的经济增长与集聚研究［D］．北京：北京大学博士学位论文，2002.

[175] 谭遂，杨开忠，谭成文．基于自组织理论的两种城市空间结构动态模型比较［J］．经济地理，2002（5）：322—326.

[176] 谭遂．基于自组织理论的复杂空间格局演变模型研究［D］．北京：北京大学博士学位论文．2002.

[177] 王德，朱玮，叶晖，1985—2000 年我国人口迁移对区域经济差异的均衡作用研究［J］．人口与经济，2003（6）：1—9.

[178] 王宏．我国二元经济结构演化刚性反应的原因分析［J］．重庆师院学报（哲学社会科学版），2003（1）：72—76.

[179] 王梦奎．中国现代化进程中的两大难题：城乡差距和区域差距［J］．农业经济问题，2004（5）：4—12.

[180] 王启仿．区域经济发展差距的因素分解［J］．经济地理，2004 年 5 月，24（3）：334—337.

[181] 王启仿．中国区域经济增长收敛问题的论争［J］．财经理论与实践，2004，25（129）：7—10.

[182] 王韧，王睿．二元条件下居民收入差距的变动与收敛——对我国“倒 U”假说的存在性检验［J］．数量经济技术经济研究，2004（3）：104—111.

[183] 王舒勃．促进西部开发的财税政策［J］．理论研究，2001（5）：9—11.

[184] 王新，胡勇．我国西部地区城市发展［J］．中国城市统计年鉴，1999.

[185] 韦伟，傅勇．城乡收入差距与人口流动模型［J］．中国人民大学学报，2004（6）：16—22.

[186] 魏后凯．中国地区间居民收入差异及其分解［J］．经济研究，1996（11）：66—73.

[187] 魏后凯等．中国地区发展——经济增长、制度变迁与地区差异［J］．经济管理出版社，1997 年．

[188] 沃尔德罗普·W. 著，陈玲译，复杂：诞生于秩序与混沌边缘的科学［M］．北京：生活·读书·新知三联书店，1997.

[189] 谢燮，杨开忠．西部投资环境的再分析与政策建议［J］．开发研究，2003（2）：6—8

[190] 谢燮，杨开忠．新经济地理学诞生的理论基石［J］．当代经济科学，2004（7）：53—58

[191] 薛领，杨开忠．城市演化的多主体（multi-agent）模型研究［J］．系统工程理论与实践，2003（12）：1—10.

[192] 薛领．基于多主体的城市空间演化模拟研究［D］．北京：北京大学博士学位论文．2002.

[193] 严善平．中国九十年代地区间人口迁移的实态及其机制［J］．人口与经济，1998（3）：3—13.

[194] 颜鹏飞、邵秋芬．经济增长极理论研究 [J]．财经理论与实践，2001 (3)：2—6.

[195] 杨继瑞、祝志勇．90 年代我国农民收入缺口形成深层次原因解析 [J]．四川大学学报（哲学社会科学版），2001 (4)：9

[196] 杨开忠，薛领．复杂区域科学：21 世纪的区域科学 [J]．地球科学进展，2002 (2)：5—11.

[197] 杨开忠．中国区域发展研究 [M]．北京：海洋出版社，1989.

[198] 杨开忠．中国区域经济差异变动研究．经济研究，1994.

[199] 杨开忠等．中国西部大开发战略 [M]．广州：广东教育出版社，2001.

[200] 杨开忠．中国区域发展研究 [M]．北京：海洋出版社，1989.

[201] 杨小凯．经济学原理 [M]．北京：中国社会科学出版社，1998.

[202] 叶文辉．城乡收入差距的制度经济学分析 [J]．农业经济，2002 (3)：9—10.

[203] 叶裕民，黄壬侠．中国流动人口特征与城市化政策研究 [J]．中国人民大学学报，2004 (2)：75—81.

[204] 曾坤生等．区域经济论——市场经济与中国区域经济发展 [M]．长沙：湖南人民出版社，1998.

[205] 詹正华．促进西部开发的财税政策研究 [J]．江西财经大学学报，2000 (4)：27—31.

[206] 张昌彩．“十一五”时期我国城乡结构及劳动力变动趋势研究 [J]．经济研究参考，2004 (27)：2—14.

[207] 张良桥，冯从文．理性与有限理性：论经典博弈理论与进化博弈理论之关系 [J]．世界经济，2001 (8)：74—78.

[208] 张义祯．西蒙的“有限理性”理论 [J]．中共福建省委党校学报．2000 (8)，27—30.

[209] 张元智．产业集聚、竞争优势与西部开发 [J]．西安电子科技大学学报（社会科学版），2001 (3)：6.

[210] 张兆杰．中国地区差异的演变及外国直接投资在其中的作用 [J]．北京大学中国经济研究中心博士学位论文．2000.

[211] 赵莹．中国的对外开放和收入差距 [J]．世界经济文汇，2003 (4)：55—70.

[212] 郑度主编．中国西部地区 21 世纪区域可持续发展 [M]．长沙：湖北科学技术出版社，2001.

[213] 邹蓝．跨区域要素迁移与内需扩大：再论东西部关系 [J]．开放导报，2000 (1)：13—15.

[214] 卓文君．我国劳动力流动对城乡收入差距影响研究 [D]．北京：首都经济贸易大学硕士学位论文，2014.

后 记

一、十年来中国经济格局变动的重要参数

对外开放。这对应于模型中对外开放度的参数。自 2005 年以来，我国对外开放取得了巨大成就。特别是 2008 年以来，由美国次贷危机引发的国际金融危机重创全球经济，世界各大经济体经济增长普遍减速，全球贸易投资增速大幅下滑，各种风险不断暴露。在这种情况下，党中央、国务院坚持统筹国内国际两个大局，积极实施互利共赢的对外开放战略，着力完善对外开放的体制机制，加快转变外贸发展方式，促进“引进来”与“走出去”协调发展，对外开放在逆势中实现了历史性跨越，有力地促进了我国经济社会全面进步和国际地位的提升。主要体现在五个方面：一是我国的贸易大国地位进一步巩固。货物进出口总额从 2007 年的 2.18 万亿美元增加到 2012 年的 3.87 万亿美元，年均增长 12.2％，比同期世界贸易增速高 5.4 个百分点，世界排名由第三位升至第二位。服务贸易从 2007 年的 2500 亿美元增加到 2012 年的 4700 亿美元，年均增长 13.4％，从世界第六位升至第四位。贸易结构不断优化，工业制成品在总出口中的比重达到 95％，远高于全球 65％的平均水平。二是利用外资质量和水平显著提升。在全球跨国直接投资减少 1/3、各国对外资竞争异常激烈的情况下，我国实际使用外资从 2007 年的 835 亿美元增加到 2012 年的 1117 亿美元，年均增长 6％，连续 21 年位居发展中国家首位，占全球跨国直接投资份额从 4.2％上升到约 7％。利用外资的产业结构和区域结构优化。目前外资研发中心超过 1800 家，2007 年至 2012 年，服务业利用外资占比从 41％提高到 48.2％，已经连续两年超过制造业利用外资占比。中西部地区利用外资占比从 12.2％提高到 17.2％。各类园区建设成效显著，国家级经济技术开发

区达到 172 家，有力地发挥了其在产业集聚、节能减排和集约利用资源方面的示范效应。三是“走出去”实现跨越式发展。我们抓住了金融危机后一些国家资金短缺、资产价格下降、外资流入管制放松的契机，“走出去”政策环境得到优化，与日本、韩国、加拿大、墨西哥、我国台湾地区等贸易伙伴签署 12 个投资保护协定，与我国签署双边投资保护协定的国家和地区达到 131 个。与英国、希腊等国家签署双边基础设施合作协定。推进劳务合作服务平台建设。2007 年至 2012 年，非金融类对外直接投资从 249 亿美元增加到 772 亿美元，年均增长 25.4%，跻身对外投资大国行列；对外承包工程完成营业额从 406 亿美元增加到 1166 亿美元，年均增长 23.5%；派出各类劳务人员从 37.2 万人增加到 51.2 万人。四是多双边经贸关系不断深化。自贸区建设取得新突破。中国—东盟自贸区全面建成，积极实施中国—东盟全面经济合作框架协议、货物贸易协定、服务贸易协定，签署投资协定，确保自贸协定的顺利实施。东亚自贸区工作取得突破性进展，启动中韩自贸区、中日韩自贸区和区域全面经济伙伴关系协定谈判。全球自贸区格局初步形成，与新西兰、哥斯达黎加、秘鲁签署自贸协定，与巴基斯坦、智利签署自贸协定下的专项协定，与冰岛、瑞士、海合会、澳大利亚的自贸协定谈判取得新进展。深化与港澳台地区经贸关系，实现两岸全面直接双向“三通”，签署海峡两岸经济合作框架协议和投资协议、与港澳更紧密经贸关系安排第九个补充协议。五是上海自贸区成效显著。上海自由贸易试验区担负新时期我国“以开放促改革”的重任，经过一年的运行，取得成效主要体现在：以负面清单为核心的投资管理制度基本建立；以贸易便利化为重点的贸易监管制度有效运行；以资本项目可兑换和金融服务开放为目标的金融创新制度有序推进；以政府职能转变为核心的事中事后监管基本制度业已形成。目前，自贸区已建立起 6 项事中事后监管制度，包括安全审查制度、反垄断审查制度、社会信用体系、企业年度报告公示和经营异常名录制度、信息共享和综合执法制度、社会力量参与市场监管制度。

长江黄金水道促进东中西部互联互通。这对应于模型中区域间贸易壁垒的参数。长江是货运量位居全球内河第一的黄金水道，长江通道是我国国土空间开发最重要的东西轴线，在区域发展总体格局中具有重要战略地位。长江水系完成的水运货运量和货运周转量占沿江全社会货运量的 20%和货物周转量的 60%。沿江所需 85%的铁矿石、83%的电煤和 87%的外贸货物运输量依靠长江航运。长江干线已有10个亿吨大港，420余个万吨级泊位，并形成了上海、武汉、重庆三大航运中心，是世界上运量最大的通航河流。沿线七省二市地区生产总值占到全国国内生产总值的40%左右。“十一五”以来，按照“延上游、畅中游、深下游”建设思路，从2005年开始，分三期对全长370公里的重庆至宜宾航道进行整治建设，总投资超过3亿元，治理后重庆至宜宾段航道水深由1.8米提高到了2.7米，航道等级由四级提高到了三级，能够满足千吨级船舶全年昼夜通航。在中游，长江中游宜昌至城陵矶段航道位于九曲回肠的荆江河段，被称为长江航运的“瓶颈”。在2009年之后水深从2.9米提高到了3.2米，分别提高宜昌至城陵矶、城陵矶至武汉段航道通过能力309.50万吨和385.88万吨。在下游，南京以下航道水深与长江口深水航道水深同步衔接，达到10.8米，太仓以下航道达到了12.5米；2011年，10.5米深水航道向上延伸101公里直至芜湖，至此，长江深水航道达到438公里，约占整个长江航道的七分之一。目前，全长2808公里的长江干线航道已经全部升级为高等级航道，长江成为名副其实的“黄金水道”。到2015年，水富至宜宾段，航道水深由1.8米提高到2.7米，宜宾到重庆段航道维护等级达到一级标准；宜昌至城陵矶段，航道水深由2.9米提高到3.5米，大部分月份通过加大维护力度和工程措施达到4米；城陵矶至武汉段，航道水深由3.2米提高到3.7米，大部分月份通过加大维护力度和工程措施达到4.5米；武汉至安庆段，航道水深由4米提高到4.5米，大部分月份通过加大维护力度和工程措施达到6米；安庆至南京段，航道水深由4.5米提高到6米，大部分月份通过加大维护力度和工程措施达到9米，5000吨级海轮常年通达芜湖；南京以下河段，实现12.5m深水航道通达南京。2005年以来，长江干线的货运量以每年10%以上的速度递增，2008年一举突破12亿吨，是美国密西西比河的2倍和欧洲莱茵河的3倍。2013年长江干线完成货物通过量达到了19.2亿吨。

高铁加速区域内的互联互通。这对应于模型中区域内贸易壁垒的参数。2008年，根据调整后的《中长期铁路网规划》，我国高速铁路发展以“四纵四横”为重点，构建快速客运网的主要骨架，形成快速、便捷、大能力的铁路客运通道，逐步实现客货分线运输。2010年年末，中国高铁运营里程8358公里，占全世界高铁运营里程的1/3强。2012年7月底，我国已建成投入运营的高铁共有21条，总里程达6894公里。其中，时速200～250公里的高铁

3324公里；时速300～350公里的高铁3570公里，主要包括京沪、京津城际、武广、郑西、沪杭等高铁。按照国家《中长期铁路网规划》（2008年调整），到2020年，全国铁路营业里程达到12万公里以上，复线率和电化率分别达到50%和60%以上，主要繁忙干线实现客货分线，其中高速铁路客运专线将达到1.6万公里以上。高铁的运量优势，产生巨大的“人气”和“汇聚效应”，加快了城市化进程。京沪高铁、武广高铁、沪宁沪杭高铁、京津城际铁路等，共同构成了中国三大经济圈之间以及经济圈内部的高速循环系统。高铁沿线，出现新城区新工业区，改变着中国的“经济版图”。京沪高铁沿线24个车站所在地中，有十几座城市都在规划建设新城。高铁创造了城市发展新的增长点。沪宁高铁的开通，进一步促进了上海、苏州、无锡、常州、镇江、南京等城市的互相融合。高速铁路连接区域、覆盖城乡，对缩小区域之间和城乡之间差距具有积极作用。

二、十年来中国区域经济差异变动的特征事实

中国城乡差异。在中国市场经济的带动下，沿海经济和贸易快速发展，城乡收入差距重新扩大，并再创历史新高，在2009年达到3.33。各地区的城乡收入差距与该地区的收入水平是负相关的，其中2010年城乡收入差距最大的五个地区依次是贵州、云南、甘肃、陕西、广西，分别为4.07、4.07、3.85、3.82、3.76。差距最小的五个地区依次是北京、黑龙江、上海、天津、浙江，分别为2.19、2.23、2.28、2.41、2.42。从区域上看，东部地区的省份城乡收入差距相对普遍较低，中部地区次之，而西部地区的城乡收入差距则最大。这一现象说明了：就全国而言，经济越发达的地区，城乡收入差距越小；而经济发展越滞后的地区，城乡收入差距则越大。[①]

中国区域差异。1978年到2010年我国地区经济发展差距，经历了一个先缩小后拉大再缩小的变化过程，仅从泰尔指数这一个指标来看，1990-2003是我国经济地区经济极化发展时期，地区差距不断扩大，而2004年之后这种差异逐渐得到了缓解。从全国人均GDP泰尔指数分解的情况来看，1978年年初

① 贺佳丹．城乡劳动力流动对城乡收入差距的影响．浙江大学硕士学位论文，2014：22。

我国地区经济差距主要表现为地区内部差距，其中东部地区内部差距对整体省际经济差距的贡献达到 60.2%，而三大区域之间的差距贡献相对较小仅为 22.3%。而随着开放程度的加深，沿海区位优势的确立，我国省际经济发展的差距逐步演化成为东中西部三大区域板块之间的差距，主导总体差距的东部地区内部差距到 2010 年已经下降到 15.7%，而区域板块间差异不断扩大，1995 年已超过 70%，之后虽略有回落但仍处于 60%以上水平。从 2003—2011 基尼系数变化的整体情况比较可以看出，相对于我国居民收入差异的收敛，我国地区经济差异缩小的趋势更为显著，在其他前提假设不变的情况，我国中西部地区经济高速增长，并未有效改变当地居民收入、劳动力生活福利水平与东部发达地区的差距导致 α 趋同出现。中西部地区经济崛起是一种较少依赖当地劳动力就业和居民消费水平提升的资本密集型产业为主导的发展模式。

中国劳动力流动。从全国 2010 年第六次人口普查数据关于区际迁移人口的分布趋势来若，中西部区域迁出、东部迁入的格局未变，东部北京、上海、广州、浙江仍为人口迁入区域，中部除内蒙古自治区外，其余省市全部表现为人口净迁出，两部地区四川、重庆、贵州等人口流出趋势依然显著。

2010 年，全国三大区域省份迁移人口分布趋势（单位：人）

		人口迁出	人口迁入	净迁入
东部地区	北　京	274365	7044533	6770168
	天　津	273134	2991501	2718364
	河　北	3498253	1404673	－2093580
	辽　宁	1014028	1786530	772502
	上　海	250340	8977000	8726660
	江　苏	3058880	7379253	4320373
	浙　江	1853940	11823944	9970037
	福　建	1667254	4313602	2646348
	山　东	3095717	2115593	－980124
	广　东	880600	21497787	20617187
	海　南	275751	588463	312712

续 表

		人口迁出	人口迁入	净迁入
东部净迁入	53780650			
中部地区	山 西	1083291	931653	−151638
	内蒙古	1067556	1444181	376625
	吉 林	1372853	456499	−916354
	黑龙江	2553648	506394	−2047251
	安 徽	9622595	717463	−8905132
	江 西	5787395	599942	−5187453
	河 南	8626229	592134	−8034095
	湖 北	5889792	1013612	−4876180
	湖 南	7228896	724982	−6503914
中部净迁入	−36245392			
西部地区	重 庆	3506899	945194	−2561705
	四 川	8905128	1128573	−7776555
	贵 州	4048596	763294	−3285302
	云 南	1482442	1236549	−245893
	西 藏	55185	165423	110238
	陕 西	1960598	974362	−986236
	甘 肃	1593265	432833	−1160432
	青 海	242056	318435	76349
	宁 夏	225794	368451	142657
	新 疆	297261	1791642	1494381
西部净迁入	−14192498			

数据来源：国务院人口普查办公室、国家统计局人口和就业统计司：《中国2010年人口普查资料》[①]。

中国城乡收入差距。改革开放以来，从我国的东中西部城乡收入差距来看，首先各地区的城乡收入差距都表现为不断扩大的，其中西部地区城乡收入

① 姜乾之．我国劳动力流动的地区发展效应研究．上海社会科学院博士学位论文．2013。

差距一直是高于同一时期的中、东部地区的。就变化趋势来看，1995 年到 2010 年间，东、中部地区的城乡收入差距均出现了缩小的趋势，但是相对来讲西部地区却没有发生明显的改变。西部地区的城乡收入差距在 1980 年为 2.11，到 1995 年已经 3.67，2005 年仍然是维持 3.69 的高水平。中部地区在 2008 年为 1.63，1995 年上升到了 2.64，2010 年为 2.90。东部地区则相对上升幅度小一些，从 1995 年的 2.62 仅仅上升到了 2010 年的 2.86。而 2010 年我国的东中西部地区人均收入情况依然表现为东部地区的城镇和乡村人均收入普遍高于中部和西部地区，但是人均收入差距情况就大大不同。具体为西部依然是城乡收入差距最大的地区，而中东部地区则好很多，但是都是在 3.0 左右，依然都是比较严重的水平。[①]

1990—2012 年，我国城乡收入差距情况

年份	名义收入		实际收入		增长率		绝对差额		名义收入比	实际收入比
	城镇	农村	城镇	农村	城镇	农村	名义	实际		
1990	1510.2	686.3	1510.2	686.31	—	—	823.90	823.89	2.20	2.20
1991	1700.6	708.6	1618.01	692.02	7.14	0.83	992.00	925.99	2.40	2.34
1992	2026.6	784.0	1775.51	732.09	9.74	5.79	1242.60	1043.45	2.58	2.43
1993	2577.4	921.6	1945.06	757.04	9.55	3.41	1655.80	1188.02	2.80	2.57
1994	3496.2	1221.0	2110.72	812.85	8.52	7.34	2275.20	1297.84	2.86	2.60
1995	4283.0	1577.7	2213.282	893.9	4.86	9.97	2705.30	1319.38	2.71	2.47
1996	4838.9	1926.1	2298.322	1011.43	3.84	13.15	2912.80	1286.89	2.51	2.27
1997	5160.3	2090.1	2377.229	1070.62	3.43	5.86	3070.20	1306.58	2.47	2.22
1998	5425.1	2162.0	2514.347	1118.57	5.77	4.48	3263.10	1395.78	2.51	2.24
1999	5854.0	2210.3	2748.7	1161.08	9.32	3.80	3643.72	1587.63	2.65	2.36
2000	6280.0	2253.4	2925.2	1184.83	6.42	2.05	4026.60	1740.39	2.9	2.46
2001	6859.6	2366.4	3173.2	1234.43	8.48	4.19	4493.20	1938.80	2.90	2.57
2002	7702.8	2475.6	3599.3	1296.75	13.43	5.05	5227.20	2302.54	3.11	2.77
2003	8472.2	2622.2	3923.297	1352.09	9.00	4.27	5850.00	2571.21	3.23	2.90
2004	9421.6	2936.4	4223.738	1444.58	7.66	6.84	6485.20	2779.16	3.21	2.92

① 卓文君．我国劳动力流动对城乡收入差距影响研究．首都经济贸易大学硕士学位论文，2014。

续 表

年份	名义收入		实际收入		增长率		绝对差额		名义收入比	实际收入比
	城镇	农村	城镇	农村	城镇	农村	名义	实际		
2005	10493.0	3254.9	4630.185	1566.75	9.62	8.46	7238.10	3063.43	3.22	2.95
2006	11759.5	3587.0	5112.826	1701.31	10.42	8.59	8172.50	3411.52	3.28	3.00
2007	13785.8	4140.1	5735.472	1863.1	12.18	9.51	9645.40	3872.37	3.33	3.07
2008	15780.8	4760.6	6417.087	2001.76	8.40	7.98	11020.14	4205.33	3.31	3.08
2009	17174.7	5153.2	6828.031	2188.605	9.83	8.79	12021.48	4639.43	3.33	3.12
2010	19109.4	5919.0	7361.263	2426.644	7.81	10.88	13190.43	4934.62	3.323	3.03
2011	21809.8	6977.3	7979.188	2703.716	8.39	11.42	14832.49	5275.47	3.13	2.95
2012	24564.7	7916.6	8750.583	2992.691	9.67	10.69	16648.10	5757.89	3.10	2.92

资料来源：国家统计局。

我国东中西部城乡收入差距变动情况

年 份	东 部	中 部	西 部
1995	2.62069	2.639273	3.673872
2005	2.833686	2.979033	3.691887
2010	2.858038	2.896915	3.577637

资料来源：中国统计年鉴，2010。

三、模型对近十年中国区域经济差异的解释

对外开放与区域差异。根据模型推演的结果，随着我国对外开放程度的加深，制造业劳动力工资和农业劳动力工资的差异都不断扩大，而高技术劳动力工资差异呈缩小趋势。根据近十年的发展态势，对外开放的确拉大了低技术劳动力工资差异。根据模型推演的结果，随着全球化进程的不断推进，区域内劳动力工资差异也呈现扩大的趋势。这里所说的区域内劳动力工资差异指的是一个区域内制造业低技术劳动力工资与农业低技术劳动力工资的差异，这与我国城乡差异的总体变化趋势相吻合。同时，对外开放也促进制造业向沿海集聚，这与近十年来的基本发展态势相吻合。根据第五章的计算结果，随着我国对外开放程度的加深，我国沿海与内地的城市化率都呈现升高的趋势，这也与现实

相吻合。根据模型推演，高技术劳动力从内地向沿海的迁移量随着对外开放程度的加深而呈现减小的趋势，这说明全球化进程有助于避免内地高技术劳动力向沿海的流失。在现实中，高人力资本积累的劳动力，在流动决策时会更多地选择经济发达区域，这样的区域有助于实现自身的资本价值和增值，发达的经济环境是发挥高资本型劳动力的有利条件，也是促进其实现资本增值的最优选择。低人力资本积累的劳动力，流动带来的成本会大于收益，因此会选择就近就业和减少流动距离与时间，这样会实现劳动力价值的最大化和劳动力资本增值的最优化。我国人力资源市场信息监测中心数据显示，2012 年第四季度东、中、西部市场岗位空缺与求职人数的比率分别为 1.07、1.06、1.11，表明当前我国劳动力流动的空间区域选择范围从东南沿海扩展至全国范围。[①] 根据第五章的计算结果，沿海的中间产品种类数远高于内地中间产品种类数，这在一定程度上说明了沿海地区生产者服务业的发达程度。而现实中，沿海地区由于产业高度集聚也吸引生产者服务业的快速发展，通过依托对外开放的外贸而衍生的服务业是其服务业集聚的基础。

东中西协调发展与区域差异。近十年来区域一体化的推进，在大空间尺度上来看，既是以长江黄金水道为基础的长江经济带发展。根据第五章模型计算结果，区域一体化将导致沿海与内地制造业工资比、农业工资比都呈现下降趋势。现实中，近几年中西部地区经济获得了较快速发展，产业向中西部地区的迁移趋势初步显现，进而导致相应的差异减弱。根据模型推演，沿海与内地的制造业城乡差异在市场分割程度减弱的情况下都呈现下降趋势，这方面的结论没有现实的支撑，中西部地区城乡差异呈现减弱趋势而东部区域的城乡差异仍在扩大。在沿海与内地市场分割逐步改善的情况下，制造业向沿海集聚的趋势应当减弱，在现实中看到了这样的趋势。

区域一体化与区域差异。交通引致的区域一体化的主要标志是高铁。根据模型推演结果，在区域一体化的情况下，内地的城市化过程更为显著，这很难在现实中找到支撑。根据模型推演结果，区域一体化有助于制造业向沿海的集聚，这仍然难以看到现实支撑。根据模型推演结果，区域一体化拉大了区域内的城乡差距，与现实部分相符，即沿海地区的城乡差距在逐步变大而中西部地

---

① 孙晓芳．我国异质性劳动力流动问题研究．山西财经大学博士学位论文，2013。

区的呈现差距有缩小的势头。

四、新经济地理学对中国区域差异解释能力的再认识

总体来看，基于劳动力流动的新经济地理学区域差异模型，对于中国区域差异的走向具有比较好的解释能力。虽然经过了10年的时间，模型当时推演的结果仍然具有一定的现实意义。不过，中国区域差异是一个十分复杂的问题，模型能够对现实有较好的解释能力，并不能说明模型的基础和设计不存在缺陷。中国的区域差异是多种因素综合作用的结果，需要融合主要因素、正确判断中国区域差异的机理、恰当的模型架构、坚实的数据基础等，才能真正对现实具有较好的解释能力。新经济地理学自诞生到现在已经经历了20多年，2008年新经济地理学的鼻祖保罗·克鲁格曼获得诺贝尔经济学奖，这在一定程度上引发了新经济地理学研究的新一轮热潮。融合了各种要素、改变了各种生产函数、丰富了多种多样的地理结构、丰富了多种多样的“冰山交易成本”、空间动态的拓展等等模型不断涌现，都在试图不断地接近现实。但需要清醒地认识到，新经济地理学模型对现实的解释应当理解为“象征性”解释，即对纷繁复杂的现实的可能性给出具有理性的解释，而不应用于预测经济活动的空间格局演化趋势。区域间的壁垒有多种表现形式，有的是显性的，有的是在具体运行中的隐形壁垒。劳动力流动也不但有经济因素的影响，也包括社会文化因素的作用。交通成本即可体现为几种运输方式所构成的综合成本，更宽泛地说也包括区域间的时间成本和信息成本。中国政府在区域转移支付中发挥重要作用，上升到国家层面的区域战略层出不穷，户籍制度改革面临不确定性，所有这些都是区域差异的政策因素。因此，模型是在现有对现实抽象能力的基础上对现实最好的描述，但并不是现实。致力于模型研究，是希望通过模型推演，更为理性地增强对现实的洞察力。